发现利润区

The Profit Zone

How Strategic Business Design Will Lead You to Tomorrow's Profits

Adrian J. Slywotzky
David J. Morrison
Bob Andelman
[美]亚德里安·斯莱沃斯基
[美]大卫·莫里森
[美]鲍勃·安德尔曼 著
吴春雷 译 / 刘宁 校译

中信出版集团 · 北京

图书在版编目（CIP）数据

发现利润区 /（美）亚德里安·斯莱沃斯基，（美）大卫·莫里森，（美）鲍勃·安德尔曼著；吴春雷译；刘宁校译. -- 6 版. -- 北京：中信出版社，2018.6（2025.1重印）
书名原文：The Profit Zone：How Strategic Business Design Will Lead You to Tomorrow's Profits
ISBN 978-7-5086-8171-9

I. ①发… II. ①亚… ②大… ③鲍… ④吴… ⑤刘… III. ①企业利润－研究 IV. ①F275.4

中国版本图书馆CIP数据核字（2017）第 226854 号

发现利润区

著　　者：[美] 亚德里安·斯莱沃斯基　[美] 大卫·莫里森　[美] 鲍勃·安德尔曼
译　　者：吴春雷
校　　译：刘　宁
出版发行：中信出版集团股份有限公司
（北京市朝阳区东三环北路 27 号嘉铭中心　邮编　100020）
承 印 者：北京通州皇家印刷厂

开　　本：880mm×1230mm　1/32　　印　　张：11　　字　　数：295 千字
版　　次：2018 年 6 月第 6 版　　印　　次：2025 年 1 月第17次印刷
京权图字：01-2010-4089
书　　号：ISBN 978-7-5086-8171-9
定　　价：65.00 元

目　录

序 言

自《发现利润区》一书初版问世以来，与以往相比，企业对盈利能力的渴求日益迫切。互联网大行其道，过剩的风险资本自由流动，股权市场日益强势，这些力量综合在一起，产生诸多不合理的企业设计。这些事实使得企业设计的再创造越来越需要一种约束力，我们将在本书中对此详细叙述。许多公司和投资者未能熟谙这种约束力，或者未能将其基本原理运用于具体的商业行为中，因此付出了沉重的代价。

只需以一个行业为例来分析，我们就会更加清楚，以产品为中心、以制造为导向的传统商业增长模式已经过时。股市跌宕起伏，其部分原因是网络公司抱有不切实际的期望。股市的动荡已迫使数百万的管理者和投资者认识到，许多公司从未制订过长期、可持续的增长计划。实际上，在股市崩盘之前，那些曾经以产品为基础的大公司就已经步履维艰了。短短几个月内，吉列、宝丽来、朗讯、宝洁、美泰克等多家巨头的市值便跌了40%~100%。

高科技领域的崩盘印证了市场的低迷。在20世纪90年代的大部分时间里，这些领域看上去无异于瓶装火箭，升空的气势恢宏，坠落得却也轰轰烈烈。大多数公司都生产出了迎合市场、令市场亢奋不已的低成本数字宽带产品，但是，这样的公司既不赢利也不具备可持续性。[英特尔公司、IBM（国际商用机器公司）、思科与微软似乎是例外，它们依托高科技，呈现出了强劲的长期增长势头。然而还有其他企业吗？恐怕很难再举出其他例子来了。] 这段短暂的高科技时代仅仅是破产的重演，是一种“增长第一、盈利第二”的无效策略。人们已经按照这一策略实践了几十年，但始终没有成功。20 世纪 80 年代，日本人试图将他们以产品为中心、以制造为导向的经济发展为营利性经济，但整个 90 年代他们都在为这一错误决策付出代价。“亚洲四小龙”的类似尝试也终结于 1997 年的金融危机。

总而言之，我们在《发现利润区》一书中将告诫读者：无利润区的确存在，并且已在全球蔓延，有愈演愈烈之势。它席卷了数以千计的公司，涉及的行业范围极广，从包装消费品、汽车、电信到互联网等，不一而足。

现在，我们预计成千上万的企业将迎来长达 10 年的持续低利润和低增长期。这些企业不知道未来的利润来自哪里，也不知道如何重塑已经过时的企业设计。

当然，这里会涉及重大的经济变动趋势。目前的经济衰退已经使人们无法再对很多公司内糟糕的结构性弱点视而不见了。但是，这并不意味着这些企业已无可救药，也不意味着衰退期间企业的领导者已无法实施积极、有效的策略。实际上，企业有可能实现真正的、可持续的盈利和增长，即使面临现在这样极具挑战性的商业环境也是如此。对这方面的例子，人们只需看看 IBM 公司就会一目了然。这家公司成功地将自己不具备优势的硬件企业设计进行转型，从而适应了新经济格局下的盈利需求。在所有我们能想象到的商业领域里，数十家小公司也已经完成了类似的转型。由此可见，格局是可以被转变的。

企业领导者首先要提出以下几个关键问题：

- 目前我的企业如何赢利？
- 在可预见的未来如何实现盈利？
- 哪些人是最有价值的客户？

- 他们的关键偏好会发生何种变化?
- 我应该如何调整自己的企业设计，从而能够利用新的途径实现以客户为中心的营利性增长?

尽管每家企业都面临这些问题，但不同企业给出的答案是不同的。在《发现利润区》一书中，我们分析了一些杰出企业的经验，希望能够为您提供参考。

亚德里安·斯莱沃斯基、大卫·莫里森

2002年2月于马萨诸塞州波士顿

·第一部分· 在变化的商业环境中取胜

第1章

市场占有率已经过时

当今企业面临的首要问题就是盈利能力。你的行业中有哪些盈利点？当前的利润区在哪里？未来会发生怎样的变化？这些都是要考虑的问题。

利润区是指企业可以赢利的经济活动领域。进入利润区并在利润区内运营是每个企业的目标。

你可能已经知道如何才能进入利润区——“获得高市场占有率，自然就能赢得利润”“保持高增长率，利润便会提高”。作为一名管理者，不断会有人告诉你，只要追求高市场占有率和高增长率，企业自然就会踏上成功之路。

然而，这些以往的捷径现在已经变成了布满陷阱的弯路，并最终将企业引入死胡同。许多大公司在追求市场占有率和高增长率之后，最终却落到了无法赢利的境地。

在以产品为中心的时代，市场占有率是一个重要的衡量指标，是指路明灯和罗盘。那时，企业关注的是不断改进产品和打造规模经济。在以产品为中心的思维模式指导下，企业喊出了这样的战斗口号：“提高市场占有率，利润自然水到渠成。”

过去几十年里出现了一些令人不安的案例，这些案例颠覆了此前人们以市场占有率作为终极目标和企业成功保障的观念。我们来看一下IBM、美国数字设备公司（DEC）、通用汽车（GM）、福特汽车（Ford）、美国联合航空（United Airlines）、美国钢铁（US Steel）、柯达（Kodak）、西尔斯（Sears）和凯马特（Kmart）等公司都经历过什么。它们都保持着领先的市场占有率，在行业内都是数一数二的企业，但是，20世纪80年代，这些市场占有率领导者的盈利能力均出现了下降。它们即使拥有占绝对优势的市场占有率，也没有能力阻止这一切的发生。随着盈利能力与市场占有率出现脱节，股东的利益也开始受损。尽管这些企业具有强大的市场地位，但1985—1995年，这些市场占有率领先企业的股市表现明显低于标准普尔500指数。

其中的一些企业已经开始大刀阔斧地改革它们的企业设计了。它们在关注市场占有率的同时，将更多的注意力放在了利润上面。这使得公司的价值强势反弹，结果许多传统市场占有率的领导者深受鼓舞，开始重新思考其企业设计的理念。

在思考自己的企业时，我们要问自己两个问题：我要致力于提高市场占有率，还是要赢得利润？市场占有率使我的企业赢利并保持活力，还是使它无利可图、停滞不前？

不少企业虽然拥有很高的市场占有率，但盈利能力很差，股东价值很低。日本人称雄存储芯片市场，全美航空公司曾一度主宰美国东部的空运市场，飞利浦公司是消费电子产品的领先者，然而，这些企业没有一家经历过显著的价值增长。

以上这些企业并不是孤立的个案，类似的例子还有：

- 大西洋与太平洋茶叶公司（A&P）在食品销售市场拥有高市场

占有率；

- 英特尔公司在存储芯片市场拥有高市场占有率；
- 完美文字（WordPerfect）在文字处理软件市场拥有高市场占有率；
- 美国数字设备公司在微型计算机市场拥有高市场占有率；
- 凯马特在城市折扣零售业市场拥有高市场占有率。

上述企业在市场占有率方面高奏凯歌，在盈利能力方面却惨不忍睹。面对不同行业的高市场占有率企业出现的这种状况，人们不禁要问：企业该怎么办？

许多公司只是希望能够重新赢利，而公司的管理层明知这个目标难以实现，却不愿意将这份疑虑公开讨论。他们怎么可能反对企业拥有高市场占有率呢？

其他管理者私下会坦承利润不会再现，但忌惮公开面对这一话题，他们生怕企业士气会因此遭受打击。

英特尔公司是个例外。在上述公司中，英特尔选择了正视这一问题。1985 年，该公司引领着存储芯片市场。但是，公司管理者意识到，他们的市场占有率已经大而无当，不能再带来价值和利润了。20 世纪 80 年代的竞争模式已经结束，到了需要重建企业设计的时候了。

英特尔这样的公司令我们深思甚至彻底反思这样一个问题：市场占有率是否真是盈利能力的“指示器”？

数量增长和价值增长，孰轻孰重？

“要着眼于市场占有率的增长。”在旧经济秩序和市场占有率为主流的时代，数量增长是成功的保证。追求增长是我们一直以来被灌输的思想。这种思想的确创造过高利润，包括原先市场占有率的落后者、企业设计的落后者以及企业管理不善者。水涨船高。一位管理者曾经这样阐述这一经典理念："有了数量增长，管理问题便攻无不克；即使管理水平低下，收入的增加也能弥补我们的错误。"

但这类"金玉良言"已难以再站得住脚，行业增长和公司价值（股票价格）的增长已不再齐头并进。快速增长的行业，比如个人电脑制造业、消费电子业、电信和软件业等都出现了大量最终无利可图的公司。相反，零增长或低速增长的行业里却涌现出了一批堪称世界上最成功的企业。例如，可口可乐公司在低增长的饮料行业里实现了巨大的利润增长；与此类似，通用电气公司在低速增长的制造行业中表现出色；斯沃琪公司在低速增长的制表行业中始终保持着高利润。

在目前的新经济秩序中，旧经济秩序中最有价值的两大理念——市场占有率和数量增长，俨然成了洪水猛兽。为了正确并安全地运用这两大理念，我们必须了解经济领域中出现无利润区的来龙去脉。

无利润区

过去，企业一成立便会有利可图。在任何领域，若竞争者相对较少，客户便处于弱势一方。然而，在过去的几十年中，随着行业内技术进步、企业设计创新、全球竞争加剧以及信息技术的巨大发展，情况已有了根本改观。面对激烈的竞争，许多企业不得不通过降低价格的方式在市场竞争中赢得占有率。

与此同时，对客户而言，信息变得更容易获取了，这使他们可以方便地达成更好的交易，获得更有利的价格。这也迫使所有参与竞争的企业竞相降价，否则面对价格更低的竞争者，价格高的企业就将失去客户。在这种情况下，无利润区便产生了。以前的规则是：每一个行业都赚钱，市场占有率最高的企业赢利也最多，即便有一两个行业例外，比如农业或铁路客运业，这样的行业也屈指可数。

过去几十年中，这一规律被打破了。如今，无利润区无处不在，而且还在不断增加，经济版图上无利润区的面积越来越大。无利润区的表现有多种形式，它们可以是价值链的一部分（比如计算机的分销业务），可以是一种客户细分（比如美国医疗辅助计划中的细分，或碳酸饮料食品零售店的细分），可以是整个行业（如环境整治），可以是单个客户（如沃尔玛或者其他大型买家），也可以是整个企业设计（如辐射状航空企业设计或集成化的钢铁厂）。

无利润区是所有企业的黑洞。在自然界的黑洞中，光线被吸入黑洞之后便杳无踪迹了；在经济体的黑洞中，即便将资金投进去，也得不到分文回报。

讽刺的是，对市场占有率的极度追求可能正是导致无利润区的最主要原因。

假如，有一个行业中存在 10 家竞争者，总市场占有率为 100%。看看这些企业的战略计划，你便会发现，它们都在计划大幅增加市场占有率。

将它们 5 年内的目标市场占有率相加，你会发现总数超过原来市场占有率的 150%~170%。

当然，这是不可能发生的，因为它不合常理。但是，就在你对此不以为然的时候，在你身边却正在发生着这样的事情，也许就是你所在的行业或者你自己的公司。

随着对市场占有率越发激烈的追求和客户实力的不断增强，许多活动和产品已没有利润可言，甚至整个行业的利润也今非昔比，越来越多的无利润区产生了。然而，许多公司仍然奉行追求市场占有率和数量增长的战略，试图从价值日益缩减的蛋糕上切下更大的一块。

一位设备制造企业的资深经理就深刻领悟到了人们对这种市场占有率观念的短视，这一观念当时主宰了市场占有率时代的思想和商业媒体。

他认为：

> 我们都在关注市场占有率，数字就是一切，我们时刻拿自己的数字与竞争对手的数字对比，拿本季度销售额与上一年同一季度的销售额对比。我们对市场占有率的每一次增减都斤斤计较。
>
> 不仅是我们自己的管理团队，竞争对手的管理团队也是如此。就连媒体也会深受我们的影响，它们会不断公布新的市场占有率报告，我们则对其奉为至宝，就像NBA（美国职业篮球联赛）球队关注对手的统计数据一样。

通常情况下，盲目追求市场占有率是以牺牲企业设计创新为代价的。然而，在无利润区中抢占市场占有率的领先地位，或者在错误的企业设计下获得高市场占有率，往往预示着灾难而非福音。

错误的企业设计下的增长会更快地损害公司价值

提高无利润区中的市场占有率和获得增长无异于一种陷阱，这一点并不难理解。难以理解的是，在一个茁壮成长的行业中，增长竟会带来危险。增长固然重要，但更重要的是如何实现增长。

增长的弊端体现在三个方面。首先，在企业设计不合理的前提下，高增长会更快地损害公司价值。如今，我们目睹了许多高增长的高科技行业中发生的这种价值破坏。增长是诱人的，但增长往往也是高风险的，特别是在企业设计错误时更是如此。

其次，高增长除了会带来更大的风险外，也更难于管理。高增长会使人欢欣鼓舞，但也带来了更大的管理挑战，这是不争的事实。

对此，一位航天业管理人士有如下解读：

> 在低迷时期管理企业很难，但高明地管理一个高速增长的企业更

难。在诱惑之下，你总想去盲目地扩大生产能力，增加基础设施和人力，投入更多的固定成本。等到高潮退去，你便会深陷于无利润区。此时，大量资源闲置，甚至会资不抵债。如此一来，股东利益便会遭到严重损害。但现实中，企业的发展往往都遵循这样的规律。

最后，当企业一再扩张自己的设计，其服务的客户范围超越设计初衷时，企业增长的第三大弊端便出现了。为了弥补这一错误，企业会被迫降价或者将其业务范围扩展至自身不具有优势的领域。这两种行为都会使其盈利能力受损，最终的结果同样又是产生无利润区。

每天都会有新的无利润区出现。曾经创造过价值的商业活动会变得无利可图，价值也被转移到对客户更重要的活动上，因此只有从事这些活动，才能使企业赢利。

由此可见，往日的利润区正在以加速之势变成今日的无利润区，这已成为不争的事实。

创新者

过去的几十年里涌现出了一批卓越的企业领导者。对新情况的出现，他们领会到了，或者凭直觉感觉到了。在他们所在行业的增长前景和市场占有率领先者滞后的业绩的衬托下，他们企业的价值增值显然更加夺人眼球。

这些创新者的所思、所见、所为都与众不同。他们以客户为出发点，独辟蹊径。同时，他们首要关注的是利润（我怎么做才能赢得利润），然后再基于此展开工作。他们会时刻关注利润区的变化趋势：目前的利润区在哪里，今后它将转移到何处？

这些创新者认识到，以产品为中心、重视市场占有率的旧世界已转变成以客户和利润为中心的新世界。他们认识到这一点较其他人早了整整 10 年，足以傲视同侪。并非只有他们如此，投资界也觉察到了这种变化趋势。这种变化削弱了旧秩序中的市场占有率，而将投资资金重新分配给了新秩序中的创新者。旧秩序中的公司看重的是市场占有率和历史利润区，而新秩序中的公司每 5 年就会调整它们的企业设计，从而始终迎合客户的新需求，并进入新的利润区。数千亿美元的资金已从旧利润区的主导企业流向了能够发现或创造未来利润区的新企业。

市场占有率永存

有意思的是，创新者们为他们的企业赢得了高市场占有率，但是他们对市场占有率的认识与传统认识的逻辑截然相反。

传统认识的次序是：

1. 赢得市场占有率。
2. 利润随之而来。

而创新者的逻辑是：

1. 对客户来讲最重要的是什么？
2. 利润从何而来？
3. 我们在这些盈利领域如何赢得市场占有率？

上述次序的不同反映了思维方式的不同。传统的方式以市场占有率为中心，而创新者看重的则是客户和利润。

了解创新者如何创造持续的价值增长，可以帮助我们学到一种不同的思维模式。你会扩大对有关战略和策略行动方案的认识，并且将这一认识用于开创新的利润区。创新者的经验会使你了解到以下几点：

- 制造商正面临利润下降的困境。为了重新建立利润增长的途径，制造商会采纳通用电气公司企业设计中的哪些具体做法?

• 在一个看上去似乎无利可图的行业，尼古拉斯·哈耶克采取了哪些企业设计原则，从而使斯沃琪公司实现了20%的年利润增长率?

• 企业设计中的哪三大变化使得可口可乐公司的市值从100亿美元飙升至1 500亿美元?

• 在不到10年的时间里，迪士尼公司采用了哪两大特别的盈利模式使公司的利润从1亿美元增加至30亿美元?

• 过去几十年中，英特尔公司是如何不断创新企业设计，从而使公司市值从30亿美元增加至1 000亿美元的?

我将在本书的第二部分中阐述这些问题。同时，关于这些创新者及其他创新者如何系统地建立以客户和利润为中心的企业设计，从而为股东创造价值的问题，本书的第二部分也会提出相关见解，其中的每一个例子都重点阐述了每一位企业领导者面临的战略和组织挑战，以及他们采取的应对举措。像其他领域内的许多创新者一样，这些创新者能够看到其他人看不到或不愿面对的事情。通过研究他们的成功经历，你也将学会如何看待这些问题。

企业设计的创新

上述每一个问题都关系到一家大企业如何从根本上重新自我定位以及如何开展业务，也就是说如何创新企业设计。从直觉上，我们大概已经知道企业设计是什么了，但准确地对其定义将有助于我们更加确切地了解能够决定企业设计的关键战略要素。

公司的企业设计由四大战略要素组成，它们是客户选择、价值获取、战略控制、业务范围。企业要想获得成功，其设计必须使其关键要素急客户之所急。同时，其设计必须注重盈利能力。而且，各个要素之间必须互相促进，才能确保企业设计能够作为一个内部互相协调与促进的整体发挥作用。

企业设计中的“客户选择”指的是公司选定的客户群。基于企业最合适或最能够提供优质服务的客户群，企业可以对客户群进行选择和细分。当价值转移到新客户或者新客户群时，企业便需要改变其目标客户群。对任何一个企业而言，这都可能是一个痛苦的转变。远离客户是企业最困难的抉择之一。但是，这样的抉择至关重要。我们有必要自问：“哪些客户我不能选择？”这一点很重要，就像我们需要自问“我的目标客户是谁”一样。

企业设计的“价值获取”指的是一家企业如何通过为客户创造价值而获得回报。一般来讲，企业通过销售产品或者收取服务费获得价值，而以产品为中心的思想却将企业局限在了这些传统的价值获取方式上。如今，创新型的企业采取了较之从前更为广泛的价值获取机制，包括融资、辅助产品、解决方案、价值链下游的参与、价值共享、许可以及其他多种方式。它们运用高度创新的做法为客户创造了价值，因此从中获得了回报。

企业设计的“战略控制”指的是公司保护其利润流的能力。“客户为什么要买我们的产品？客户为什么必须买我们的产品？”对于这两个问题，企业设计的战略控制给出了答案。一家企业创造一个战略控制点的方式不少于 10 种（详见本书第 3 章）。在成功的企业设计创新中，战略控制能力是一个关键因素。

企业设计的“业务范围”指的是企业的业务活动及其提供的产品和服务。企业会不间断地扩大或缩小其业务范围。企业设计的关键问题是：为了保持客户相关度、创造高利润以及创建战略控制，我们需要如何调整业务范围？

表 1–1 列出了企业设计的四大战略要素，其中每个要素都与其他三

个密切相关。例如，选择哪些客户取决于哪些客户会使企业赢利；如何赢利取决于企业所从事的活动范围；关于差异化和战略控制的决策取决于具体的客户以及企业所能提供的业务范围；业务范围的决策应为服务什么样的客户，如何创造利润以及如何制定战略控制的决策提供支持。

当这些选择与客户的要求相匹配，并具有内在的一致性且能够互相支持时，它们便能为企业创造出异常强大的企业设计。创新者已在设计选择方面取得了卓越的成绩。

伟大的企业设计就如同杰出的产品设计。产品设计中的非凡成就是卓越工程技术与伟大想象力的结晶。同样，伟大的企业设计既需要对客户和利润有深刻认识（你不能对事实妄加揣测），又需要卓越的战略想象力。创新者所拥有的独特能力便是战略创造力：不断推翻传统的假设，提出新观点，做出更加超凡的选择。

表 1–1　企业设计的要素

要素	关键问题	具体问题
客户选择	我想服务哪些客户？	我能提高哪些客户的实际价值？哪些客户将会使我赢利？我想放弃哪些客户？
价值获取	我如何赢利？	我如何从给客户创造的价值中获利？我的盈利模式是怎样的？
产品差异化/战略控制	我如何保护利润？	为什么客户选择从我这里购买？与竞争对手相比，我的价值主张有什么特别之处？哪些战略控制点能够抵消客户或者竞争者的力量？
业务范围	我从事哪些业务活动？	我要销售什么样的产品、服务和解决方案？哪些业务活动或者功能是公司内部可以完成的？哪些需要分包、外购或者与合作伙伴一起提供？

为确保长期可行性，当客户的需要和需求发生变化，价值偏离企业传统设计时，企业设计必须进行调整。正如产品会在技术方面过时一样，

企业设计也会在经济方面过时。随着时间的推移，由于企业本身具有竞争性，多数的企业设计已不再能带来利润，它们的利润区已经发生了转移。如果一家公司希望为股东创造价值并且希望在其利润区内持续运营的话，那么它需要每隔 5 年甚至更短的时间就对其企业设计进行创新。

新一轮的创新

创新者都知道，创新永远不会停止。对于公司而言，环境在变，利润区也随之转移。英特尔公司要面对AMD公司（超微半导体公司）新型芯片的挑战，可口可乐公司要面对百事可乐公司的挑战，微软公司要面对崭新的互联网时代，而迪士尼公司面对的则是来自时代华纳公司变本加厉的模仿。

其他创新者也面临类似的挑战。除非再造企业设计，否则这些企业的利润还会付诸东流。更重要的是，它们的客户也在发生着变化。对于每一个客户群体而言，昔日的奇思妙想正转变为今日的普遍认知。

惠普公司前首席执行官卢·普拉特对创新有着真知灼见，他说："企业存在的一个最大问题就是固守从前成功的经营模式……哪怕只死守一年，也会后患无穷。"

无论你将此视为安迪·格鲁夫式的偏执，还是认为固守旧模式的时间太长，这番话所传递的信息都是一样的：当客户发生变化时，利润区也会随之变动。为了适应这一变化，我们就必须创新固有的企业设计。

这对创新者而言并非是什么难事，多数创新者每隔 5—7 年便会为他们的企业设计创建新架构。然而，以往设计的成功绝不意味着下一个新设计会同样奏效。每一次设计都必须既适合客户，又符合经济原理的要求。每一次创新都让创新者殚精竭虑。本书第二部分提供了一些案例，它们将帮助我们更好地理解这一点。

破解利润的密码

可口可乐公司前总裁罗伯托·戈伊苏埃塔经常说："有一个问题让人百思不得其解。"这个问题就是盈利能力。目前的利润从何而来？利润如何才能产生？未来的利润又会来自哪里？

如果企业不能正确回答这些问题，那么它的诸多努力都将是徒劳的。

利润在哪里？在过去，这一问题的答案是：哪些企业拥有高市场占有率，利润就出现在那里。而现在，答案变成了：哪些企业拥有为客户和高盈利能力度身定做的最好的企业设计，利润就出现在那里。

解读盈利能力并非易事，原因有很多。其一，利润区作为可能产生高利润的舞台，处在不断变化和转移的过程中。客户不会一成不变，而企业设计必须与其相呼应（见第 2 章）。其二，产生高利润的方式至少有 22 种，也就是说，有 22 种不同的方式可以解释和量化利润产生的机制（见第 3 章）。其三，大多数企业会运用其中的两种或三种盈利模式。熟谙在什么情况下运用哪些模式需要深思熟虑，并需要企业的不断坚持。

在以流动性而非均衡性为特征的新经济秩序中，客户和利润区总在发生变化。为了在这些变化发生之前创新企业设计，企业必须超越以产品为中心的思维，而转向以客户为中心的思维。市场占有率的理念必须服从于以利润为中心的思想。在新的商业环境中，以客户为中心和以利润为中心思想背后的理念，将对新形势下企业的成功起到至关重要的作用。我们会在下面两章中阐述这两大思想。

第 2 章

以客户为中心的企业设计

几十年前，客户并没有那么重要。这在今天听起来有些不可思议，但在当时的确是事实。在 20 世纪五六十年代的战后商业环境中，客户的需求超过了企业的供给能力。当时的市场是卖方市场，大型垄断公司处于主导地位，这些卖家掌握着经济大船的航向。

现在的情况则大相径庭，只要客户的信息渠道畅通，他们便会拥有诸多的选择权。因此，主动权自然而然地由卖方转移到了买方。高度竞争的市场和海量的信息将客户推向了商业领域的核心地位。在这一新环境中，企业只有运用以客户为中心的思想来满足客户需求，并创建与之匹配的企业设计，才能获得成功。

以客户为中心的思想

首先我们来看一下，以客户为中心的思想的反面是怎样的。第一，以客户为中心的思想不是传统的、常规的市场研究，表现在它没有大量的数据、数以百计的表格和无实际操作性的计划。第二，它也不是传统的客户满意度调查。尽管客户满意度调查是一种重要的衡量方法，但它是一种“回溯”的做法，即衡量既往决策者如何根据旧企业设计中的核心内容来评判现在。

传统的市场研究试图对方方面面进行衡量。战略性的、以客户为中心的思想则会洞察出客户最迫切的需求，从而能够利用满足客户需求的机会实现盈利。

为了对客户形成战略性的动态了解，我们必须对下面的问题有明确的认识：

客户到底是如何变化的？

一定要将这个问题谨记在心，因为它是企业管理最强大的武器。这一问题的答案不会来自传统的市场研究或者客户满意度调查。要找到这一问题的答案，需要企业拥有破解客户需求变化趋势的愿望，并且需要企业实施纷繁、深入、细致的调查。

典型的市场调查往往速战速决且面面俱到。这种做法不会为客户带来太多的帮助。企业聘用一家市场调查公司去做市场调查，在调查中客户会被问及一些问题，其选项已被固定。然后，市场调查公司会将客户的答案汇总，再将客户的需求进行分类，从而揭示出客户“真实”的偏好。这样的调查提不出中肯的问题，也无法深入到问题本质。相比之下，以客户为中心的思想会急客户之所急，而不是仅凭市场调查公司的一面之词。以客户为中心的思考者会花时间与客户交流，而不只是埋头阅读市场调查报告。二者之间的交流会使企业从客户的角度获得对客户问题的第一手资料。而我们如果要阅读冗长的市场调查报告，从中提炼出我们需要了解的问题，就会困难得多。

成功的企业家并不完全依赖常规的市场调查，他们对客户的研究是活生生的、互动式的，其中也可能有过失、失误和错误，但也会有真知灼见和恍然大悟。成功的企业家根据自己的见解行事，并且根据自己了解到的情况来设计企业的经营模式。通过与客户直接接触，企业家能够找到解决客户问题的方法，这些方法能够激发客户的激情、引导客户的预算以及夯实客户的忠诚度。

以客户为中心的思想并不单调、乏味或枯燥。这一思想的确具有非常规性，令人困惑，但它是必不可少的。以客户为中心的思想会提出这样的问题：那又怎样？我不在乎！

以客户为中心的思想何以如此难以实现

在现代企业中，管理层要实施以客户为中心的思想并非易事，原因有二。其一，管理层，特别是那些从业时间已达 20 年或更长时间的资深企业高管，深受以产品为中心的思想所左右。在这种理念的指引下，他们关注的是如何改进产品质量、提高市场占有率以及增加营业收入。他们之所以能够成为高管，是因为他们的这套思想畅行无阻。

其二，以客户为中心的思想之所以难以成形，是因为企业成功后的一些后遗症。随着时间的推移，企业的重心会发生转移。如图 2–1 所示，在企业的创业阶段，企业工作的重心在客户。小企业必须紧密追随客户，否则它便会失败。随着企业的成长，企业的重心会发生小规模的微妙的转

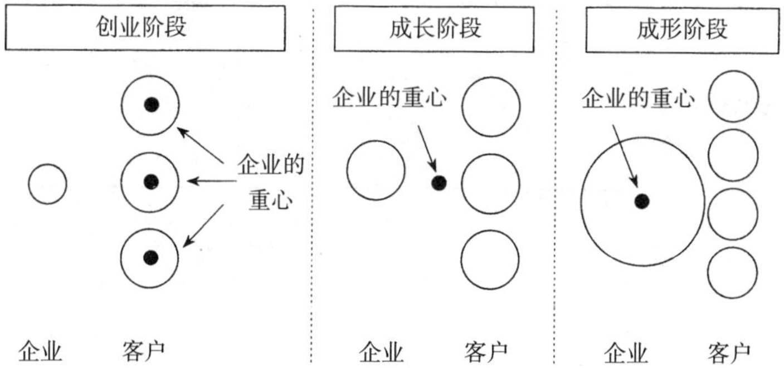

图 2–1　企业的重心

移——它会慢慢脱离客户，转而关注企业自身。在企业的成形阶段，企业规模越发庞大，企业的重心也会越来越远离客户，向自身倾斜。最终，企业的重心将完全转移到企业自身。此时，企业会全身心关注内部事务，比如内部预算、内部资源整合以及内部管理等，因此更加难以实施以客户为中心的思想。

价值链的转换

要采纳以客户为中心的思想，企业管理者必须改变传统的价值链（见图 2–2）。传统价值链的出发点是企业的核心竞争力，即企业资产。然后，价值链会走向投入要素和原材料，之后是产品和服务，营销渠道，最后到达客户。这一价值链从资产开始，然后一路将资产转化为对客户极为重要的产品和服务。然而，这一整套流程需要我们做出改变。

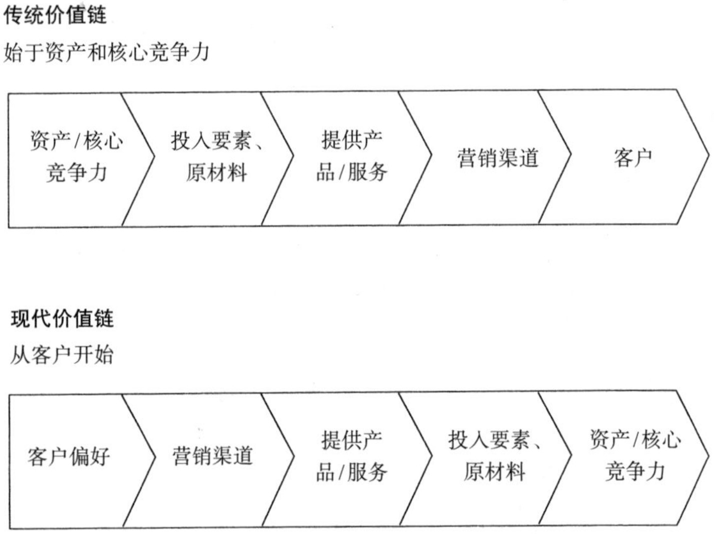

图 2–2　价值链

以客户为中心的思想，其出发点是客户，最终目的地是资产和核心竞争力。以客户为中心的思想关注客户的需求和偏好，致力于为客户的需求和偏好寻找最好的选择方式。实际上，这一新思想掉转了传统价值链的方向，从而使客户成为价值链上的第一个环节，其他环节紧随其后，因客户需求而变化。管理者应当思考以下几个问题：第一，客户的需求与偏好是什么？第二，哪些渠道可以满足这些需求和偏好？第三，有哪些服务和产品最适合这些渠道？第四，创造这些产品和服务需要进行哪些投入，购买何种原材料？第五，要进行投入、购买原材料，需要哪些必不可少的资产和核心竞争力？

调整管理者的时间安排

要了解客户的需求和偏好，我们就不能只坐在办公室里。

我们需要的重要信息都可以在市场中找到：在客户的办公室、工厂和仓库里，或者在客户的经营系统中。这就要求对企业高管的时间安排进行调整。

在旧的经济秩序中，成功所需要的绝大多数信息都来自企业和行业内部。今天，我们需要的信息来自企业之外（客户群和竞争性市场的边界地带）及行业之外（其他人开发的良好的企业设计能够有助于解决企业所面临的战略问题）。

不幸的是，最近的一份调查表明，企业高管仍将 70% 的时间花在了“企业或行业内”；剩下的 30% 花在了“企业或行业外”，而且零星分配给供应商、证券分析师、记者、慈善机构、其他公司董事会以及客户等。在旧的经济秩序中，这样的时间分配还算合理，但在价值发生转移的新环境中便不适合了。

随着价值快速地从旧的经营模式流向更加注重客户的企业设计中，高管们必须调整内部和外部时间的比例。要将大部分时间花在外部，即客户身上。另外，不能将时间花在喜欢自己企业的客户那里，而要寻找那些最苛刻、最挑剔和对企业未来发展最有见解的客户，并多与他们交流。

最后，在与客户交谈时不要笼统地问自己我需要了解些什么，而要提出正确的问题，比如，“我最怕发现什么问题？”回答好后一个问题将会为你提供最佳的线索，让你明白如何改变自己的企业设计，从而赢得未来的客户，获取未来的利润。

与客户的对话要真诚和耐心，掌握这一谈话技巧便会创造利润增长的新机会。同时，这也会极大挫伤竞争对手。例如，一家大型原材料供应商（通用电气公司的竞争对手）的一位高管曾经对比他的公司和通用电气公司，他的分析如下。

> 我的公司高管的时间安排是：
>
> **日程表A**
>
> 9:00 内部会议
>
> 10:00 内部会议
>
> 11:00 内部会议
>
> 12:00 午餐
>
> 14:00 内部会议
>
> 杰克·韦尔奇的时间安排则是：
>
> **日程表B**
>
> 9:00 客户会议
>
> 10:00 客户会议
>
> 11:00 客户会议
>
> 12:00 与客户共进午餐
>
> 14:00 客户会议

很明显，日程表B在各方面都胜过了日程表A。有了直接获得不断变化的数据信息的渠道，成功的管理者便会从中得到他们需要的关键信息。他们会弄清楚客户最关注的是什么，并围绕它创建一套以客户为中心的企业设计，而这一点无疑会对客户的决策造成极大的正面影响。

解读客户偏好

所有产品和服务的价值都体现在它们对客户偏好的满足程度上。简单而言，客户偏好对客户极为重要，客户情愿为此支付溢价。然而，如果客户的偏好得不到满足，他们便会转而寻找其他供应商。

客户偏好包含从采购标准到经济系统等各种要素（见图 2–3）。

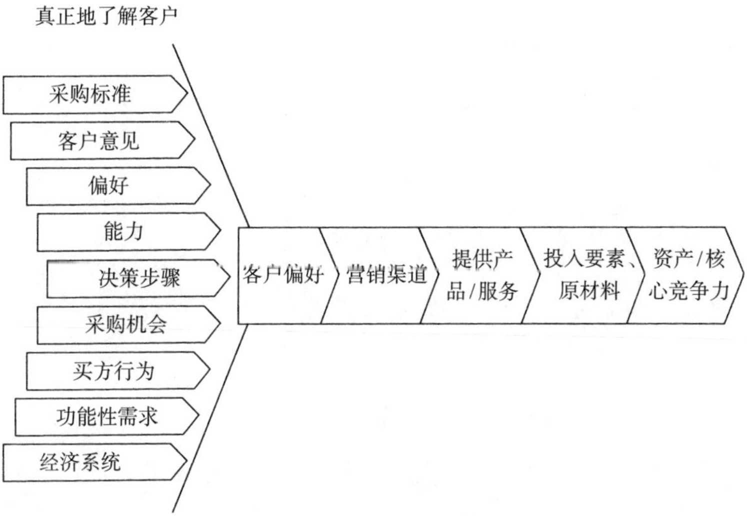

图 2–3　现代价值链

评判一家供应商时，上述每个因素都会左右客户的偏好。为了了解客户，管理者必须向正确的人提出正确的问题。在客户群内部，极少有客户只有一个购买渠道；他们通常有很多类似的渠道，分布在金字塔状的客户结构中。

要进行战略性的客户分析，我们面临的困难不只是了解客户内部的多重层次，还需要采用不同的方法还原事情本质。客户的需求结构、行为、决策过程、价格敏感性以及偏好就像化学分子一样复杂。在分子科学中，研究人员运用X射线晶体学（从多角度摄像）确定分子的真实结构。在对客户的研究中，我们也需要使用同样的方法。

尽管X射线晶体学图像既不完美也不全面，但是，它能够使人们对分子结构有足够的了解。同样，在了解客户结构时，通过面谈、经济分析、调研、焦点群体、平衡分析及其他多种方式得到的信息都有一定的片面性，将它们综合起来分析要比单一地创建它们更困难、更复杂。然而，只有这样，我们才能发现其中的价值和诀窍。

让我们来看一下表2–1中对客户特征的描述。其中哪些特征描述了你所在公司或行业所服务的客户？

表2–1　客户的反应

厌烦	积极热情
气愤	投入
漠然	渴望交流
冷淡	对你提供的内容感到兴奋
不温不火	有兴趣加大购买量

了解客户的感受及其产生感受的原因，会让你有机会了解有关客户偏好变化以及未来利润增长机会的线索。许多公司受到传统经营方式的影响，难以把握客户的关键需求。正如一位资深管理人员所讲："我们并没有客观地看待事物，而总是以己度人。"因此，在许多行业中，客户总是表现出厌烦、气愤和漠然。行业中流行相似的企业设计，这些设计以同样的方式互相竞争，它们都聚焦于产品本身，而非以客户为中心。这种状况为创业者和新进入者带来了巨大机遇，他们可以借此做到以下几点：

- 洞察到哪些客户偏好被忽视了（见表 2–1 左栏中列出的内容）。
- 为这些客户偏好创造新的企业设计。
- 重新创造出高盈利的利润区。

创业者或新进入者并不一定来自行业外部，你的企业就可能扮演这样的角色。最关键的是企业要了解客户的偏好。

本书中所讲的创新者，都擅长以客户为中心的思维。他们能够发现客户偏好的变化，并且能够针对这些变化及时地调整他们的经营。瑞士制表企业SMH公司的尼古拉斯·哈耶克认识到，越来越多的客户购买手表是出于对品位与自我感受的需求，而不是因为瑞士表的名气。罗伯托·戈伊苏埃塔认识到，在许多情况下，可口可乐的客户关心的并不是价格，而是其便利性。同时，我们应该看到，可口可乐流通体系中的关键客户是装瓶商，因为它们决定了可口可乐的便利程度。查尔斯·施瓦布认识到，投资者对咨询指导具有不同的需求，并且对强卖行为深恶痛绝，因此他摒弃了传统的“将客户作为销售目标”的做法。迪士尼公司的迈克尔·艾斯纳发现，客户愿意把更多的钱花在购买与迪士尼电影相关的玩具和其他产品上。杰克·韦尔奇发现，通用电气公司的客户看重的不是产品的价值，他们更在乎服务和融资价值。比尔·盖茨发现，在计算机行业中，客户的偏好时刻在发生变化——包括语言、操作系统、应用程序、通信、互联网。类似的例子还有英特尔公司对客户实力的独到见解，以及阿西布朗勃法瑞公司（ABB）致力于向不同的客户群体提供最好的服务等，我们将在第二部分进行详细的介绍。

隐藏的偏好：破解客户经济系统之谜

即使公司管理者找对了人、问对了问题，他们也未必能从中得到足够的信息，因为客户并不会将所有需求都明确地表达出来。每个客户的需求都很广泛，只不过有些需求被明晰地表示出来，而另一些隐藏在暗处。

对于管理者来讲，清晰地解读客户明晰的需求是个挑战。但是，要了解隐性需求的所在，则要求他们运用异常丰富的想象力，不能总是指望客户说出他们的所有需求。因为不同的企业各自为政，它们之间的信息难以共享，所以客户的需求传达总是不够明确且界定不够清楚的。在当代商业环境中，识别这些隐性需求，对它们加以定义，并在供应商决策过程中赋予这些需求以活力，便成为供应商的当务之急。

若要探寻这些隐性的、尚处于懵懂之中甚至是根本不为人知的偏好，一个最有力的工具就是对客户进行经济系统的分析（见图 2–4）。无论你是与同行业内的买家、家庭还是个人客户打交道，这一工具都适用。

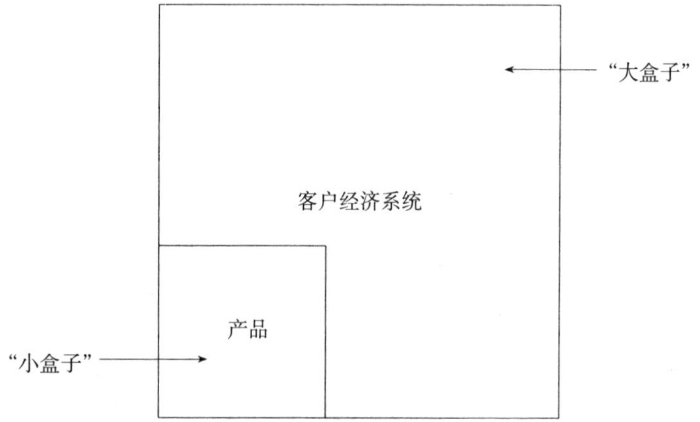

图 2–4　客户经济系统

客户经济系统包括支付产品和服务的金额，使用、存储和处理这些金额的费用，购买和使用过程中耗费的时间，以及在整个过程中所要承受的剧烈斗争。总而言之，客户要购买和使用产品和服务，就要付出金钱、时间，承担抉择的困扰。有了客户经济系统这个“大盒子”，才会产生出产品这一“小盒子”。

大多数客户并不了解自己的经济系统。他们能够意识和感觉到它，但是他们并不了解它。直到最近，汽车行业才意识到由仪表盘、车门或前端系统组成的这一整体经济系统的存在。大多数家庭都不知道购买和维护交通工具时涉及的家庭经济系统。对于许多人而言，它牵涉的费用可能会让你大吃一惊。

多数客户并不了解真正的经济系统，这对于供应商而言是件好事，因为这其中存在着巨大的盈利机会。

例如，迪士尼公司解决了家庭度假的难题，英特尔公司使行业客户更便捷地使用它的芯片，微软公司提供给客户标准的、易于使用的、广泛应用于全世界的套装应用软件，而所有这些供应商得到的回报都是超乎想象的。

真正地了解客户经济系统会给供应商带来巨大的好处，因为这会使这些供应商具备回答如下问题的资格：

> 我们如何才能为客户创造价值？

对这一问题答案的探索引发了整个行业的创新。20 世纪 80 年代，美国每年报表纸的成交额高达 80 亿美元。那些负责购买报表纸的机构的偏好反映了其在经济系统中所处的地位：不超预算，按时交货，符合最低质量标准。报表纸公司要获得成功，就必须提供高质量、低成本的产品，并且及时交货。

20 世纪 90 年代初期，大量使用报表纸的机构（包括保险公司、银行和医院等）的管理者开始想方设法削减开支。在考察了与报表纸相关的所有环节之后，他们意识到，报表纸自身的成本只是企业成本的冰山一角。在报表纸上每花费 1 美元，公司就需要在填写、复印、传达、修改、储存以及销毁方面花费 20 美元。

这一认识将企业档案维护系统的问题提到了议事日程上，决策制定也从代理机构转移给高级管理层。由此，客户的偏好发生了极大的改变。

现在，仅在报表纸上节省一点儿小钱是远远不够的。相反，客户会说：“我的企业要使用 20 000 种不同的报表纸，请帮我们从纸质表格系统升级到电子表格系统，这样我们便能将总成本从 20 美元降低为 10 美元。”

能够及时调整自身并满足客户新偏好的报表纸公司，为客户也为自己创造了巨大的价值。而没有适时调整战略的公司会发现，自己是在向无动于衷的客户提供无关紧要的产品。

为了精确地分析客户经济系统和不断变化的偏好，管理人员应当自觉运用每一种工具。成熟企业具有的优势是，它们可以比较容易地接触到客户，但是，它们对客户这种资源的利用是最不充分的。诸如微软等后起之秀则要千方百计地利用好首次打交道的客户。而IBM和美国数字设备公司这样的成熟企业很容易接触到市场上的客户和潜在机会，但它们没有利用好这一强大优势。

即便有少数企业利用了这一优势，它们也很少能够迈出关键的下一步：创造出特殊的、专有的信息。这些信息来自企业的主要客户，或者来自不同市场的真正具有代表性的客户，进而流向企业本身。在今天不断变化的商业环境中，这种信息流可能已成为企业最宝贵的一种资产。但是，仅有非常少的大型企业能够搜集战略性客户的信息并将其系统化，再根据这些信息了解到客户的真正偏好。这一点一直以来都是矛盾的焦点。

扩展发现客户的视野

破解不断变化的客户偏好之谜，是企业最具挑战性的任务。没有哪个单一的方法可以解开这个谜题，也没有哪家客户（无论是业内买家还是家庭客户）可以提供完美的答案。

旧经济秩序中，人们关注的焦点是直接客户。现在，企业不再仅仅考虑直接客户了，因为这么做的成本太高了。为了发现并维护客户，我们必须大规模开阔自己的视野。在一个价值不断转移的世界里，我们的目光必须同时盯住价值链上的两个、三个甚至四个客户群。因此，一个零部件供应商必须了解购买自己零部件的制造商、制造商产品的分销商以及最终消费者的经济动机。

如今，这种现象在所有行业都普遍存在。比如，经管类出版商必须了解图书销售商、图书购买企业以及企业内部的个体读者情况；酒店管理人员必须了解旅行社、组织外出活动的企业、组织公司外出的人事部门的人员，以及出席外部活动的公司内人员的情况。

扩展发现客户的视野对制定明智的企业设计至关重要。在客户选择方面，它开阔了企业的眼界，有助于企业发现新的可能性和利润可观的创新点。在三四个潜在的客户中，哪一个是最重要的？企业设计最应该关注哪一个客户？在创新者最突出的企业设计成就中，客户选择的创新是一个关键因素。

超越短暂，步入持续

传统的市场研究模式通过定期询问客户一系列问题和考量变化情况来考察客户在不同时期的改变。市场不同，这种考量的频率也有所不同，但是这种对变化的考量是点对点的。战略客户分析要求企业抛弃这种分散式的做法，而要与市场上最重要的客户保持持续的沟通。

企业组织通过创造持续的客户信息流，可以使管理层对新的竞争性企业设计更具有敏感性，这些新的企业设计可以在很短的时间内吸引买家。同时，信息流也使管理层对客户不断变化的决策制定环境产生了更大的敏感性。当季度末，因客户选择了竞争对手而导致订单没有如期而至时，那些与客户之间缺乏持续沟通的企业往往会吃惊不已。

短暂的市场研究将使我们对过去进行反思，而持续的客户沟通则使我们产生实时的思考以及对未来的洞察。

预测不断变化的客户偏好

在以客户为中心的企业设计中，关键问题不是现在的客户偏好是什么，因为这些偏好已经确定了——关键问题是客户未来的偏好是什么。回答这个问题需要仔细琢磨未来，甚至要依靠一定程度的假设或至少是猜测。只要满足以下三个条件，你发现未来客户偏好的概率就会大大增加：

1.信息来源于客户组织中不同层次的相关资源。

2.提出的问题是不标准的、有创造性的，并且具有挑战性的。（如，我害怕发现什么问题？）没有合适的问题，即便进行最勤勉、多方位的全面分析，也会徒劳无功。

3.要把握好了解下一个机遇和抓住机遇过程中遇到的各种障碍之间的平衡，这些障碍涵盖金融、政治、会计和组织等方面。

丝毫不差地准确预测未来是不可能的，这使得准确预测其中的60%~70%尤为重要。选择客户群中的一个小子集（不超过总数的2%~3%）进行分析，便可以实现这一目标。这些客户不必是前沿客户，也不必有丰富的经验和领先的技术。最前沿的客户有时候能代表未来，但通常情况下并非如此。这些客户只是一个小而特殊的细分市场，因此并不能以此对更广泛的市场进行预测。

我们寻找的不是前沿客户，而是“能够定义未来的客户”，这些客户的观念、实践和解决方案代表了未来行业行为的主流。

铸就新的企业设计

了解了客户未来的偏好之后，就可以启动新的企业设计，并开始建设了。下面的两个例子，一个从历史角度，另一个从现代角度说明了客户偏好的变化，以及在此过程中巨大财富的得与失——财富转移到了那些了解客户偏好的企业，远离了那些不了解客户偏好的企业；财富转移到了铸就新企业设计的企业，而远离了没有新企业设计的企业。

1900—1920 年，汽车行业的客户首先考虑的是：汽车应该是满足其基本需求的、质量可靠的交通工具。客户会说："我要一辆实用且不贵的汽车。"亨利·福特的回答是："好的，我明白了。"之后，T型车便问世了。更重要的是，福特创立了一套纵向一体化的企业设计，按照这套设计运行，大量性能可靠、成本低廉的汽车应运而生。截至 1920 年，福特汽车公司一共销售了约 2 200 万辆汽车。这些汽车的可靠性非常强，时至今日，大部分的老式T型车仍行驶在路上。

之后，福特的市场占有率从 0 飙升至 55%，它一举成为汽车行业中当之无愧的龙头企业。

20 世纪 20 年代，客户发生了深刻的变化。客户变得富有了，至少与之前相比更富有了。新车买家的偏好不再是"具备基本的交通功能，可靠和便宜"，20 年代新一代的客户会说："我要与众不同的色彩，我要自己来选择。我愿意花更多钱去买车，并且我可以为此入不敷出。因此，我需要贷款。"

阿尔弗雷德·斯隆听到了客户的这一心声，但亨利·福特没有。

斯隆创造了价格不同、性能各异的金字塔系列（如雪佛兰、庞蒂亚克、奥兹莫比尔、别克和凯迪拉克等），他提供了汽车融资，并且创立了一种事业部体制的、功能性的企业设计。这一新的企业设计在生产和销售不同系列的汽车产品方面非常有效。

1920 年之后的短短几年中，福特的市场占有率从 55%暴跌至 12%。在之后超过半个世纪的时间里，该公司都未能夺回在行业内的领导地位。

20 世纪 80 年代，由于客户最看重的是提高个人效率的软件，因此应用软件公司主宰着个人电脑市场。能够提高工作效率的任何一款不错的应用软件都会有很好的市场，会为它的开发者带来巨额利润。但是，80年代后期，客户的偏好发生了变化。客户需求从单一的应用软件转变为具有共同外观和感觉、兼容性良好的成套软件。大多数秉持以产品为中心理念的应用软件公司认为，只要产品不错，公司的利润就能增加。这样的公司没有跟上客户偏好的变化。莲花公司是为数不多做出改变的公司之一，它改变了自己的企业设计，向客户提供集成软件包，因此在众多竞争者中脱颖而出。

到20世纪90年代初期，客户的偏好从通信转变为网络。电子邮件和群体软件成为提高效率的新的关键因素。客户偏好再次引发了一个新的利润区，这样的变化对企业设计提出了新要求。

莲花公司的一些人也想坚持做一家只提供套装应用软件的企业，因为他们被传统的盈利模式所左右。但是，随着利润区的变化，这样的业务已经无利可图。最后，莲花公司再次做出了改变，它计划收购美国网络产品公司——网络计算行业的领头羊。收购计划失败后，莲花公司出资开发了Notes软件（一个针对社交商务的桌面客户端），并且买下了cc:Mail软件（一个邮件系统）。基于专业化的直销队伍、增值的分销渠道、咨询服务和企业联盟，莲花公司完成了新的企业设计，推动了这些新产品的成功。为应对客户偏好的改变，莲花公司放手一搏，制定了以未来通信产品为中心的企业设计，希望借此为公司带来长期的价值。

结果，除了微软公司外，莲花公司成了唯一一家提供桌面应用软件的公司，这也使它成功进入了下一阶段的行业竞争。IBM花费35亿美元收购莲花公司，它看重的是该公司昔日辉煌时期的企业设计吗？不。IBM看中的是莲花公司近年来所创造的价值，这一价值蕴藏于它的企业设计中，使它能够实现行业内的下一轮价值增长。

要掌握以客户为中心的企业设计技能，首要的是具备洞察客户的能力，基于这样的洞察力可以制定正确的企业设计。真正秉持以客户为中心的理念，管理人员就能够针对业务范围做出不同的决策。他们面临的第一大问题不是核心竞争力，而是客户偏好，他们要带领企业去生产客户需要并愿意为之付钱的产品。

正如越来越多的案例所揭示的那样，以客户为中心的理念从根本上改变了企业的供给和价值链活动。企业所供应的项目将会从产品（数量众多）转变为解决方案（难以确定）。企业活动的目标从“做一切事情”或“做我们能做好的事情”，变成了“做对客户重要的一切事情”或“做我们最擅长的事情”，企业可以将其余的业务外包，或者寻找合作伙伴提供这些业务。

关键的驱动因素是客户需要什么，而不是公司能做什么。如果一项技术是客户需要的，而且目前没有人能提供这样的技术，那么企业就必须开发这项技术，采取租赁、收购、获得许可证或者寻找合作伙伴的方式提供它。

最后，随着那些明智的企业积极地将物质产品转变为知识性产品，其业务范围也会发生改变。知识性产品固然难于创造，但客户非常珍视这样的产品。因此，这样的产品能够保证未来价值的创造。

作为新商业环境中的企业管理人员，以客户为中心的理念将是最有力的工具。但是，仅仅掌握这一工具是远远不够的。只具备以客户为中心的思维，而不具备以利润为中心的思维，你最终也会徒劳无功。为客户做大事是必要的，但这还不够，因为今天的企业不能像过去那样轻而易举地获得利润了。你必须为盈利模式设计出清晰的计划和机制，你必须有意识地、明确地和积极地考虑未来哪些做法可能会产生利润，以及这些盈利模式应该如何被建立。

第 3 章

利润是如何产生的

你知道哪 10 家企业最赢利吗？为什么它们的利润如此高？其获得盈利的原因都一样吗？

众所周知，盈利能力是至关重要的。利润表和价格收益率时刻都在提醒你盈利能力的重要性。然而，许多公司在其业务中并不按照对盈利的常规理解来行事。

在过去以产品为中心的世界中，利润是由高市场占有率带来的。企业关注的目标是将更多的产品销售给愿意购买的人。由于公司凭单位产品的销售获得收入，因此公司从销售中赢利几乎是理所当然的事情。但现在，企业不只从其销售的产品中赢利，因此赢利也不是理所当然的事情了。如今，利润来自巧妙的企业设计。实际上，企业设计的价值再获取因素（即“如何让客户付钱”的因素）成了关键所在。如果企业对如何产生利润、如何进行企业设计以获得利润等问题没有清醒的认识，企业便不会获取任何利润。

因此，清晰地阐明和设计盈利模式是一种关键的战略技能。本章所描述的盈利模式表明，解决“以设计获得利润”的问题有多种不同的方式。在清楚地认识公司知道如何赚钱以及为赚钱要相应地采取何种战略性行动之前，不要追加大规模的投资。

盈利能力是一种极为复杂的现象。利润为什么能够产生以及如何产生，不同行业之间或者不同企业之间有着很大的区别。关于各类不同企业如何产生利润，至少有 22 种能够对此做出解释的盈利模式。在未来几年中，人们将会发现更多的盈利模式。同时，在某些行业中，两种或者更多模式的相互作用也很好地说明了利润产生的原因。

回顾这些不同的模式，可以让我们了解不同的盈利机制的区别在哪里。从中我们也可以了解到，在每种模式的作用机制中，客户在购买成本、购买行为、价格敏感性、议价能力等方面发挥的核心作用。

以利润为中心的企业设计

现在，你可以向自己的企业提出一个最有意义的问题：我们的盈利模式是什么样的？我们如何赚钱？

在过去，以利润为中心的思维并不是战略制定过程的关键部分，因为这样做没有必要。经典的战略原则是：获得高市场占有率自然就能赢得利润。从经验来看，对大多数行业而言，这都是一种精确的“经验法则”。这一战略的中心问题不是利润，而是市场占有率。其因果关系是这样的：先创造或者获得比较优势，接下来利用比较优势赢得市场占有率，最后市场占有率将提高公司的盈利能力。

在过去的几十年中，这一经典的战略规则已被打破。市场占有率的领先和超凡盈利能力之间的紧密联系已不复存在。回想一下我们在第 1 章中所举的例子——IBM、通用汽车、西尔斯、柯达、美国钢铁、美国联合航空等企业的经历。这样的例子有很多，不胜枚举。它们是市场占有率的领先者吗？没错！那它们是否赢利呢？不！

问题出在哪里？为什么这些市场占有率的领先者，没有凭借它们的市场地位赢得可持续的利润呢？因为规则改变了。日新月异的技术变化和风险资本的大量涌入，降低了许多行业的进入门槛和服务成本。在新的环境中，经营模式错误的企业拥有巨大市场占有率是一种负担，而并非优势。在新的以利润为中心的环境中，巨大的市场占有率并不重要。重要的是了解你在行业中的哪些方面可以赢利。在这一潜在的利润区内，你的企业设计与客户想要并愿意支付的价格是否相匹配呢？你的企业设计是否具有明显的成本优势从而让你获利呢？

在典型的以产品为中心的时代，问题的关键是企业如何才能获得市场占有率，增加单位产出，并实现规模经济。从 20 世纪 80 年代中后期开始，市场价值发生了变化，问题本身也发生了如下关键的变化：

- 在这个行业中，企业如何才能够赢利？
- 为了赢利，企业应该如何进行自己的企业设计？

这里我们将介绍 11 种盈利模式。每一种模式都有不同的企业形式和战略，我们可以运用这些企业形式和战略将自己的企业带入利润区。

1. 客户开发模式/客户解决方案模式

采用客户开发模式的公司往往将大量投资投向了解客户经营运转状况方面，从而能够使客户更加青睐自己。它们首先探索自己的客户如何购买和使用自己的产品，然后想办法帮助遇到困难的客户（不仅仅是销售产品），帮助客户完成昂贵而耗时的购买和使用过程，从而获得利润。这种能够成功开发客户的做法能为公司带来利润。

FactSet公司（一家金融和数据软件公司）就采用了客户开发模式。它是一家金融信息服务供应商，该公司的战略是对客户进行先期投资。公司在客户开发的早期会投入巨额资金，从而能够了解客户的经营情况。之后，公司会尽可能根据客户的情况调整自己的产品，从而让自己的产品深深融入到客户的经营体系中。一开始，公司的投资要大于收入，但是几个月之后，收入便会大大高于支出。维护客户关系的成本并不高，但换来的是极高的合作成功率。客户选择和对客户的前期投资都是留住客户的手段，而留住客户则是赢利的关键因素。

其他成功应用客户开发模式的企业包括诺德斯特龙（Nordstrom）、美国汽车协会（USAA）、直觉公司（Intuit）、西北人寿保险公司（Northwestern Life）、李奥贝纳广告公司（Leo Burnett）等。与竞争对手相比，这些公司的客户稳定性强，忠诚度高，因此拥有更高的可持续盈利能力。

在第4章和第5章中，我们将进一步探索通用电气、美登通信（Madden Communications）、包装箱公司（Cardboard Box Inc.）以及山德士制药公司（Sandoz）是如何成功地运用客户解决方案模式的。

2. 产品金字塔模式

在客户开发模式中，客户经济学原理是最重要的因素。但在产品金字塔模式中，客户在式样、色彩、价格等方面的偏好才是最重要的。客户收入和偏好的多样性使构建产品金字塔成为可能。这样的金字塔结构存在于诸如钟表制造、汽车销售和信用卡市场中。位于塔基的是价格低、供应量大的产品，而位于塔顶的则是价格昂贵、供应量小的产品。

虽然利润集中于产品金字塔的顶端，但是每一个塔基的组成部分都在体系中发挥着关键的战略作用。精明的企业设计者，像斯沃琪和美泰公司，会在塔基建造一道产品“防火墙”：生产一种强大的低价品牌产品。尽管这种产品利润很低，但其目的是阻止竞争者的进入，从而保护塔顶所产生的巨大利润。

例如，美泰公司生产了面向低端市场的芭比娃娃，这样，对竞争对手而言已经不存在市场空间了，而且处于产品金字塔顶端的、价格为200美元的芭比娃娃的利润也得到了保护。与此类似，SMH公司开发了一款价格极为低廉的斯沃琪品牌手表，但该款产品仍然是赢利的。这种做法抑制了竞争对手攻击SMH公司其他高端品牌（如宝珀、欧米茄、浪琴、雷达）的能力，这些高端品牌是该企业最盈利的产品。（精工近来宣布减少对手表制造业的投资，转而从事对网络系统产品的经营，从而与思科公司展开竞争，因为思科比SMH公司更容易对付。）

如果不建立防火墙品牌，竞争对手就有机会进入低端产品市场，接下来它们就会向高端产品市场挺进，从而获取高额利润。回顾一下 1965 年至 1995 年间的美国汽车市场历史：日本企业首先占领了低端市场，尽管其产品价格低廉，但仍获得了利润，之后它们逐渐向能获得更高利润的高端产品市场进军（例如本田推出了讴歌，丰田推出了雷克萨斯，尼桑推出了英菲尼迪）。

想象一下，倘若在 20 世纪 60 年代后期，福特和通用汽车公司能够下决心创立一个“旨在赢利”的雪佛兰下属品牌的话，美国汽车市场将会怎样？假使果真如此，那么日本汽车企业的增长恐怕要缓慢得多，日本企业进入金字塔顶端产品市场并且赢得利润的时间，恐怕也会被推迟 10 年甚至更长。

第 6 章将对SMH公司产品金字塔模式的开发进行探讨。

3. 多单位系统模式

在某些企业里，生产和销售系统包含多个组成部分，而且每一个部分都具有非常鲜明的利润特征。如果不能最大限度地利用获利最高的部分，整个系统的盈利性将会受损。此外，为了最盈利的部分能占有市场，企业还要充分参与利润较低的部分（见表 3–1）。

表 3–1　多单位系统

行业	基本单位	盈利部分
软饮料	食品杂货店	饭店、自动售货机
个人电脑	计算机	自选配置、零配件、融资
家用电器零售	录像机、电视机、音响	维修服务协议
咖啡	食品杂货店	咖啡店、户外摊位
小汽车	新车销售	保险、融资、服务
制造业	货物	融资、服务

例如，在碳酸饮料市场中，就有食品杂货店、饭店和自动售货机等销售和生产子系统。它们各自对应的每盎司饮料价格分别为：食品杂货店 2 美分、饭店 4 美分、自动售货机 6 美分。利润区位于饭店和自动售货机。但是，为了赢得这些利润区域，一家公司需要有一个强大的品牌，这一品牌需要通过面向大众的、低利润的食品杂货店市场来开发和维护。尽管食品杂货店的利润较低，但它对维护公司在利润区的地位是非常重要的。一方面，要在低端的食品杂货店维护市场占有率和品牌地位；另一方面，要最大限度地在自动售货机市场上提高盈利能力。可口可乐公司就很好地认识到并运用了这一点。

同样，在咖啡市场上，有食品杂货店、咖啡店和户外摊位等子系统。食品杂货店利润较低，咖啡店利润比较高，而户外摊位的利润是最高的。宝洁、雀巢和通用食品公司之间的竞争在食品杂货店上难分高下，而星巴克则在咖啡店和户外摊位市场上表现活跃，并获得了可观的收益。

在多单位系统中，没有将重点放在高利润部分的企业设计是不完整的，企业的盈利潜力也还远远没有被挖掘出来。

在第 7 章中，我们会详细介绍罗伯托·戈伊苏埃塔如何重塑可口可乐公司，以及如何制定出高利润率的多元模式。

4. 配电盘模式

有一些市场的特点是多个买家与多个卖家进行沟通，因此双方都将承担很高的交易成本。通常情况下，此时便存在一种高利润率中介业务的机会，这样的中介机构通过创造出一个“配电盘”，将多方面的沟通渠道集中在一个点或者一个渠道上。这一配电盘效应降低了买卖双方的成本（包括财务支出和个人精力的付出），并以此获得“配电盘话务员”的收益。这样的例子包括嘉信理财的一源业务，软银公司对贸易出版和贸易展览业务的合并，以及电话买车公司的业务等。

配电盘模式的一个强大优势就是自我独立性。参与的卖家和买家越多，该系统就越有价值。对于买卖双方而言，沟通和交易成本会不断下降，配电盘操作者控制着信息流。随着交易数量的增加，即便对每笔交易收取少量的费用，中介企业也会赚得盆满钵满。

在第 8 章中，我们将详细介绍查尔斯·施瓦布及其公司是如何采用配电盘模式赢利的。

5. 速度模式

在企业经营中，速度是很重要的。通常情况下，在效仿者开始侵蚀利润之前，先行者的优势会让创新者获得超额收益，速度模式旨在利用这一优势。在这一模式中，利润源自产品或服务的独特性。创新者会持续获利，直到效仿者出现。

这一模式会产生较高的价格和利润，但是只能维持较短的时间。只有保持不断创新，才能确保长期赢利。随着价值从最近一次的创新中转移出来，公司必须进行下一轮的创新，才能重新进入利润区。

这种盈利模式正是英特尔公司成功的核心，也是整个英特尔企业设计专注于速度的原因。动作快就意味着高利润，反应速度一般意味着收支平衡，而反应速度慢则意味着被淘汰。安迪·格鲁夫充分认识到了速度的重要性，并以此为原则经营英特尔公司（见第 9 章）。

6. 卖座大片模式

如果说在创新型的行业里，速度模式对企业非常重要，那么对需要大量研发费用和推广成本以及产品周期有限的企业而言，卖座大片模式也十分重要，比如制药企业、出版商、电影工作室、音乐公司和软件公司。

当新产品的开发成本维持在高位，并且研发后的制造边际成本较低时，利润最大化的最好方式就是提高产品销量，包括在几种产品市场上占据主导地位，而不是在许多产品市场上维持普通地位。就所有开发的产品来看，其成本大致是相同的，但是销售规模越大，收益就越多。例如，在制药行业，最强大的盈利驱动因素是谁拥有主打产品。在这样的情况下，以企业产品线中前五种产品的总销售额来衡量产品规模的方式，决定了企业的利润率。

这个例子揭示了企业盈利模式的另一个重要方面：模式的改变。20世纪70年代，制药行业的盈利模式重视的是产品的相对市场占有率。当时，每单位产品的开发和推广成本是目前的1/3，因此，绝对的产品规模并不重要，重要的是企业在竞争领域中的领先地位。

今天，不同领域的领先地位已不再重要。每种产品开发和推广的平均成本提高到了3亿美元，而且每种产品的平均经济寿命缩短为不到10年。小类别产品中的领先地位无法保证能收回所花费的巨额投资，盈利能力和竞争力与产品规模息息相关。与销售额达到2亿美元的市场领先产品相比，销售额达到16亿美元、处于领导地位的产品更有利可图。相对市场占有率已被产品规模所取代，产品规模已成为主导的盈利模式。

除了制药行业外，在任何开发成本较高、产品收入差别较大的行业中，产品规模盈利模式都具有广泛的适用性。受产品规模模式影响的其他行业包括技术密集型行业，如书刊、音乐和电影行业等。该模式的杰出实践者是迪士尼公司（见第10章）。该公司不仅获得了巨额利润，而且以其卖座大片为基础创造了利润乘数模式。

7. 利润乘数模式

利润乘数模式是指从同一产品、形象、品牌、能力或者服务中重复获得利润。运用这种模式的最突出的企业就是迪士尼公司。我们可以想象一下迪士尼以多少种不同的方式为相同的角色进行了包装。米奇、米妮、大力神等角色不断出现在电影、录像和书籍中，以及服装、手表和午餐盒上，还有主题公园和专卖店里。无论以何种形式出现，这些角色都能够为迪士尼带来利润。这家公司里，最忙碌的就数这些角色了。

利润乘数模式将成为拥有强大消费者品牌的企业的强有力的利润引擎。一旦投资（一般数额巨大）建立一个品牌，公司就可以以这一品牌为依托，开发一系列产品。然而，在使用这种模式时，必须权衡风险，因为品牌可能会被用于对客户没有什么影响力的领域。迪士尼公司一直控制着米奇的应用领域，避免将其运用于可能威胁自身价值的领域。品牌资产固然宝贵，但同样也十分脆弱。

第 10 章重点介绍了迪士尼公司的创新如何创造了利润乘数模式。直到今天，迪士尼公司的这一模式都没有被别人真正模仿。

8. 创业者模式

许多决定盈利能力的因素来自经济方面，另一些则来自企业自身。随着企业的成功与壮大，这些因素会变得越来越形式化和官僚化，与消费者渐行渐远。因此，“规模不经济”的效应开始显现，从而削弱了规模带来的成本优势。同时，企业管理费用增加，决策步伐放缓。客户的直接反馈会逐渐减少，或者被选择性接收，甚至遭到忽视。

此时，企业内部便形成了铺张之风。公司运营成功并且有不错的利润，因此它承担得起很多服务客户所不必要的花费。结果，随着这些不必要开支的增加，企业未来的利润最终遭到侵蚀。

长此以往会产生什么后果呢？客户相关性降低，多种开支增加。与那些直接与客户联系或者积极征求客户意见的企业相比，这样的企业是脆弱的。前者不会因支付能力的增加而放任不必要的开支，它们会厉行节约。直接与客户保持联系并厉行节约，这两大因素综合作用，便会为企业创造出巨大的盈利潜力。

大多数大型企业制定的企业设计并不具有这两大企业优势，但的确有一些大型企业找到了利用这两大优势的方法。ABB 集团将企业分解为 5 000 个盈利中心，这些中心与客户直接联系并且承担盈利职责；软银将企业分解为只有 10 个人组成的利润中心，这些利润中心同样与客户直接打交道，并且每 5 天汇报一次现金流情况。

运用创业者盈利模式最成功的是美国热电公司（Thermo Electron），它不断地分拆出新的公司，从而避免了因企业规模过大而对利润造成的不利影响。新公司的管理者与客户进行直接的联系，不但对利润负责，而且要直接对股东负责。

这种结构安排独具匠心，充分调动了人的智慧。同时，它也释放了一种新的力量——向上的动力。新公司的管理者拥有新公司的股票，因此他们的工作实际上是为了自己向高处攀升。如果他们的工作出色，股价就会上涨，他们也会因此获得丰厚的回报。与许多企业的分公司经理不一样，他们不会抱怨母公司、总部或者总公司的政策。在美国热电公司拆分出来的每一家新公司里，员工们都致力于以最佳的利润获得新订单，而不会把精力花在抱怨上。

其他企业家都不愿意选择与美国热电公司进行竞争，他们宁愿与一家更大、反应更迟缓、更妄自尊大的企业展开竞争。与员工竞争要比与老板竞争更容易一些。我们将在第 11 章里详细讨论这种盈利模式的效果。

9. 专业化模式

所有企业一开始必定有其所长，它们凭借专业化的人才开创事业。然而，随着企业规模的壮大，它们往往会超越自己擅长的领域，进入越来越多自己不是特别擅长的领域。此时，收入增加了，但利润下降了。

其实，通过循序渐进的专业化实现的增长可能会带来极为可观的利润。例如，EDS（电子数据系统公司）通过循序渐进的专业化实现了增长，这家公司深谙此道，为许多垂直的细分市场（保健、保险、制造和银行）提供计算机解决方案。但是它是按次序这样做的，而不是多管齐下。在每一垂直细分市场中，EDS都积累了大量的专业知识，因此它成为一家专业公司，并且EDS会将专业技能传递到整个细分市场。然后，它会进入另一个细分市场。

尽管EDS的规模不断扩大，但是它仍然保留着它的专家队伍，由此带来的高利润率引人注目。1994 年，EDS在计算机服务领域的利润率高达 13%，而其主要的竞争对手——IBM公司，仅保持了盈亏平衡。

ABB集团的全球企业设计的魅力也来自专业化。ABB集团的系统使其集团架构内的每一家工程公司都高度专业化，而不是泛泛地向客户提供多种服务。结果，ABB 集团的利润率大幅提高了好几倍（从 2% 上升至 10%，甚至更多）。

10. 基础产品模式

商业中最强大的一套盈利机制就是基础产品模式（见表 3–2）。供应商为用户创造出广泛的基础产品，接下来用户就会购买供应商的基础产品或派生产品。

表 3–2　基础产品模式

基础产品	派生产品
剃须刀	刀片
电梯	服务合同
软件	升级
水质净化系统	化学处理
个人复印机	墨盒
照相机	胶片

只要能控制好派生产品市场，基础产品模式的盈利能力将是非常可观的。如果基础产品能够创造出一种标准，那么这种控制力将最为强大。企业在设定标准时，通过引导一个行业的所有消费者都使用其产品，便能够有效地创造出最大的产品基础，然后这家企业便能够作为派生产品和服务的优先供应商而控制派生市场。

这正是比尔 · 盖茨思维的关键组成部分，他从创办微软公司时就有这样的想法。微软公司实施的战略是，先制定较低的价格，之后确立行业标准，然后将此标准普及，最后从产品升级或改进收入中获取利润。企业如何才能获得利润，比尔 · 盖茨对此了如指掌（见第 13 章）。

11. 行业标准模式

基础产品模式提供了一个受保护的、利润丰厚的持续性收入。如果企业可以基于基础产品建立起行业标准，那么基础产品就成了另一种高盈利模式的关键因素。这一标准接下来就会带动整个行业的消费者和竞争行为。

行业标准模式最显著的一个特征就是规模收益递增。在这样的行业里，无数的企业，从原始设备制造商到应用软件开发商，再到用户，都会被吸入标准制定者的“引力范围”之内。进入这一体系的参与者越多，体系的价值增加就越多，从而使标准制定者的收益越高。

微软公司已经能够将其基础产品转化为行业标准了，这是一个非常强大的利润引擎。甲骨文公司围绕其相关数据库领域的行业标准创造了类似的优势，使公司步入了螺旋上升的发展轨道。全美航空公司的世博系统（SABRE）是航班预订的行业标准，从而使公司获得了显著的收益。整个行业都要围绕行业标准重新洗牌，那些在标准之战中败北的竞争者则被远远落在了后面（如赛贝斯公司），它们只能眼睁睁地看着自己的利润一步一步遭到侵蚀。我们会在第 13 章分析微软公司的盈利模式时详细展示这种模式的威力。

12. 其他模式

现代企业运用的盈利模式有很多。我们之所以着重介绍以上 11 种，是因为它们已经被创新型的企业成功运用，在接下来的章节里我们将会详细讨论。企业盈利模式还有许多，包括相对市场占有率模式、经验曲线模式、交易规模模式、当地领导模式、供需周期内的能力利用模式、价值链中关键点的结构控制模式等。对任何一个要设定战略方向的管理团队而言，了解所有现存模式的全部内容都是重要一步，这将大大提高管理层决策制定的效率。表 3–3 列出了这些模式和采用这些模式的企业。这些企业都是创新者，是位于利润区内的企业。有关这些模式的更多讨论，详见本章的延伸阅读。

表 3–3 盈利模式及运用企业

序号	盈利模式 *	运用这些模式的领先企业
1	客户解决方案模式	通用电气、美国汽车协会、诺德斯特龙、ABB集团、纳尔科、惠普
2	产品金字塔模式	斯沃琪、美泰
3	多单位系统模式	可口可乐、梦幻度假村集团
4	配电盘模式	嘉信理财、美国汽车协会、电话买车公司、明星艺人经纪公司
5	速度模式	英特尔、信孚银行、索尼
6	卖座大片模式	默克、迪士尼、美国国家广播公司
7	利润乘数模式	迪士尼、维珍、本田
8	创业者模式	美国热电公司、ABB集团、3M（明尼苏达矿务及制造业公司）
9	专业化模式	ABB集团、EDS、华莱士公司
10	基础产品模式	微软、奥德斯、吉列、通用电气
11	行业标准模式	微软、甲骨文
12	品牌模式	英特尔、可口可乐、耐克
13	特殊产品模式	大力神、默克、3M、大湖化学
14	当地领导模式	星巴克、沃尔玛
15	交易规模模式	摩根士丹利、英国航空公司
16	价值链定位模式	英特尔、大片音像公司、共和工程工业公司
17	周期模式	丰田、陶氏化学
18	售后模式	通用电气、软银（金士顿）
19	新产品模式	康柏、克莱斯勒
20	相对市场占有率模式	宝洁、菲利普·莫里斯国际
21	经验曲线模式	米利肯、艾默生电气
22	低成本企业设计模式	纽柯公司、西南航空、戴尔

注：*读者如想了解每一种盈利模式的详细内容，请参见延伸阅读。

组织文化：盈利心理学

即使行业有利可图，企业对盈利模式也很了解，但由于组织的规范、预期和所形成的文化不同，不同企业的绩效仍有显著差异。

在最近的一次采访中，一家大型销售企业的领导者扼腕叹息，因为她的企业没有将厉行节约作为公司的规范。

她说："公司花钱大手大脚。我们住最好的酒店，每年一度的销售会议都在佛罗里达一处昂贵的度假胜地召开。我们不会为了省钱而到远处预订机票。我想，现在我们不能再这样下去了。"

对公司的这种大肆挥霍、坐吃山空的做法，这位领导者认为，长此以往这会导致公司结构与精神层面的负面后果。

这样的结构性习惯一旦形成，就会积重难返。随着利润区的转移，这些不良习惯可能给企业造成致命的影响。

一家小型专业咖啡烘焙机公司的首席执行官认识到了这一点，他的费用支出方式便能体现出他对这一问题的担心。他的这家公司经营状况良好，年营业额为 5 000 万美元，税前利润率为 20%，年营业额增长率为 25%。它不是一家资本密集型公司，也能够承担得起一定程度的奢侈性支出。

他说："年度销售会议在离我们公司较近的地方举行。我们租了一所高中的体育馆，参加会议的人员就住在当地的快捷酒店。我们本来可以把年会办得更奢华一些，但是一旦我们这样做了，就会让公司踏上一条不归路。"

这位首席执行官接着说："我们制造部的负责人是一个勤俭持家的天才，他只买二手设备，从不买新的。他会花大量时间对设备进行改造，从而适应我们的操作系统，使之更有效地运行。他从不购买新设备，从不买不打折的东西。是的，他从来都不这么做。"

这位首席执行官对他们的做法颇感自豪并深信不疑，他不断向人们宣扬这一价值准则。在他的企业里，这种意识与他的命令一样重要。

他说："一旦我铺张奢华起来，公司将不得不面对来自内部的挑战。同时，我们还要面对更多来自客户、分销商和竞争对手方面的挑战。我们还没有强大到能够同时应付内忧外患的程度。"

沃尔玛的员工出差时住经济型旅馆的人数增加了1倍，他们不断寻找性价比更高的供应商。与那家咖啡烘焙公司一样，他们奉行同样的价值观和理念。然而，在沃尔玛公司，即使企业的年营业收入达到了1 000亿美元，企业也同样保持着创业家的节俭意识。

正是这样一家罕见的企业、这样一位罕见的领导人，摒弃了错误的幻想，回归到了创业家的原则。公司必须重塑盈利理念，并将这一理念视为公司文化的核心要素。在很多情况下，这一理念并不存在，那么我们就需要重新建立。下面我们以一家销售额为2亿美元的化学公司为例进行说明。

之前，这家公司的盈利模式取决于技术保护。公司产品的总体毛利率为25%。受专利保护的特殊化学品的销售额占总收入的20%，但其毛利率高达70%，这部分产品创造了公司的全部利润。到20世纪80年代末，所有特殊化学品的专利有效期都终止了。技术耗尽了，新发明的可能性也不复存在。1987年，该公司的盈利模式转变成了纯粹的经验曲线模式，它变成了一家日用品公司。该公司奉行的最重要的一条原则就是低成本制胜。

公司管理层花了8个月的时间来改变企业文化，使公司改掉了积习已久的奢侈风气。他们通过开会、演示、教育和不断交流的方式宣扬新的经营理念。经过8个月的努力，新的创业文化确立了：赢利不再唾手可得，它取决于企业如何积极地保护资源、提高质量，以此达到产品差异化并节约资源。

这家企业的核心理念是"利润需要一点一滴地积累"。一些看似不起眼的事情会带来巨大的影响，它们能够决定企业的盈亏。

企业文化的转变效果显著，销售利润由原来的−4%提高为6%，而且之后一直维持在这样的水平。这一理念本可以在 5 年前实行，但直到危机降临时，企业才开始做出改变。

企业对节俭和定价机会的关注并不总会带来如此显著的影响。由文化带来的行为改变的积累有时候仅仅能将利润提高 2~3 个百分点。但是，当增加的这部分利润被用于研发新产品、降低成本流程或者改进客户服务时，它们的影响会被放大 10 倍。无论企业采用了什么样的盈利模式，企业文化都发挥着至关重要的作用，它既可以让企业利润降低 2~3 个百分点，也能让企业的利润增加 2~3 个百分点。如果合理地进行再投资，这些增加的利润会对企业能力建设、降低商品化以及增强企业的长期生存能力产生巨大的影响。

客户盈利能力

尽管积极关注创业者模式可能是一种很有用的方法，但是，企业的盈利心理学研究注重的不只是成本。上述的每一种盈利模式都建立在对客户的基本理解上，每一种模式都以自己独特的方式体现了以客户为中心的理念。随着企业将盈利模式付诸实施，企业必须在单个客户的层面上有效地运行这些模式，而利润就是从这里产生的。

为了使盈利模式发挥作用，公司必须首先深入了解利润如何在这个层面上产生，只有如此才能揭示客户的资金状况。有关客户，你需要弄清楚以下 3 个基本问题：

1. 最有利可图的客户是哪些？
2. 在有利可图的客户群体内，哪些客户具备最大的利润增长潜力？
3. 为了有效满足这些客户的需求并促使利润增长，应当进行何种结构与水平的投资？

在许多公司里，分析结果显示，有 10%~15% 的客户无利可图，这些客户占用了公司的资源却没有提供相应的回报。一些公司里，这种无利可图的客户的比例甚至更高。

分析客户的盈利潜能会对公司产生巨大的释放效应，它激发了无数早就应当做出的决策。应当提高哪些产品的价格？针对哪些客户提价？应当向哪些客户提供高层次或低层次的服务？我们应当争取、开发哪些客户？应当避开甚至是向竞争对手介绍哪些客户？为了提高不同层面客户的盈利概率，我们应当如何调整客户的开发程序？

客户盈利能力分析为重点突出的投资过程奠定了基础。这些有目的性的投资或者撤资都可以为公司创造出意想不到的利润，并且为公司管理层采取战略行动提供灵活的财务支持。

资产密集度

客户投资心理是盈利理念的另一个要素——资产密集度的核心。企业的资产密集度取决于其资产与销售额的比值。资产密集度越高，利润受到的拖累就越严重。即使最强大的利润工具也有可能被企业不必要的资产密集度所拖累。资产密集度吸收了利润，并且带走了股东的现金流。

了解客户的盈利能力可以使公司明智地进行投资，关注对客户最重要的技能和活动，避免投资有可能消耗资金、给企业带来负担的业务。创新者敏锐地认识到了这一点，并且为此积极地采取了行动。我们可以看一下可口可乐公司的资产密集度（见第 7 章）或者迪士尼公司的资产密集度（见第 10 章）。明智的企业设计者会想方设法地在运营改进、金融设计等方面降低企业设计中的资产密集度。

保护企业盈利能力：为企业创造战略控制点

为了实现利润增长，公司在制定强大的企业设计时，必须同时寻找和培育行业内的战略控制点。战略控制的目的是保护企业设计创造的利润流，防止竞争和客户实力造成的负面影响。没有战略控制点的企业设计就像一艘舱底带洞的船，会很快沉没。

战略控制一直是企业战略的重要组成部分，今天，它已经成为关键的部分。过去几十年中，客户实力迅速增强，这使战略控制成为企业最优先考虑的事项。许多法律都对客户对抗强势供应商提供了保护，但是没有法律真正从实质上保护供应商对抗强大的客户。战略控制点的作用就是要对这种不平衡进行调整。

战略控制点的类型多种多样：品牌、专利、版权、产品开发领先业界两年、20%的成本优势、分销渠道控制、供应控制、拥有客户信息流、独特的企业文化、价值链控制等。每一个控制点的设计都是为了让企业留在利润区内，并防止竞争对手分得其中的利润。

不同的行业有不同类型的战略控制点，品牌并不适用于所有市场，价值链控制有可能无法实现或者不相关。因此，构建战略控制体系的首要任务是确认相关的控制点层次。表 3–4 列出了不同层次的战略控制点。这一特定的层次可能不适用于你的行业（或者需要大幅调整），但它说明了一点：并非所有的战略控制点都具有相同的保护利润的能力。

表 3–4　战略控制点指数

保护利润的能力	指数	战略控制点	实例
高	10	制定行业标准	微软、甲骨文
	9	管理价值链	英特尔、可口可乐
	8	领导地位	可口可乐（国际公司）
	7	拥有客户关系	通用电气、EDS
中	6	品牌、版权	很多
	5	产品开发领先两年时间	英特尔
低	4	产品开发领先一年时间	罕见
	3	具有 10%~20% 的成本优势	纽柯、西南航空
无	2	具有平均成本	很多
	1	没有成本优势	很多

每一个好的企业设计都至少包含一个战略控制点。最好的企业设计具有两个或更多的战略控制点。例如，英特尔公司具有产品开发领先两年时间、价值链控制和品牌 3 个战略控制点。可口可乐公司具有品牌、低成本物流体系、管理价值链和在全球居于绝对领先地位（市场占有率是竞争对手的 3~5 倍）的战略控制点。

通用电气公司具有低成本优势，并且在许多方面拥有良好的客户关系，可以为客户提供全方位的服务和解决方案。

迪士尼公司在家庭休假领域拥有良好的客户关系，此外，它还拥有一系列版权和竞争对手难以企及的企业文化。

微软公司的战略控制点在于拥有行业标准、在多个产品系列占据绝对主导地位及品牌等战略控制点。

最后需要指出，所有的证券分析师都在寻找能够保护企业利润流的战略控制点，但他们使用的措辞有所不同。为什么呢？因为对他们而言，评估股票的一个最重要的标准就是可预测性。战略控制越强，可预测性就越高；可预测性越高，估值就会越高。因此，企业要实现可持续的价值增长，创造战略控制点是至关重要的。

我的企业设计的价值是什么

以利润为导向的企业设计能为股东创造价值。它能创造多大的价值呢？盈利模式如何高效地反映在公司市场价值上？图 3–1 中的简单模式有助于我们找到这些问题的答案。

图中重点展示了可口可乐公司、宝洁公司和全美航空公司的例子，说明了企业设计如何转变为投资者的市场价值。在这些不同的行业里，影响价值的因素是相同的：销售利润率、预期利润增长率、资产密集度和战略控制。

可口可乐公司的销售利润率为 26%，其预期利润增长率为 17%，资产销售百分比为 0.7，战略控制指数为 9。可口可乐公司一贯的强势表现使

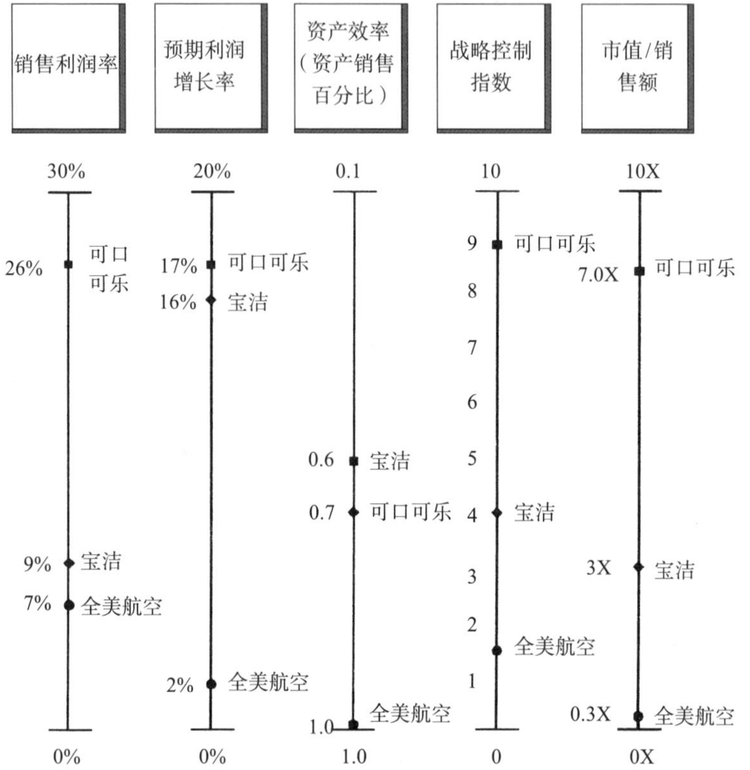

图 3–1 企业设计的价值所在

注：销售利润率=息税前利润/销售额；预期利润增长率=价值线和分析报告中预计的利润增长率；资产效率=（资产 – 现金和等价资产 – 应付账款）/销售额；市值/销售额=（现有股份 × 股价）/销售额

资料来源：Compustat（标准普尔的数据库），价值线，各种公司报告，CDI估值

公司的企业设计得到了投资者的认可，其市场价值与销售额的比值为 7.0。

宝洁公司的销售利润率为 9%，预期利润增长率为 16%，资产销售百分比为 0.6，战略控制指数为 4。投资者对公司价值的估计是其销售收入的 3 倍，这样的评价也很不错，但比不上可口可乐公司。

全美航空公司的销售利润率为 7%，预期利润增长率为 2%，资产销售百分比为 1.0，战略控制指数为 1.5。这些指标导致投资者对公司价值的估计仅为其销售收入的 0.3 倍。

这四个指标可以很好地为投资者日常的定性和定量判断提供依据。它们的预测准确率相当高。随着企业设计的完善，这些指标会变成管理层评估替代方案时衡量价值创造的工具。在企业持续经营的基础上，它们也会成功衡量企业成功的标准。

在价值转移的过程中，客户从产品A转向产品B，利润区也随着从产品A转向了产品B。原有的企业仍然停留在生产A产品上，而新进入的企业则制定了转向B产品的企业设计。市场价值从原有企业转移到了新进入企业。投资者会支持新进入企业，因为在新进入企业中才会实现利润增长。

这样的价值转移经常发生，比如价值从IBM转移到微软公司和英特尔公司，从美国钢铁公司转移到纽柯，从全美航空公司转移到西南航空公司，从计算机视觉公司转移到美国参数技术公司，从福杰仕公司转移到星巴克公司，从凯马特转移到沃尔玛等。这样的例子不胜枚举。

当公司的市场价值与销售额的比值下降时，公司就一定是出现了问题。一个或更多的关键指标会出现恶化，企业设计正逐渐降低对客户的关注，并开始脱离利润区。除非重新修改企业设计，否则企业价值会持续下跌。

市场价值与销售额的比值仅仅是其中一个指标，还有其他一些众所周知的指标。我们越来越努力，但结果越来越扑朔迷离。客户丢失，利润率也下降了。无论是从数据上还是从情感上，我们都应当意识到必须要改变企业设计。

遵循以客户和利润为导向的原则重新制定企业设计会带来巨大回报。客户将会回头，利润将会增加，员工士气也将会重新高涨。市场价值与销售额的比值会大幅上涨。可口可乐公司是领先的创新者之一。随着该公司四项关键指标得到改善，其市场价值与销售额的比值大幅飙升（见图 3–2）。

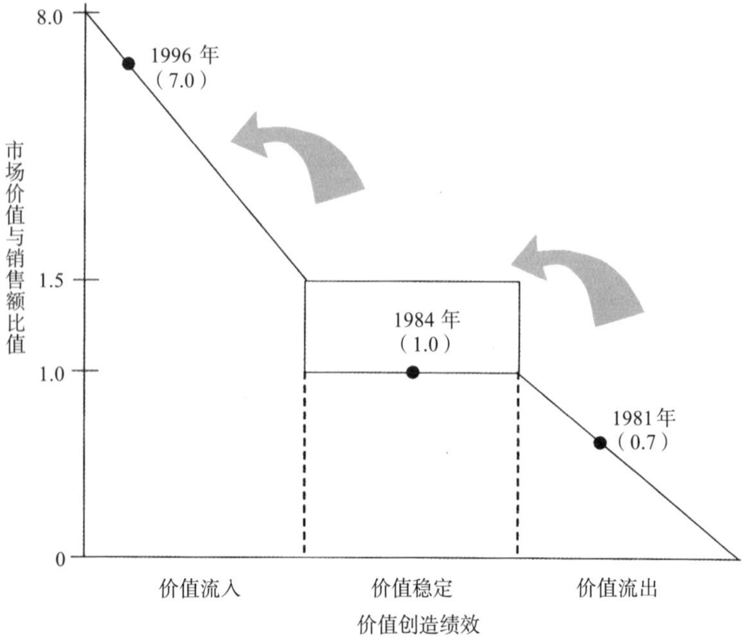

图 3–2　可口可乐公司的企业设计创新

在第二部分，我们将考察可口可乐公司是如何重复实现这一过程的。

延伸阅读

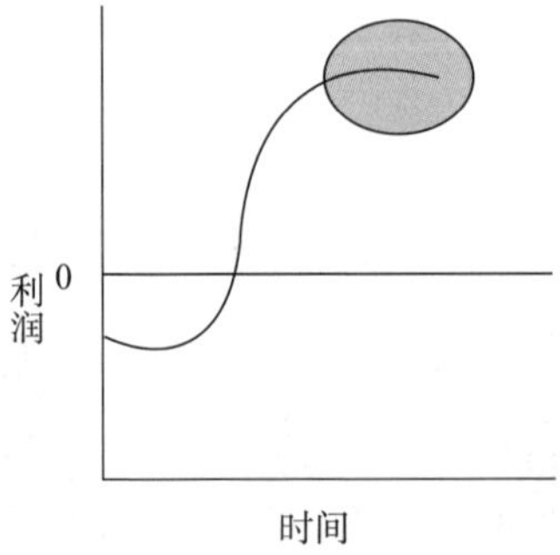

附图 1

22 种盈利模式

1. 客户解决方案模式

为了解客户、制定解决方案、发展与客户的良好关系而投资。由于建立与客户之间的良好关系需要大量的投入，在初期会出现亏损，但其后会产生可观的利润。运用这一模式的杰出企业包括通用电气公司（从硬件到服务再到解决方案），美国汽车协会（金融服务业）和诺德斯特龙公司（零售服务业）。

2. 产品金字塔模式

在产品金字塔模式中，最重要的是满足客户风格、颜色、价格等方面的偏好。客户收入和偏好方面的差别便形成了产品金字塔。位于塔基的是价格低、销量大的产品，位于塔顶的是价格高、销量少的产品。

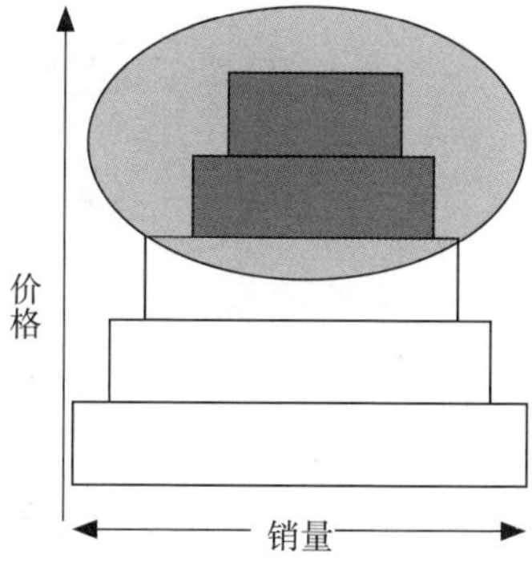

附图 2

绝大多数利润集中在金字塔顶部，但是塔基发挥着至关重要的战略作用，它形成了一道基础的防火墙。防火墙产品对竞争者形成了阻碍，保护了塔顶的丰厚利润。

3. 多单位系统模式

在这一盈利模式中，一个系统内有多个组成部分，而且各个部分的利润是不成比例的。多单位系统模式适用于不同行业，如饮料行业（利润主要在饮料机和自动售货机）、酒店（基本业务利润较低，公司会议业务利润较高）、书店（书店本身是资本密集型、低利润的，但公司、图书俱乐部等机构的团体业务，则是高盈利、低资产密集度的）。

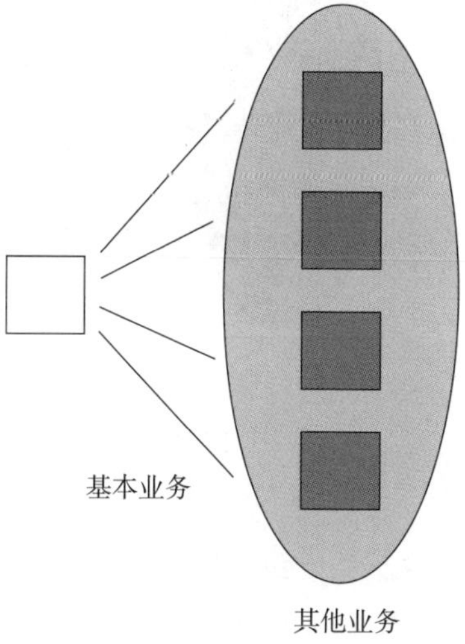

附图 3

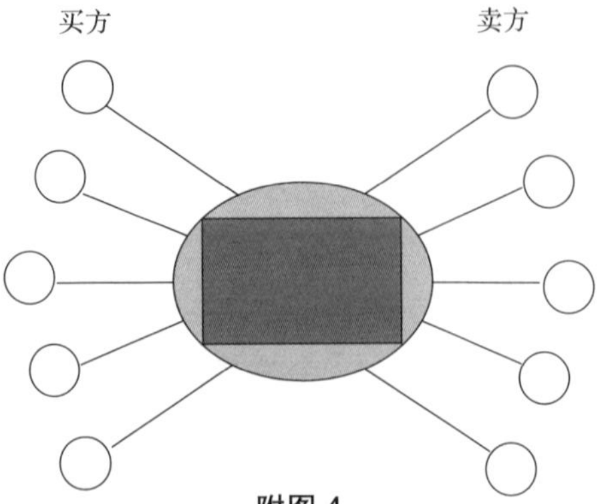

附图 4

4. 配电盘模式

在某些市场中，多个买家与多个卖家进行沟通，双方的交易成本都很高。在许多情况下，通过建立一个类似配电盘的高价值中介机构，为不同的沟通者建立一个集中的渠道，会降低买卖双方的交易成本。

配电盘模式的优势在于它能够自我壮大。加入这一模式的买家与卖家越多，这一模式的价值便越高。

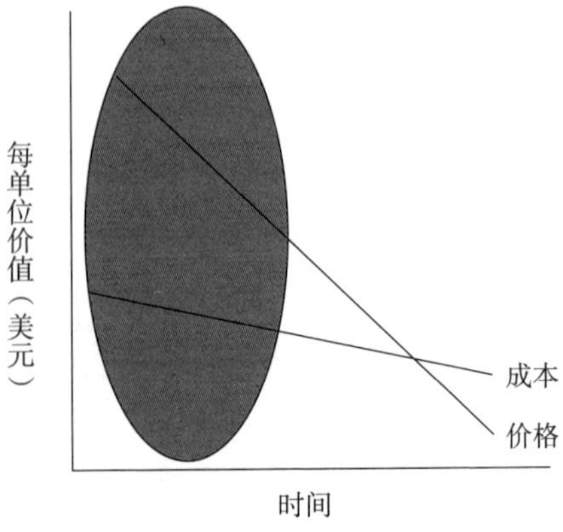

附图 5

5. 速度模式

在一些行业里，创新者具有先行优势，可以在模仿者侵蚀利润之前获得超额利润。速度模式就是利用了这种先行优势。在该模式中，利润源自产品或服务的独特性。在此模式下，企业利润在遭受模仿侵蚀之前，价格溢价一直会存在。

英特尔公司成功运用了这种模式，它在竞争中总是比竞争者先行一步。其他运用速度模式的行业还包括消费电子行业和金融工具的创新业务等。

许多人都认为，速度模式的关键是进入市场的时间，但事实并非如此。该模式的关键是能否创造并维持比紧随其后的竞争对手领先两年的优势，因为产品上市后，大部分的利润都产生于前几个季度。

6. 卖座大片模式

在一些特定的行业中，如制药、音乐、电影制作、出版等，其主要的经济活动都是围绕项目进行的。

在这些行业中，不同项目的成本差异可能高达 5 倍，产生的收益可能相差 50 倍。例如，开发一种药物的成本从 5 000 万美元到 30 亿美元不等，收入从 5 亿美元到 150 亿美元不等。制作一部电影的成本从 1 000 万美元到 1 亿美元不等，收入在 1 000 万美元到 5 亿美元之间。所有利润都集中在“卖座大片”的项目上，从中获得的收益非常可观，较开发成本高出了很多倍。

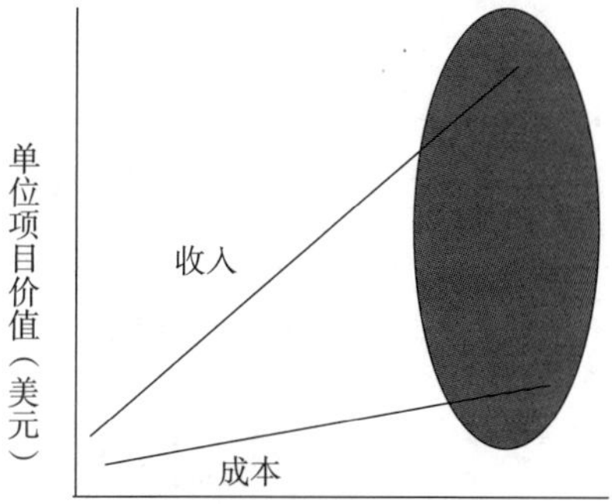

附图 6

7. 利润乘数模式

利润乘数模式是指从同一产品、形象、品牌或者服务中重复获得利润。运用这种模式最突出的企业就是迪士尼公司。我们可以想象一下迪士尼对同类角色有多少种不同的包装方式。米奇、米妮、小美人鱼等角色不断出现在电影、电视、书刊、服装、手表、午餐盒上，以及主题公园和专卖店中。无论以何种形式出现，这些角色都能够为迪士尼带来利润。在这家公司里，最忙碌的就数这些角色了。

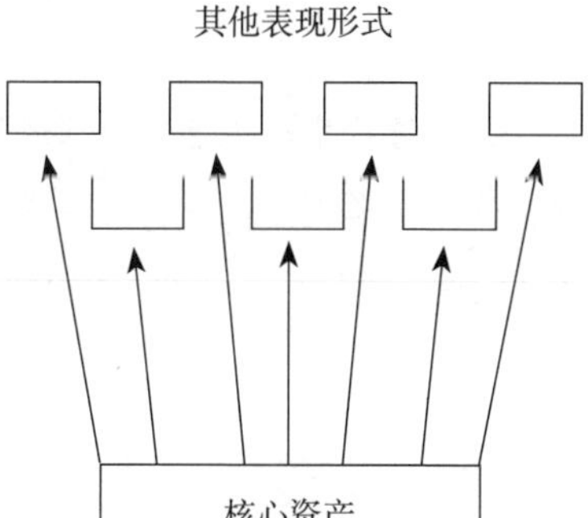

附图 7

对于具有强势消费品牌的企业而言，利润乘数模式是一个强大的盈利机器。一旦做出了创建品牌的投资（通常情况下是巨额资金），消费者会对这一品牌的很多产品给予认可。然而，尽管这种模式很有吸引力，但我们在应用时也要权衡其风险，在将品牌应用于对客户来讲不具有权威影响力的领域时，应谨慎行事。迪士尼公司一直控制米老鼠这一角色的运用，防止将它应用于会对其价值产生威胁的领域。品牌是一种宝贵的资产，但同时它又十分脆弱。

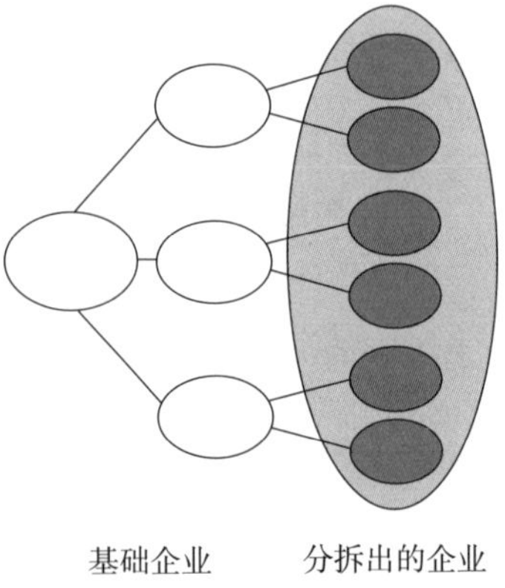

附图 8

8. 创业者模式

随着企业的发展壮大，“规模不经济”效应也会显现出来：日常开支增加，不必要的支出增加，决策制定缓慢，与消费者的关系变得疏远。

为了应对这些消极因素，一些企业（如ABB集团和软银公司）建立了小规模的利润中心，以此将自己的责任最大化，并保持与客户的紧密接触。

有的企业分立出子公司来保持与客户的近距离联系，各子公司都对利润和股票价格负责。美国热电公司将这种模式发挥到了极致。这种模式释放出了积极向上的强大力量——分公司的管理者持有自己公司的股票，如果绩效良好，他们会获得巨额回报。

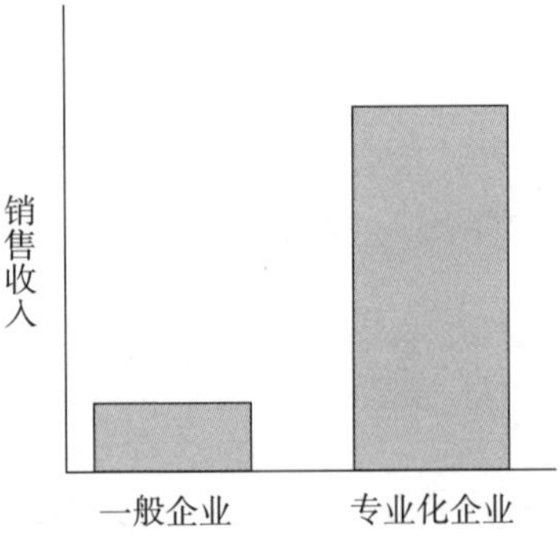

附图 9

9. 专业化模式

在许多行业中，专业化的企业要比一般化的企业赢利高出数倍之多。专业化企业的超强盈利能力源于多种因素，包括低成本、高质量、高知名度、较短的销售周期和良好的价格等。

专业化不只局限于产品。例如，家得宝公司在客户细分方面做到了专业化，推出了“自己动手制作”的服务项目。家得宝能取得成功是由于它能够满足特殊客户群体的需求。

10. 基础产品模式

在许多运用基础产品模式的企业里，利润或者基础产品的销售额并不是很高，但是，派生产品的利润极为可观。这样的行业包括复印机、打印机、剃须刀、电梯以及许多其他商品。关键的一点是要建立最大的产品基础，这样才能给派生产品带来高额的销售收入和利润。

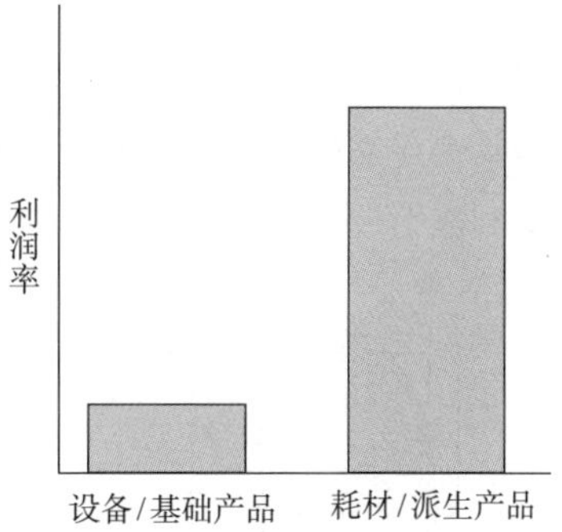

附图 10

11. 行业标准模式

运用这种模式的行业最突出的一个特征就是规模效益递增。在这类行业里，许多企业（从原始设备制造商到开发企业，再到用户）都被纳入到了行业标准制定者的引力轨道。进入这个体系的人越多，这一系统就越有价值（如同在网络经济中，用户越多，网络越有价值）。结果，随着体系价值的增加，标准制定者的收益也日益增加。微软、甲骨文、全美航空公司的SABRE系统便是如此。与此相反的是，在建立行业标准中失败的企业，它们的利润随着时间的推移会不断下降。

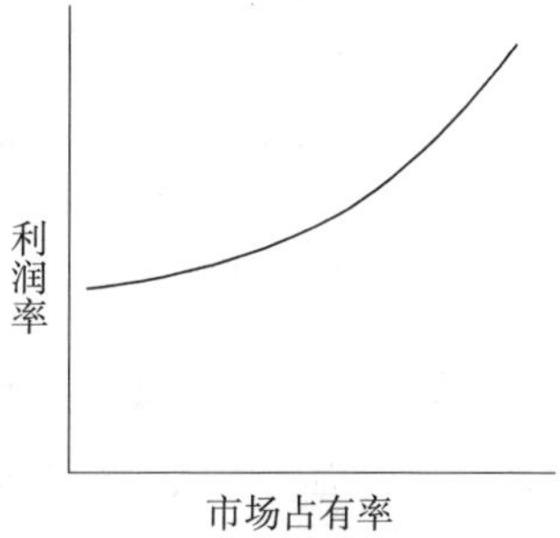

附图 11

12. 品牌模式

多年来，为了赢得消费者对自己产品的关注、认知、信任，以增强自

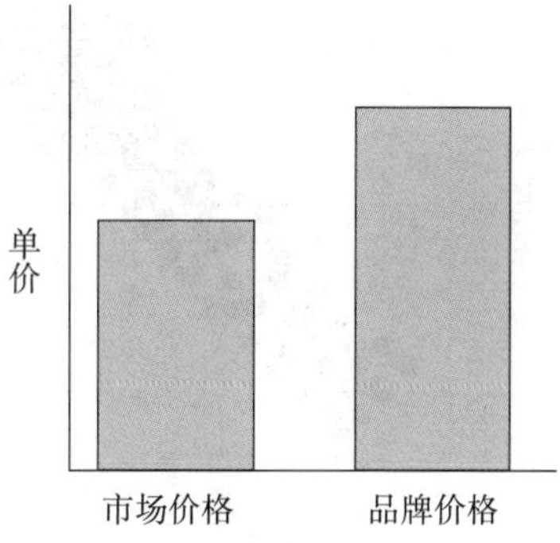

附图 12

己产品的信誉，创建品牌的企业在营销方面投入了巨额资金。

反过来，客户使用产品或服务的经历会增强对这些无形要素的支持。当消费者乐于支付溢价时，这些无形要素就会转化为利润。这样的价格远远高于功能相同的其他产品的价格，通常能够代表品牌持有者的全部盈利能力。

13. 特殊产品模式

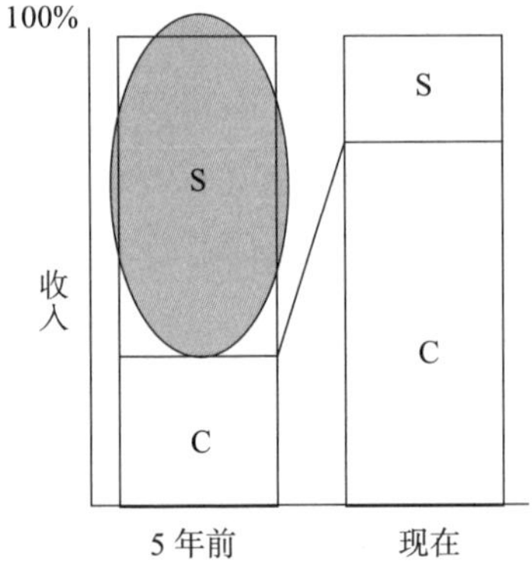

附图 13

当企业推出一种新产品时，它就会获得这款产品的溢价。（图中的“S”代表特殊产品，“C”代表一般产品。）

在竞争者开始模仿之前，特殊产品能够给企业带来丰厚的利润。

运用特殊产品模式的典型行业包括制药业和特殊化学品行业。在这样的行业中，产品周期会从 8 年到 15 年不等。随着时间的推移，由于专利到期、竞争等原因，特殊产品的收益在总收益中的比重会下降。因此，盈利能力最大化的关键任务是明智地选择能够创造出未来产品的研发项目。运用该模式的杰出企业包括默克、大力神和 3M。

14. 当地领导模式

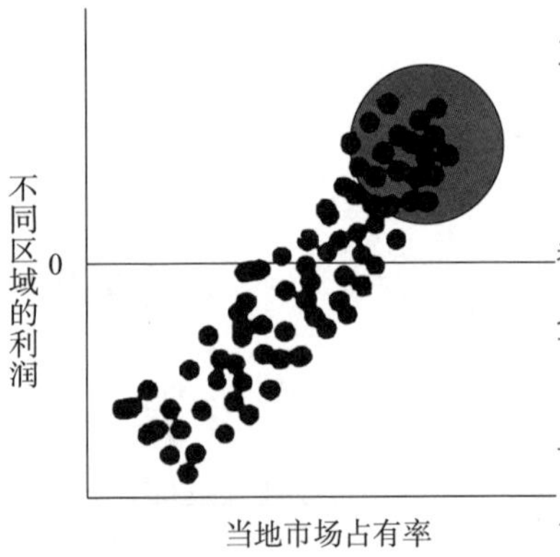

附图 14

在许多行业中，公司的业务基本都在当地。这样的企业包括家庭医疗企业、食品店和众多零售分店等。

美国的一家家庭医疗公司的案例可以说明这种模式的盈利机制。该公司的成本结构显示，绝大多数的成本要素本质上都是地区性的。重要的是成为区域的领导者，而不是将业务扩展到全美各地。当这家公司的300个分支机构都成为各个地区的领导者时，就会出现我们现在能够看到的情况。

当这家公司考虑选择哪些客户和哪些城市作为自己重点投资的对象时，显而易见的是，系统化的投资政策会促使各个分支机构转向引领者，从而给该企业带来最高的收益。

运用这种模式的另一个经典例子是20世纪60年代的A&P公司。当时，该公司在食品零售行业中居全美领先地位。而温·迪克西公司（Winn Dixie）则致力于在东南亚地区保持领先。尽管A&P公司在规模上较温·迪克西公司大很多，但它的盈利能力比较逊色，原因是它在一些地区的地位比较弱，特别是在强大的竞争对手温·迪克西公司所主宰的区域就更弱。

A&P公司的例子说明，企业的盈利模式定位不清晰会导致巨大的风险。A&P公司不仅没有扩大在全美的市场占有率，而且在许多地区市场的地位也被削弱了。该公司彻底考察了基层商店的盈利情况，之后它便逐家关闭了各个城市中不赢利的店面。此举过后，该公司在当地的市场地位被削弱了，同时，采购、信息交流、物流等方面也受到了一系列不利的影响。地区的市场占有率不升反降，这与其实际采用的盈利模式恰恰背道而驰。由于实施了错误的战略，该公司的财务状况日益恶化，最终被一家联邦德国的食品销售商（Tenglemann）收购。

山姆·沃尔顿平易近人，而且很少有企业领导者能够像他一样，清晰地了解自己公司盈利模式的基本经济原理。他深知，在本地处于有绝对影响力的领导地位至关重要。这样可以降低物流成本、宣传成本、雇佣成本等。他不为沃尔玛在全美范围内的成功所动，相反，他采用的战略是逐个地区进行“地毯式轰炸”。他牢牢地抓住当地市场，严格按照所用盈利模式需要的条件进行运作，这些都使沃尔顿的公司获得了比竞争对手高出几个百分点的利润，无论是相对于当地还是异地的竞争对手。这种盈利能力的差异为公司 30 年来以超过 20% 的速度增长提供了支持。采用这种方法，赢利将促进增长，而非增长促进赢利。经验性的企业设计打乱了零售领域的秩序，因为这种企业设计只是为了赢利。这种做法显然行不通。

严格按照当地经济运营盈利模式的一个例子便是星巴克。该公司并没有在自己无法控制的区域拓展业务，而是首先占领了西雅图，接下来是芝加哥，然后是温哥华。星巴克认为自己的优势在于物流、口碑和员工招募。它利用这些优势来提高利润，而不只是扩大企业规模。

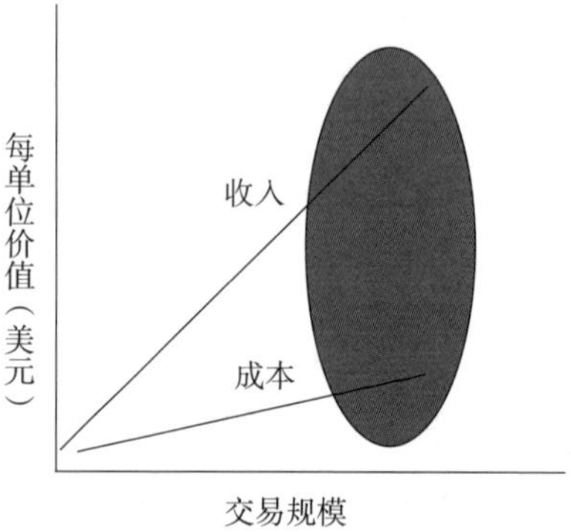

附图 15

15. 交易规模模式

一些特定行业的利润取决于交易规模。在这样的行业里，随着交易规模的扩大，完成每笔交易支付的成本增加幅度要小于获得收益的增加幅度，所有的利润都集中在大额交易中。这样的例子包括银行投资、不动产经营和长途航空运输等。

交易规模模式青睐那些能够控制最大交易的企业。它的关键在于客户选择，即选择那些大额投资交易的客户。

在一些业务中，如银行投资、不动产交易、商业借贷、长距离运输、长途旅行等，随着交易规模的扩大，成本的增速将小于费用的增速。因此，小规模交易的利润必定较少。在超大额的交易中，毛利润可能高达 90%。

在此类交易中，经验曲线并不重要，甚至无足轻重。同时，相对市场占有率也不如开展和管理大额交易的能力那样重要。两家企业的市场占有率相同，但一家企业的交易为 100 笔小额交易，而另一家则是五六笔大额交易，那么后者获得的利润将是前者的好几倍。

运用交易规模模式的杰出企业之一是 20 世纪 70 年代的摩根士丹利投资公司。在这段时期，该公司在利润方面能获得骄人的成绩并非由于在投资银行业务方面所拥有的市场占有率，而是因为它在财富 100 强公司内所占的优势份额。财富 100 强列出了最大规模的金融交易。摩根士丹利处理 1 亿美元融资投入的成本并不比处理 5 000 万美元的融资投入的成本高多少，但融资手续费用的差异非常大。不难想象，摩根士丹利最大的竞争对手也在竭尽全力地抢占财富 100 强企业的业务份额，因为这些企业能够创造出可观的利润。在风险投资行业，几家基金一直在竭尽所能地获得自己的市场地位，它们的目的都是为了获得最好、最大的交易。

大规模证券交易的经济特征也适用于运输行业，长途运输要比短途运输更获利。这是为什么呢？因为每英里的实际成本的增速慢于收入的增速。将业务集中于长途路线的企业要比其他同行更加成功。

在低利润或者无利润的航空领域，英国航空公司一直致力于开拓长途航运市场，对长途路线的相对关注会使企业从规模交易中获利，并且可以使企业在不景气的经济环境中获利。

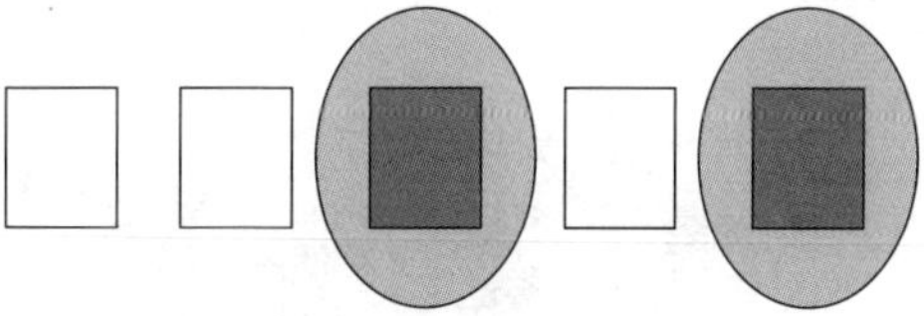

附图 16

16. 价值链定位模式

在许多行业中，利润主要集中于价值链的特定部分，而价值链中的其他部分利润较少。在个人电脑行业，利润集中在微处理器和软件领域；在化工行业中，利润主要集中在生产领域而非分销领域；在一般的商品行业，利润主要集中于分销领域而非制造领域；在汽车行业，利润主要集中于下游活动，比如融资服务和延伸担保，而不在装配和分销领域。

17. 周期模式

许多行业都具有明显的、独特的周期性表现，比如化工、钢铁、工业设备等行业。企业的盈利能力函数呈现周期性变化。只要告诉我生产

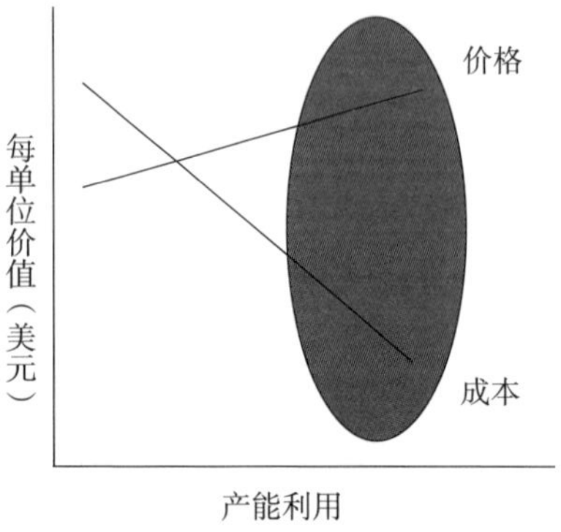

附图 17

能力的利用率，我们便能知道盈利能力。

在周期模式中，一些企业对此模式的运用好于其他企业。比如，丰田公司认识到了公司的业务受行业周期的限制，因此它不断地降低企业的收支平衡点以实现更高的相对盈利能力。丰田公司无法控制行业周期，但它能够在行业周期内将公司配置到最佳位置。

周期模式也可以从销售收入上对企业进行优化。例如，陶氏化学公司已经掌握了周期内的定价技巧。当生产能力紧张时，它会率先提价；当生产能力过剩时，它会推迟价格的下跌。

周期能够决定利润水平，但管理得当同样可以创造成本或定价优势，这些优势会对公司的盈利能力产生重大影响。

18. 售后模式

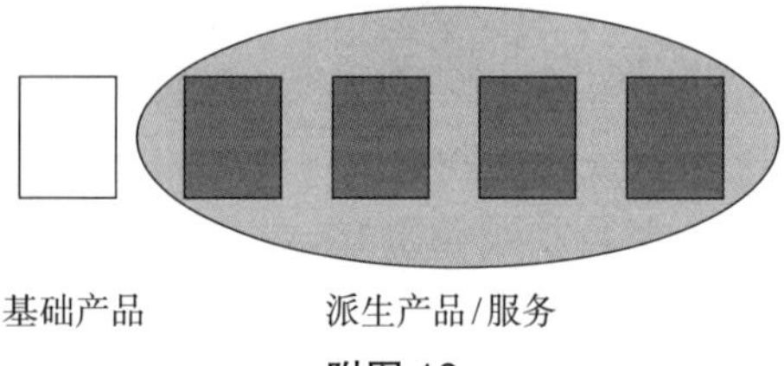

附图 18

在一些行业中，如制造业和航空业，产生利润的不是产品或服务的销售，而是这些产品的售后融资和服务。如果企业所在行业的利润已经在产品之间发生转移，那么企业将不得不去下游寻找新的利润来源。

通用电气公司就是通过其自身优势运用售后模式的杰出例子。为了从客户中获得更多的价值，通用电气公司为其航空引擎和内燃机分部开展了融资和服务业务。

尽管售后模式与基础产品模式有些类似，但二者存在根本差异。没有基础产品的企业也可以运用售后模式获利。例如，软银公司尽管没有电脑方面的基础产品，但通过其分公司金士顿，它可以向用户出售个人电脑的附加存储器，从中得到了很高的利润。

19. 新产品模式

新产品利润是关于新产品和增长额的函数。新的高利润产品被推向市场之后成长很快，随着它们变得成熟，利润便会下降。一个经典的例子便是个人电脑业务。台式机虽已成熟，但已无利可图。然而，笔记本电脑（位于S形曲线中部）仍然有盈利空间。服务器（处于S形曲线底部）则拥有相当可观的利润（康柏公司的大部分利润都源于其在服务器市场上的领先地位）。

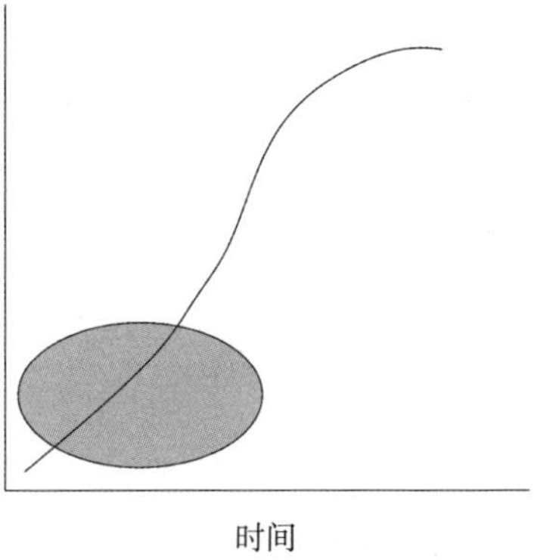

附图 19

其他遵循这种新产品模式的行业包括汽车、复印机、工业设备和乐器制造等。这些行业中，产品周期从 3 年到 7 年不等。制胜的关键是做好转移投资的准备，在新一代产品中获得令竞争对手难以企及的领先优势。新产品要能够满足客户当前最重要的需求。

20. 相对市场占有率模式

许多行业里，市场占有率较高的企业往往利润率更高，因为大企业具有丰富的制造经验和更强的采购能力，因而具有定价优势和成本优势。随着销售额的增加，广告和固定成本也会下降。相对市场占有率是指一家公司相

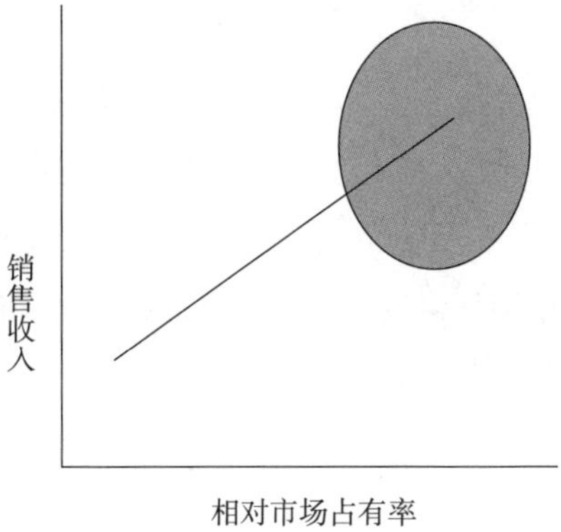

附图 20

对于其竞争对手的市场占有率。相对市场占有率越高，利润率就越高。

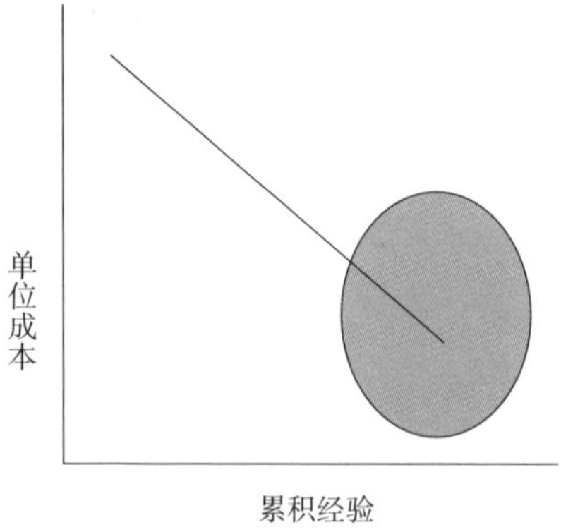

附图 21

21. 经验曲线模式

随着企业在制造某种产品或者提供某种服务方面越来越有经验，其单位交易成本会下降。在专业化提供某种产品或服务方面，更有经验的企业比没有这类经验的企业更赢利。

22. 低成本企业设计模式

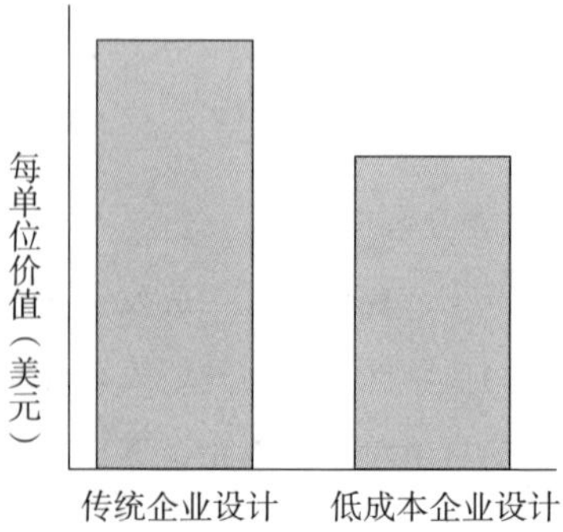

附图 22

我们能够超越过去的经验，许多人都做到了这一点。你可以凭借低成本的企业设计战胜经验丰富的企业。低成本的企业设计会使原有企业的经验变得没什么价值。纽柯公司在钢铁领域（小型钢铁厂模式战胜了综合性的大钢铁厂模式），西南航空公司在航空领域（点对点的模式战胜了中心辐射模式），戴尔公司在计算机领域（直销模式战胜了街头销售和多层次分销渠道模式）都做到了这一点。

与通过再造企业设计获得低成本优势的企业相比，专注于积累经验从而获得低成本优势的企业总是稍逊一筹。盈利模式不正确而经验丰富的企业不会有长足的进步。

·第二部分· 创新者和他们的成功经历

第4章

通用电气前董事长杰克·韦尔奇：为客户提供解决方案的企业设计

- 为什么我的产品市场占有率很高，但利润很低？
- 我的企业是推销产品还是为客户提供解决方案？
- 我是否应当将制造业务转向服务业务和以知识为基础的业务？
- 是否有可行的方法将我的企业转向未来高利润的活动领域？

有一段被所有商业杂志都津津乐道的故事：一家中等规模的公司从通用电气公司购买了价值50万美元的个人电脑。这有什么稀奇的？在许多人眼里，通用电气公司并不生产电脑！为什么这家公司不直接从电脑制造商那里购买电脑？因为制造商只出售电脑，而电脑这种产品很多厂家都能生产。相反，除了电脑外，通用电气公司向这家公司出售的还有自选配置、零部件、服务和融资。这家公司与其客户通过电子化系统联系业务，它的电脑需要全年不间断运行。所以，这家公司需要的是电脑支持服务，而且通用公司提供的融资服务可以使公司获得现金支持，更好地匹配其收入和支出，从而启动为期3年的技术升级工作。通用电气公司看到了客户的这一需求并满足了其需求，从而为这家公司提供了解决方案。

通用电气公司的企业设计处于领先地位，这一模式回答了许多制造企业的管理人员都会提出的一个问题，即“我如何通过制造和销售产品获利”。电脑制造已经成为或者正快速变成一个无利可图的行业，正如汽车制造、消费电子、五金行业以及无数其他行业一样。事实上，制造业正处于无利可图的持续威胁之下，因为强大的消费者和快速跟进的模仿者之间通力合作，侵蚀了利润，将过去有利可图的活动导入了未来的无利润区之内。

是否所有的制造业都处于无利润区，人们在其中均是高投入而低回报的呢？答案既是肯定的也是否定的（见图 4–1）。如果企业只关注“产品”，那么答案就是肯定的。如果企业采用了和通用电气一样的方法，即只将产品当作企业战略体系的一部分，那么答案就是否定的。在这样的战略体系中，客户的问题被视为进入利润区的新机遇。

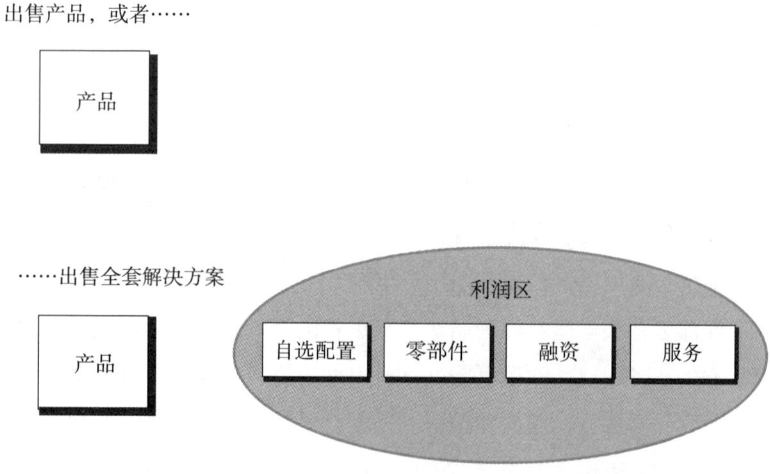

图 4–1　通用电气的企业设计——“出售解决方案，而不仅仅是产品”

然而，大多数制造商仍然对 20 年前所运用的企业设计深信不疑。这些人认为客户还跟从前一样，因而生产的是同一个系列的产品；它们仍可以以相同的质量和价格来实现差异化，它们仍然将销售产品作为获取价值的唯一机制。更重要的是，这些制造企业仅仅利用产品来为客户创造价值，它们的企业设计都是以产品为中心的。如果某一行业中每一家企业的设计都以产品为中心，那么它们会以同样的方式展开竞争，为客户提供相同的产品。在这种情况下，能将企业及其产品区别开来的唯一途径就是确立自己在成本或质量方面的领先地位。如果行业内的所有企业都追求成本和质量领先，那么这个行业很快就会变得无利可图。

随着现有制造产品价值的日益减少，仍然在玩市场占有率游戏的制造商会发现，企业销售收入增加的同时利润却下降了，这反过来又阻止了企业为股东创造更多的价值。这种情况在以制造为基础的市场上屡见不鲜。

在杰克 · 韦尔奇担任通用电气首席执行官期间，他曾先后 3 次修订了公司的企业设计。每一次修订都使公司离传统的以产品为中心的制造模式渐行渐远。从他第一次提出以利润为中心的“不做第一，就做第二”的企业设计，到第二次以利润为中心的“群策群力”设计，再到第三次以客户和利润为中心的“销售解决方案”设计，韦尔奇不断地满足了客户的需求和偏好。结果，通用电气公司的市值从韦尔奇 1981 年开始担任首席执行官时的 130 亿美元，增加到 1996 年年底的 1 620 亿美元（见图 4–2）。

由于遵循了以客户和利润为中心的理念，杰克 · 韦尔奇为公司股东创造了约 1 500 亿美元的价值。在职业生涯早期，他就认识到客户的需求和偏好会发生改变，自己所处行业的利润区也会转移。韦尔奇认为，要使通用电气时刻处于利润区，就必须不时地修订公司的企业设计。

韦尔奇按步骤对公司的企业设计进行了革新。在能够制定出更精密的企业设计之前，他首先需要确保公司在基础业务领域实现健康运营。为了做到这一点，他使通用电气在每一项现有业务领域内都保持领先地位并且大幅削减成本。这些以利润为中心的举措使通用电气成为业内的

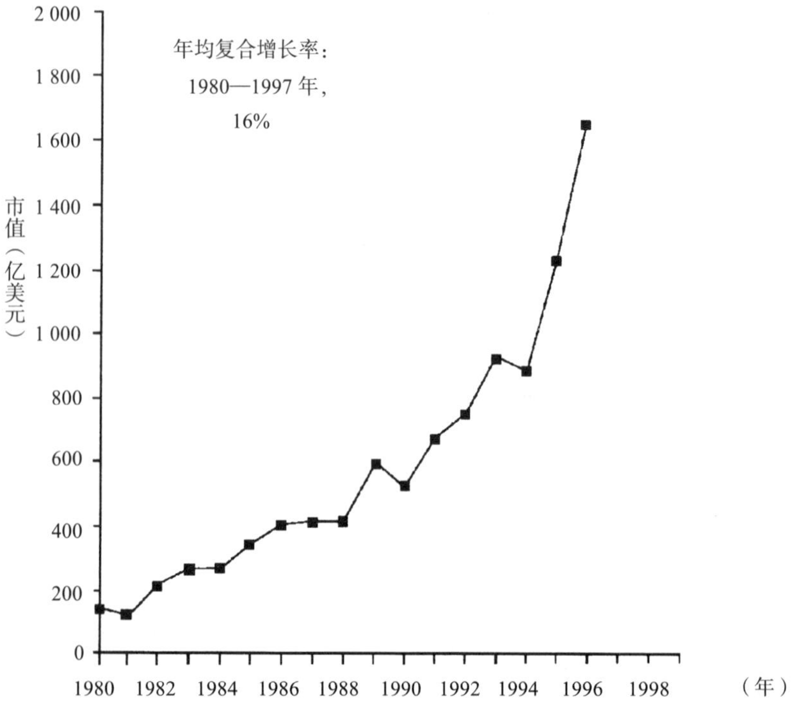

图 4–2　通用电气公司的市值增长

领头羊，并且为公司进入下一个阶段的企业设计奠定了基础。

每次更新企业设计时，韦尔奇都提出、发展并且运用推动变革的理念。韦尔奇勇敢地面对来自旧观念的质疑，创造了紧凑而富有挑战的工作环境。他克服了来自同伴、客户和竞争者的巨大压力，他创造并完善了每一种经营理念，振作团队的士气，其后再贯彻这种理念，直到整个通用电气公司（包括员工、客户，甚至竞争对手）都看到这种理念的价值，并且对此深信不疑。就这样，韦尔奇克服了一个又一个障碍。而且，通过向位于纽约州克罗顿维尔的通用电气商学院进行投资，韦尔奇确保通用电气公司能继续运用先进的理念驱动新企业设计。这就是通用电气成为全美最杰出的知识应用型公司的原因。

韦尔奇找到了在制造业中赚钱的方式。他精心设计了一种模式，综合利用通用电气公司的最大资产——客户关系和它已确立的基础地位，为公司的股东创造了更多价值。当许多制造商认为制造业正在变成一个大而无当的无利润行业时，通用电气公司则在制造行业的多个领域里都获取了利润。

不做第一，就做第二

1981 年，杰克·韦尔奇初掌通用电气公司，当时该公司制造的产品门类齐全，从灯泡、飞机发动机、引擎到合成树脂应有尽有。提供多样性的产品是许多制造商过去几十年中一直运用的增长战略。成功的制造企业兼并或收购其他制造企业，因为它们想获得更大的成功，想通过不同的产品涉足不同的行业，以此来分散企业经营的风险。当这些制造企业为它们客户创造的大部分价值停留在其出售的产品上时，这样的增长战略就是合理的。生产最好的产品，建立强大的分销体系，产品卖得好，那么价值就创造出来了。销量越多，企业创造的价值就会越多。

然而，许多企业都止步于此，唯有韦尔奇执掌的通用电气没有。韦尔奇认为，公司要想创造更多的价值，不仅要增加产品数量，而且还要提高单位产品的销售利润。当时，提高产品销售利润的最好方法就是成为市场占有率的领导者。20 世纪七八十年代，由于巨大的经济规模、丰富的制造经验和强大的购买力，市场占有率的领先者都获得了丰厚的利润。另外，市场占有率的领先者可能成为行业标准制定者，因此，它可以提高价格并且将产品出售给喜欢规避风险的客户。1981 年，市场占有率的领先地位就是获得利润的保障。

在以利润为中心的思想的指导下，韦尔奇将目光转向了成为市场占有率领导者。因此，韦尔奇运用一种新理念革新了 20 世纪 70 年代通用电气大型集团式的企业设计，这种理念就是“不做第一，就做第二，否则就退出”。这种理念以最清晰、最直接的方式表明，通用电气将只在业内领先的领域投资，而将最弱的业务出售给急切想买进并且能够更好地管理它们的企业。这是一种更明智的选择。通用电气可以利用销售弱势业务的资金提高自己在其他业务领域的地位，或者投资更好的项目。因此，公司的信条就是：要么改进，要么退出，并且要马上行动。

然而，尽管韦尔奇知道这一理念能够推动利润大大增加，但他深知，在业务众多的通用电气公司，实施整个公司全员参与的彻底改革将会面临巨大挑战。它要求传递的信息简单且可操作性极强，要能够被很好地理解、重复和实施。韦尔奇认为，实现真正的变革需要持续的沟通、不懈的努力以及一套可实施的行动方案。通常情况下，这样的行动方案有利于人们增强对信息的认同，尽管它的执行经常很困难且容易遭到强烈抵制。

在推行“不做第一，就做第二”的设计之初，公司人员颇受激励，但之后的很长一段时间内，改革遭到了抵制，主要表现为决策难以制定，效果不明显，而且公司内的许多人都认为，“这一设计也终将会过时”。总体来看，反对韦尔奇方案的论调也颇有一番道理。想象一下，部门负责人提出的反对理由是这样的：

> 但是，杰克，你冷静点儿。排在第四或者第五不是他一个人的错，他接手时公司排在第六呢。实际上，他做得已经不错了，去年这项业务带来了 1 亿美元的收入。我们应当留下他，我们也应当保留这项业务。

毕竟，人们会认为“不做第一，就做第二”的市场地位目标过于简单或武断。对此，任何通情达理的人都会劝说他不要太较真儿。

但韦尔奇可不是这样通情达理的人，至少当他正试图改变通用电气这样一家大规模的成功企业时是这样的。整整两年中，他都坚定不移地坚持着自己的立场。到 1983 年，效果开始显现，公司的财务状况有所改善。就这样，在通用电气公司内部，越来越多的人开始支持“不做第一，就做第二”的理念，它甚至成为公司员工内心自豪感的原动力。对于逐渐以利润为核心的通用电气公司管理人员来讲，“不做第一，就做第二”已经成为通用电气得以立足的坚定、实用和战略性的原则。

“不做第一，就做第二”这一以利润为中心的信条，其主要宗旨在于：它是实现目的的一种手段，是迈向更强大公司的战略步骤，其目的并不在于自身。“不做第一，就做第二”仅仅是一种以利润为中心的企业设计，随着客户的变化，这种设计也需要做出改变。

客户的确发生了变化，他们变得更强大了。通用电气公司大部分的产品都出售给像福特、沃尔玛、通用汽车和波音公司这样的客户。当时的市场中，卖方营业额的很大一部分由少数客户把持，因此这些客户可以利用日益增强的实力来压低价格。在争夺市场占有率领先地位的竞争中，制造商已将价格降到了无利可图的水平。市场占有率的领先地位已无法再确保企业盈利，利润区已经发生了转移。要想保持盈利，通用电气需要新的理念和企业设计。

群策群力

到 20 世纪 80 年代中期，韦尔奇和其他远见卓识的管理者都清楚地意识到，仅凭市场占有率已经不足以赢利了。市场占有率和赢利之间的关系正在弱化。在一些行业里，价格的螺旋式下降形成了巨大的无利润区。许多情况下，市场占有率和利润之间开始呈现出一种反向的关系。在多个行业里，如汽车、咖啡、建筑钢材等，市场占有率最小的企业反而最赢利，而市场占有率最大的企业利润最少。市场占有率高但不具备高效生产率的企业正濒临破产。

韦尔奇知道，通用电气的生产效率能够变得比 20 世纪 80 年代中期更高，这一点他能够从数据中解读出来。在整个 80 年代早期，通用电气每年的生产效率增幅仅为 2%。由于通用电气的多个业务领域在价格谈判中面临着强大的客户压力，公司不得不改变“不做第一，就做第二”的企业设计——从市场占有率转向高效率的市场占有率。为完成这一转变，韦尔奇提出了广为人知的“群策群力”计划；从字面来看，其意思就是剔除工作流程中不必要的环节。

该计划的关键是将参与实际工作流程的员工集中起来，描述和总结目前企业采用的方法，然后从中找出可以被剔除的不必要环节。群策群力计划回避和反对明目张胆的官僚主义做法，由员工当场提出建议，并在当天提交给管理层，然后由管理层当场定夺，最后按步骤付诸实施。

这种方法不拘一格，激发了员工的投入和参与热情，改进了沟通交流模式，并且赋予了员工一种主人翁意识。这一改革代表了通用电气企业设计组织方面的深刻变化——从命令和控制转变为更加注重员工的作用和潜在贡献。这是一项重大的群策群力机制。通过降低官僚等级制度的束缚力和提高员工的真正参与程度，韦尔奇极大地提高了企业效率。这种方法是将领先的市场占有率地位转变为高盈利业务的唯一保证。

自 1988 年 10 月群策群力计划正式实施起，这项计划很快就渗透到了公司文化的各个层面，它逐渐变成了一种半自控的有组织的连锁反应。到 1992 年，超过 20 万名的通用电气员工参与到了该项目的培训中。到 1993 年，约有 2 万名通用电气员工可以随时随地参与到这项计划中来。该项目对通用电气产生了巨大影响。在群策群力计划实施之前的 1981 年到 1986 年，通用电气的年均生产率提高幅度仅为 2%。而从 1987 年到 1991 年，项目的实施使公司年均生产率提高幅度翻了一番，达到了 4% 以上。

韦尔奇的卓越不凡之处在于，他能够对形势变化做出及时的、富有远见的分析，并采取相应的措施，而不只是提出一些方法。“不做第一，就做第二”就是韦尔奇在综合分析现有观点的基础上提出来的具有创造性和可行性的方案，群策群力也是韦尔奇结合通用电气的实际情况，对现有的处于萌芽状态的关于发展速度和重塑理念的思想潮流（这些理念直到 20 世纪 90 年代早期才由一些企业观察家正式表述出来），进行整合之后提出来的创新理念。

和韦尔奇的许多思想和举动一样，群策群力计划在通用电气的实施比在美国其他大公司早了好几年。到 20 世纪 90 年代早期，其他大公司才开始着手创造更具流线型、更富生产力的公司结构。许多企业加入重组热潮时，往往弄错了努力的方向。它们只是顽固地简化已经过时的企业设计，而不是重塑其企业设计，以此进入未来的利润区。相反，在通用电气运用群策群力计划简化其现有的企业设计时，韦尔奇已经着手制定下一个企业设计了。通用电气不断地修正自己的企业设计，从而使这一模式的理论基础、结构和方法更加以客户和利润为中心。

销售解决方案

劳伦斯 · 杰克逊是一家大型汽车部件供应商的总裁（该公司的年销售额在 10 亿美元以上），他对销售解决方案这一主题非常感兴趣。他升职后，曾这样讲述自己的经历：

我讲讲过去两个月中经历的三次不同的促销活动。第一位销售人员来自一家大型化学公司，这家公司制造了很多种化学原料，我的企业在生产中也用到它的很多化学原料。这位销售人员既温文尔雅又专业，他对产品的技术性能和特征都非常熟悉，他不断地向我们介绍他的公司的产品优势。

当然，他说的没错，他的公司的产品确实非常棒，但是，我们其他供应商的产品同样也很棒。他的卖点在于他说能为我们提供一站式服务。这当然是个好主意，但对我而言同样没什么吸引力，因为其他供应商也有同样好的产品，而且运输成本也很低。对我而言，只从一家供应商那里购买多种产品有什么好处呢？

第二位销售代表与第一位非常不同，他销售的是塑料。我们公司会使用大量塑料。这位销售人员的技术、技能也很过硬。他对自己的产品和企业充满着激情，一直在谈他的公司正在开发的新的增值项目。这听起来不错，但对我们有什么意义呢？他说这些项目能在将来给我们带来收益。我说，那就以后再来找我吧。

第三位销售人员来自通用电气公司。尽管他的工作是推销塑料，但是，他丝毫没有谈及他的产品。他只是问了我一些问题，比如，我在购买设备方面占用了多少资金？产能损耗率有多少？在生产工厂里，使用目前的原料和加工设备，我遇到的最大问题是什么？我在运输和物流方面占用的资金有多少？

我们谈得很好。当我谈起我们所面临的经营问题时，我们聊起了一些很有意思的话题。当时我们谈了很多。

两周之后，这位销售人员又来了，他带来了通用电气资本公司提出的如何减少资金占用和降低融资成本的建议，这些建议涉及我们公司的生产装备和物流。他还就我们如何节省仓储空间给出了建议。同时，他还提议由通用电气公司的工程师和我们的工厂工人合作，一起就如何优化原料的使用做出改进。

接着他谈到了全球性支持的问题。我们正在全球大力拓展业务。他向我们介绍了通用电气会如何支持我们的全球性扩张。

我盘算了一下，他所提出的建议能给我们的运营在资本、融资和产能损耗方面节省一大笔钱。当然，他拿到了我们的塑料订单——几乎是全部订单。而且，他们的塑料还将随着我们的产品卖向全球各地。

喜欢这种做生意方式的人不只我一个，我们工厂里的人也喜欢。他们与许多产品推销人员打过交道，其中只有通用电气公司的推销人员花时间倾听他们的问题，并帮助其解决了问题。当决定哪家公司将成为我们的供应商时，结果就显而易见了。

而且，通用电气公司提供的全球性支持让我们的运营变得更容易了。在服务我们苛刻的客户——汽车制造商方面，通用电气公司提供的这种支持帮了我们的大忙。

20 世纪 90 年代早期，韦尔奇清楚地看到，即使拥有高市场占有率和高生产效率也无法保证可持续的利润增长。要想维持成功，通用电气需要将自己的企业设计提升到更高的层次，即从销售产品转变为销售解决方案。

为什么要改变企业设计？因为客户的需求和偏好发生了变化。

客户正不断发生根本性的变化。过去的这些年中，随着从供应商那里购买产品数量的增加，客户变得越来越精明，对产品也越来越熟悉。而且，随着他们对制造商的产品和技术越来越了解，与产品给用户带来的经济效益相比，产品技术规范的重要性降低了。结果，制定购买决策的人由采购代理人、技术人员和工程师变成了行政管理人员和高层管理人员。工程师关注的是所购买的制造产品的技术细节：这些产品是否符合规范要求？它们的成本与竞争对手相比如何？高层管理人员更关注所购买产品的使用体系或背景。高层管理人员不太注重具体的产品，他们更重视的是老的工艺中使用的新方法能否大幅降低整个工艺的总成本，并且提高公司的盈利能力。

这种变化便产生出了重大的新业务机遇，但是传统的、以产品为中心的供应商无法对这一机遇做出积极的回应。抓住这一机遇就意味着制造企业必须改变客户选择，将客户目标从工程师和采购代理人转向高层管理人员；它们的服务范围要从产品转变为解决方案；它们的差异要从价格转变成为客户提供更好的系统经济方案；它们的价值来源要从产品转为服务。简而言之，制造商必须改变整体的企业设计。韦尔奇领导下的通用电气公司做到了这一点。

随着客户从工程师转为企业高层管理人员，韦尔奇首先做的是改变通用电气公司的营销方式：不再只依靠销售人员向采购代理商或者工程师推销产品，韦尔奇亲自出马与通用电气的客户——企业高层管理人员进行面对面的谈话。公司的客户群体范围很广，包括医院、零售商、汽车制造商和公共事业机构等，韦尔奇深知面向高层管理人员的营销方式与传统营销方式之间的不同。他比竞争对手先行几步，有意识地为通用电气公司准备了一套以解决方案为导向、面向高层管理人员所必需的新式营销策略。那时，通用电气业务的规模之大和范围之广已经使业务部门领导人的“副总裁”头衔有些过时了（这些部门中有 8 个都可以被单独列入财富 500 强名单）。意识到了这一点，韦尔奇便赋予了这些领导人一个新头衔，即“总裁兼首席执行官”。当时，公司已有 13 位头衔为首席执行官的高层管理人员。

要想总裁营销模式奏效，韦尔奇需要深入了解客户所在行业中发挥作用的力量，包括但不限于客户经济系统和收益增加的理念。韦尔奇不能只卖产品，他必须把产品置于客户整体的经济体系中加以考虑。这一系统的经济观要求韦尔奇推动通用电气公司超越传统的产品与销售关系，与客户建立一种真正的业务伙伴关系，从而为双方都创造出价值。要实现这一点，便需要提供解决方案来增强客户和供应商的盈利能力。

韦尔奇和他的业务部门负责人变成了总裁营销模式的先驱实践者。他们综合运用通用电气公司对客户的系统认识，为客户制定出新的解决方案，而且他们将公司当前的客户关系拓展为更长期、具有更高价值的关系。例如，20 世纪 90 年代中期与福特公司进行谈判时，韦尔奇直接与福特公司首席执行官亚历克斯 · 特罗特曼面谈，他为福特公司提供了一系列产品和工艺技术方面的解决方案，为福特节省了资金，并且增强了它的盈利能力。为了显示通用电气帮助福特的诚意，韦尔奇来到福特公司的生产车间并且与装配线上的工人直接进行交流。他问这些工人是否喜欢通用电气的某些产品和服务，通用电气如何才能做得更好，以及他可以为福特公司做些什么等问题。韦尔奇将听到的意见和建议统统记录了下来。当他返回通用电气的时候，他召集负责与福特公司联系的所有管理人员一起展开讨论。韦尔奇要求他们立刻制定出纠正错误做法的方案，他们立刻照做了。其结果如何呢？通用电气与福特签订了供货合同。而且，福特公司认为通用电气提供的解决方案非常有效，因此，通用电气成为福特公司欧洲业务的主要供应商。

韦尔奇是总裁营销模式的先驱者。随着大企业的高级管理层之间的业务联系成为常态而非特例，未来，总裁营销模式会得到极大推广。由于这种高层的互动要求对客户经济系统有高度的敏感性，因此，总裁营销模式产生的效果要远远好于简单的高价值销售。这种敏感性给客户带来了日益增加的响应度，提高了人们预期客户需求和偏好的积极性，促使人们乐于重新设计游戏规则。传统的产品/销售企业设计已经导致许多行业的盈利能力不复存在，但是客户解决方案的企业设计会为企业创造出强大的螺旋上升态势。这些企业能够制定各种解决方案，既为客户创造更高的价值，又为股东创造更多的利润。

总裁营销模式仅仅是通用电气客户解决方案企业设计的一个方面。通过从以产品为导向向以服务为导向的转变，韦尔奇还逐渐改变了通用电气的业务和价值获取方式。韦尔奇再次综合利用了通用电气已经建立的产品基础和客户基础以及公司对客户经济系统的认识，明确了新的利润区并制定了高成本效率的企业设计。

拥有杰出的产品知识，但不能利用这些知识完成从产品领先到解决方案领先的转变，这无疑成为公司错失的最大机遇。整个 20 世纪 90 年代，通过将产品、维护、服务和融资组合在一起，韦尔奇致力于确保通用电气获得所有可能的价值。

事实上，通用电气最伟大的企业设计变革之一就是，1986 年以来在加里 · 温特领导下的金融服务部门（通用电气资本公司）的积极扩张。韦尔奇了解通用电气的融资业务，因为从 1977 年到 1981 年，该部门都由他直接负责。该部门的经营一直是以消费者产品为导向的，例如为通用电气的设备提供融资服务等。

韦尔奇和温特非常重视并看好金融服务的前景。他们没有将融资当成销售更多产品的手段（这是传统制造商的观点），而是将融资当成能够给客户带来利益的解决方案的核心，因为价值已经从制造转移到服务上。同时，通用电气也将目光盯向能够积极开辟融资业务的地方。通用电气资本公司每年都要收购 30 家保险、信用卡和其他金融公司。到 1995 年年底，该公司的资产总值已经高达 1 860 亿美元，一跃成为美国第三大银行。

在韦尔奇设想的解决方案企业设计中，融资仅仅是提高价值获取的一个因素。例如，通用电气制造喷气式引擎，为购买它们的买家提供融资支持，对它们进行维护和检修，并提供零配件等。在通用电气竭尽全力与劳斯莱斯和美国联合技术公司的下属公司普拉特惠特尼等竞争对手展开竞争，为新产品的销售赢得市场占有率的同时，通用电气在某些领域对售后服务的关注却创造出了超过 30% 的利润率。为了增强实力，通用电气收购了英国航空公司的维修部门，还收购了格林尼治航空服务公司。这进一步壮大了通用电气喷气式引擎服务部门，从而使得该部门能够为其他制造商的设备提供检修服务。

通用电气将这套以服务为导向的方法推广到了其他市场上。例如，多年以来，通用电气为医院提供X射线机和扫描设备。由于制造商为了争夺市场占有率而竞相降价，以及医院面临来自管理部门降低成本的巨大压力，大多数医疗器械产品已经无利可图。为此，通用电气开发了一套高利润率的在线诊断服务系统。该系统将全世界 11 000 台扫描设备连接起来，并对这些设备进行检查，甚至可以远距离修复设备存在的问题。

通用电气资本公司灵活地将通用电气企业设计扩展至下游业务：通用电气汽车金融服务公司是美国最大的非专属汽车租赁商；通用电气是世界上最大的装备管理公司；通用电气是最大的初级抵押保险业务经营商；通用电气是全球第三、美国最大的再保险公司。由此可见，通用电气不再只靠产品制造来确立自己的市场地位。

韦尔奇深知，价值增值的潜能在于下游服务和融资活动。他对这些活动的关注源于其以客户和利润为中心的理念，而非来自以产品为中心的理念。他看到了产品延伸出来的更有价值的领域，从而在此基础上重新确立了游戏规则。

韦尔奇发现，对于市场上的任何产品而言，其周围都存在一个更大的经济领域，产品自身仅仅是其中的一个子系统。产品是产生利润的催化剂，是驱动这些业务运转起来的启动装置。客户购买产品之后，还需要维修保养、融资、更换零部件、升级等。通常情况下，与这些“非产品”和“产品后”活动相关的收入是直接销售产品收入的许多倍。在盈利能力方面，二者的差异就更大了。韦尔奇意识到利润区正从产品转移到由产品引发的下游活动中，因此他改变了通用电气企业设计的经营范围和价值获取机制，从而抓住了利润区转移的机遇。由于获得了这一部分产品的售后收入和利润，通用电气的售后服务和融资贡献了整体运营收入的40%。另外，自 20 世纪 80 年代中期以来，通用电气的金融服务部门——通用电气资本公司的年均净收入增长率为 18%，而同期通用电气其他业务的年均净收入增长率仅为 4%。

尽管韦尔奇对企业设计进行了创新，使通用电气的各项业务都数一数二，之后运用群策群力的方式极大地提高了公司的生产力，并且给客户提供了解决方案，但是他仍然致力于重新部署通用电气公司的资产向高利润、非制造业务转移，这些业务源自公司产品，但又不完全依赖产品。韦尔奇认为，作为一家制造企业，通用电气必须找到盈利的新方式，同时对其制造业务进行优化。真正以利润为中心的企业理念，不可避免地会引导企业从事制造业之外的活动。

应用知识型公司

作为通用电气的首席执行官，韦尔奇运用正确的理念推动了通用电气的企业设计创新。韦尔奇深知理念会对变革产生多么强大的导向作用。在确保公司运用理念推动企业设计创新的同时，韦尔奇为位于纽约州克罗顿维尔的通用电气商学院投入了大量资金。克罗顿维尔的商学院将持续创新的理念灌输到了通用电气的未来领导人身上。克罗顿维尔的商学院“学生”体验了新的企业设计思想，他们还从通用电气公司内部吸收有益的思想，进行发展并进一步推广。通过这个商学院，通用电气能够将成功的新企业设计知识运用到实践中。

例如，通过低价供应、持有股份和保留采购利润的做法，通用电气下属的一个子公司成为电脑客户的实际供应合作商。这一转变的核心思想就是，通过运用公司自身的采购实力并通过为其他公司代理采购而进一步增强自身的购买力，通用电气便能够赢得市场占有率并提高利润。这一思想被带到了克罗顿维尔的商学院，在那里经过了进一步的完善之后，被推广到通用电气的其他部门。在通用电气的公司体制下，盈利的理念会更容易传递，很快这一做法便得到了广泛的传播。

像克罗顿维尔这样的内部商学院所提供的巨大价值，能够检验不同行业的理念和方法。但是，通常情况下，由于内部商学院只从企业中获取资源，而其中大部分资源都来自企业所在的行业内部，因此行业管理理念的丰富性会降低。然而，通用电气本身就是一家跨行业企业，它为学院提供了动态的、有竞争力的企业设计。从历史经验来看，通用电气这种义无反顾的多样化经营模式是其作为传统理念创新者的主要竞争优势所在。幸运的是，通用电气并不打算成为商学院或咨询公司。然而，其他公司现在已经开始领会到通用电气业务设计中知识运用的效果了，尽管它们不知道自己要达到同样的能力还需要多少年。

通过克罗顿维尔的商学院，通用电气加速了企业设计创新的步伐，使企业在竞争中处于更有利的地位。通用电气的企业设计创新（见表4–1）促进了显著的价值增长，使公司从价值流出转变为价值稳定，从而最终实现了价值流入（见图4–3）。价值增长会持续下去吗？目前，公司实施了六西格玛质量管理项目，目标是到2000年消除缺陷。对此，大多数观察家认为，该项目的实施会使通用电气的价值增长态势一直持续到21世纪。

表 4–1　通用电气的企业设计创新

要素	1981 年	1997 年
客户选择	消费者 制造商 工程师	消费者 制造商 高层管理人员
价值获取	产品销售	多种产品、服务、解决方案和融资
产品差异化/战略控制	品牌 市场领先地位	客户解决方案 客户关系 总裁营销模式 六西格玛质量管理
业务范围	制造产品	客户解决方案 融资 服务 制造产品

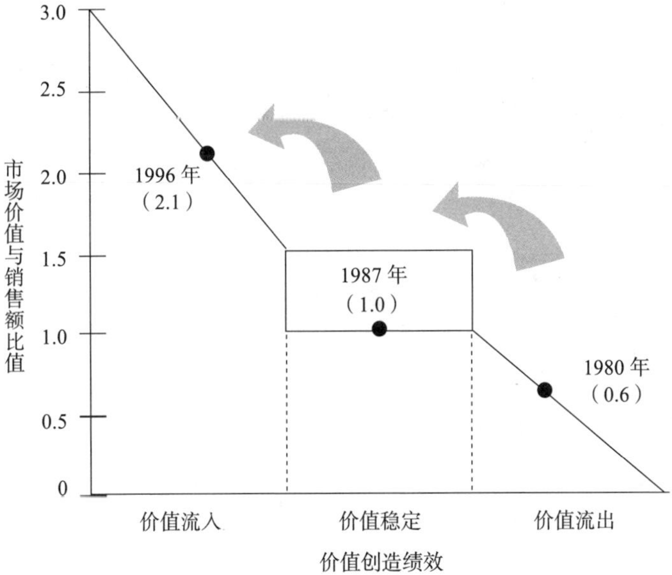

图 4–3　通用电气的企业设计创新

为客户提供解决方案的企业设计——问题清单

- ☑ 我是否已经明确要提供什么产品？我的生产效率是否达到最高？
- ☑ 我是否利用已有的一切机会向我的硬件客户提供配件、服务和融资？
- ☑ 我是否已将公司有关产品及其使用周期特征的知识转变为一种专有的优势，从而为客户提供服务、评估风险并且制定有利可图的融资决策？
- ☑ 我是否为客户的经济系统构建并量化了一种精确模式？
- ☑ 我是否为显著地改进客户的经济体系而制定了解决方案？
- ☑ 我是否已将我的解决方案转变成为一种与客户之间的独一无二的关系，这种关系可以使我获得有关客户业务的信息？这是否会让我了解（比其他人更好、更快地了解）客户的经营状况和偏好，以及未来的动向？
- ☑ 我是否创造了机会以实施有效的总裁/高层管理人员营销计划？

第5章

三位管理者的故事

- 即使我不是首席执行官，不是老板，也不是高层管理人员，我也能改变公司的企业设计吗？
- 在一家以产品为中心的企业里，我能制定出为客户提供解决方案的企业设计吗？
- 当我成功地做到这一点时，我能够得到相应的回报吗？

不只行业巨人、大型上市公司的首席执行官和高层管理人员能进行企业设计方面的创新，其他所有人都可以运用重塑企业设计的原则和技巧，让企业进入利润区。

这样的原则和技巧同样适用于小公司、私人企业、大公司的分公司以及经营它们的中层管理人员。事实上，我们将会看到，这些创新者在企业设计创新方面早已崭露头角。

本章中要讨论的三个例子都表明，这些管理人员和投资者采用的工具具有普遍的适用性。这三个例子分别是美登通信公司、包装箱公司和氯氮平病人管理系统。

美登通信公司

1975 年，吉姆·多纳休在总部位于芝加哥的美登制图公司从事销售工作。他一直在深深地思索着一个问题："我怎样才能为客户带来真正的价值？除了卖给客户印刷品之外，如何才能为他们带来更多价值？"

多纳休一直念念不忘这种以客户为中心的理念，后来他升任这家商务印刷公司的总裁。

美登通信公司在创新方面的转折点可追溯至 1988 年，当时该公司从一家美国大型食品制造商那里得到了一笔订单，为这家制造商的室内销售网点制作了 10 万套促销宣传材料。这家食品制造商要在"五一"国际劳动节的那个周末，向美国各个零售店分发由美登制图公司制作的材料，每套宣传材料的成本是 6 美元。

多纳休说："每套宣传材料里都包含模具、海报、价目表、促销价牌和饰品，这是印刷商做梦都想得到的大订单。1988 年，这笔 60 万美元的业务能占我们全年合同销售总额的 10%，这是一笔大买卖。所有人都渴望得到这笔订单，尽快生产出订单材料，完工后拿到货款。"

在劳动节的那个周末，多纳休来到了一家食品杂货店，想看看自己公司的杰作是否已经被摆在了食品店里。然而令他吃惊的是，他没有找到。一开始他认为自己来的这家店可能只是个例外，于是他又去了另外一家，结果与前一家一样。当地的食品杂货店没有摆出他的公司制作的宣传材料，甚至连仓库里也没有。他心想，倘若这些印刷品没有被送到食品杂货店里，怎么会有人付给我们几十万美元呢？

他感到其中存在问题，但也必然存在机会。他调查了食品杂货店其他未被使用的促销及营销材料，然后拜访了客户企业销售部门的高级副总裁。这位副总裁对他说："如果可能，请继续深入调查一下，看看发生了什么问题。"

多纳休说："他给了我们一些有关人员的联系资料，我们很快就搞清楚了问题所在——发送的促销材料太多了。当时，客户企业的数据库中仅有 25 000 家支持它的食品杂货店，但它订购了 10 万套促销材料。也就是说，每家食品杂货店里有 4 套！这可真是闻所未闻！”

在接下来的几个月里，多纳休继续进行调查。一位高层管理人员在休假时顺道考察了科罗拉多州的食品杂货店，多纳休本人则考察了佛罗里达州的食品杂货店。看起来美登制图公司的每个人似乎都跟食品杂货店有业务联系，全美各地食品杂货店的相关报告都汇集到了公司里。

多纳休回忆说：“我们总是能听到一些令人吃惊的消息。我们客户的所有宣传材料都被堆积在仓库里几个星期，甚至是几个月无人问津，食品杂货店的人对这些宣传材料无动于衷，它们一直被堆放在那里，上面落满了灰尘。终有一天，店主把它们都扔了出去。”

这就是美登制图公司直接面向商店开设印刷和运输业务的缘由，这些项目使美登制图公司从一家普通的印刷企业转变为一家独特的、提供增值服务的企业。

一位明尼阿波利斯的区域经理带着多纳休参观了他的仓库，里面堆放着几千份废弃的宣传促销材料。每隔两个月，这位经理就得请一位清洁工收拾这些材料，把它们装到 3 码[1]见方的垃圾箱里，由仓库的工人抬出去扔掉。

多纳休问：“为什么要这么做？为什么要把这些材料堆放到这里？你们公司订购了这些材料，给制作企业付了款——也就是向我们付了款，然后再把这些材料发送到全美各地存放起来，而现在你却要雇人把它们当垃圾扔掉。这些材料连店面都没有进去过，我说得没错吧？”

“你说得没错，确实如此。”这位经理回答。

“为什么不改变这种做法呢？”多纳休不解地问。

这位经理平静地回答：“如果我不订购这么多，公司总部的人就会给

---

① 1 码=0.914 4 米。——编者注

我打电话说，‘你所分管的区域应当订购 2 万套，怎么这次只订了 1 万套？你有没有按要求做？’”

这样的制度在多纳休看来简直匪夷所思：成本巨大，收益全无。

多纳休根据自己的考察主动写了一份完整的报告，然后他带着这份报告面见客户。他对他们说：“对如何更好地实现贵公司的促销目标，我有一些自己的想法。”结果，美登制图公司仍然得到了制作宣传材料的合同，但是，这次约定的宣传材料的数量是实际需要的数量，且公司的价值链同样得到了控制。这种做法既创造了价值也节省了成本，美登制图公司承担起了所有的相关工作。

多纳休更好地了解了客户的运作方法以及客户如何使用美登的产品（哪些地方有必要，哪些地方没有必要），因此他几乎是在不经意间发现了这一辅助性的增值业务。

这种做法在一个地方获得成功后，多纳休就问自己：“现在我已经了解了这种模式，接下来我该如何利用好它呢？”他理顺了宣传品印刷和管理的思路，并向一家领先的烟草制造商、一家快餐公司和一家大型百货商场做了成功的展示。就这样，目前美登制图公司的 300 名员工将业务集中于不到 10 家客户身上，但是这些客户都是业内数一数二的企业。

在这种持续的以客户和利润为中心的思想指引下，多纳休带领这家第二代印刷公司不断发展壮大，其年营业收入从 1980 年的 500 万美元增加到 1990 年的 1 000 万美元，然后再增加到 1997 年的 1.2 亿美元。

这家公司之所以能变得如此有价值，其关键原因是，印刷是一项以产品为中心的大众化业务，这样的业务要靠规模经济和产能利用率来驱动。成功的业主会购买一架最大型的印刷机，一年 365 天不间断地运行它，因为所有的价值都来自这台机器印刷出来的一张张图片。只要印刷机快速运转，这一巨大投资的成本就会分摊到数以亿计的印刷品中，对业主而言，这的确是件很好的事情。如果这台价格昂贵的设备只运行 50%或者 60%的时间，那么印刷企业就不好做了。在美登所处的当地市场中，就有许多这样的印刷企业，它们的产能都利用不足，使用这种印刷机极少赢利。

印刷企业都希望通过销售产品挣钱，它们要扩大规模、销量和市场占有率。对多纳休而言，这恰恰是这项业务的特点，但是这样做并不能带领公司进入利润区。小型印刷企业与数十亿资产的大公司对抗，总是处于不利的地位。因此，他打算将重心从产品转向客户。了解了客户做什么、如何使用产品以及面临的其他相关问题后，多纳休懂得了应如何以及在哪些方面为客户创造额外价值。他的做法虽然有些脱离产品，但对客户产品的使用和产品经济价值产生了正面影响。

在新的企业设计中，美登制图公司改名为美登通信公司，这家公司深谙产品应如何在市场中应用，而不只是满足于完成价值几百万美元的订单。新一代的企业设计更好地为客户提供了服务，更好地了解了客户经济系统、客户系统流程和价值链。一如既往地采用这种设计的公司最终找到了一条内部通道，从而从以产品为中心的企业设计转变为以客户为中心的企业设计。

通过与客户的销售、营销和产品推广人员建立一种新型的业务关系，多纳休建立起了一种新的企业设计，这一设计不仅保护了原有的业务，而且从中挖掘出了许多其他价值。就这样，美登制图公司重塑了自己。它改变了印刷公司的企业设计，使其变成一种通信管理公司的形式。它根据客户的实际需要，集宣传材料的展示结构设计、制作、生产和分发各个环节于一身。虽然并不涉及什么创新要素，但是美登通信确保了宣传材料的用户友好性，且在客户的目标销售渠道中发挥着应有的作用。

美登通信的核心业务仍然是印刷，但实际上美登通信的员工并没有将印刷当成最终目的，他们关注的是印刷能为客户及客户的合作伙伴带来什么，并不一味地追求过高的印刷技术和清晰程度。尽管这些要素都很关键，但是它们不是公司的终极目标，它们仅仅是工具或者手段。

多纳休说：“我们花大量时间讨论客户的业务，研究我们如何为客户创造更多的价值。因为如果能给他们带来更多的价值，我们便会从他们那里拿到更多的业务。我们永远不会认为，‘我们买一台能让打印速度提高15%的印刷机吧，这样所有人都会来找我们了。’对于印刷企业来讲，这无异于异想天开：成立一个印刷厂，客户就主动送上门。事实并非如此。只知道建立一家印刷企业而不考虑其他方面，你迟早都会破产。”

推广美登通信的价值主张可不是一件容易的事，因为在许多公司看来，这样的做法具有侵略性，而且牵扯了客户企业中的许多人。传统的印刷厂商通常只与客户采购部门的某一个人定期接触，但美登通信的人则与客户企业中的许多人接触，他们必须克服大多数客户企业中各个方面的障碍。这样做并不意味着要接触所有人，特别是那些希望维持现状的人。但是，传递这样一种他们认为固有存在的价值观念，意味着他们要与客户销售人员进行有效地合作。他们也与开发、市场营销、促销和财务部门的人进行交流，同时还花大量时间考察客户之间互相竞争的零售渠道。

美登通信努力克服了公司体制和传统的采购做法所导致的难题。大多数公司是如何解决问题的呢？它们会将任务分解细化。对美登通信的宣传品业务，大多数客户授权给设计部门、消费者促销部门和采购部门。通常情况下，这些部门会各自与美登通信进行谈判和签约，但这样的体制注定会失败。

多纳休说：“这样的方法与我们的销售方法截然相反。我们提供的是一整套解决方案，将之前各自分离的功能综合成一个简洁的系统，这套系统节省了时间，也避免了不必要的成本和活动。对合适的人，我们都会将系统成本降到最低，并及时交付产品。这就是我们提供的全套解决方案。”

大多数商业印刷公司运作业务的流程是：从客户那里得到原图，按照预订的数量印制，之后将成品交付给客户。此时，整笔交易就完成了，剩下的就是客户自己的事情了。在传统的印刷企业设计中，印刷企业不会去考虑产品之外的事，客户选择它们纯粹是基于传统的采购模式。“不要涉入我的企业过深，也不要对我的企业有过多的兴趣。”这就是客户普遍持有的态度。“除我之外，不要跟我们企业的任何人有联系。”

多纳休说：“我们做了更多的事情，我们与客户联系，也与客户的客户联系。‘你们需要这个吗？只有你们需要，我们才乐意提供。但我们会告诉你们，你们也许应重新考虑一下。’”

在最初针对食品制造商的销售代表做的调查中，美登通信发现他们每天要花 1—3 小时把那些宣传材料搬来搬去。保守估计，美登通信直接面向店铺的业务可以每周为每位销售代表节省 7 个小时的时间，你可以想象在美国这样的销售代表共有 2 000 位，现在这些销售代表可以更有效地利用节省下来的时间了，他们可以参观店铺、交流、倾听、将产品销售给店铺和部门经理。

在考察客户如何利用宣传材料的过程中，美登通信发现了自身产品所具有的几个价值点。由于经过了重新设计，所以组装的时间仅为不超过 2 分钟。多纳休说：“我们认识到，现场销售人员的时间是宝贵的，因此，我们最终交付的宣传材料从纸箱里拿出来之后可以在 2 分钟之内组装好。过去，这一过程需要花 5—10 分钟的时间。”

这一经验是从美登通信自己的“实验室”中得出来的，该实验室是指一家规模比较大的室内食品杂货店。

“我们会带领员工考察工作的进展、宣传材料的去向以及看它们是否适合放在拥挤的走廊尽头。必须把它们放在合适的位置，这样才能引起人们的注意。以前，许多大型的地面展架都没有进行组装，更谈不上合理摆放。”

为客户节省了成本后，美登通信能从中赚到多少利润呢？通过不断地展示该项目的价值，美登通信现在已经将风险—回报机制写入降低成本的合同中了。客户也签订了更长期的合同（以前是一两年，现在是 5 年），从而能够通过与美登通信合作而获利。

1989 年，一家企业与美登通信签订了直接向店铺交货的合同。1993 年，这家公司解除了与美登通信的合作关系，重新回到了大量订货、经由分销中心分拨、由销售人员送货到店铺的老路。对这家公司而言，放弃综合的解决方案这一错误判断使公司付出了沉重的代价。1997 年，这家公司又重新与美登通信订立了合约。为什么这位客户会成为回头客呢？在短短的 4 年时间内，有 2 000 箱总价值约为 200 万美元的宣传材料被白白浪费掉了。这些可都是这个客户花了大笔钱所买回来的商业材料，但是它们被堆放在仓库里，从来没有被送达客户所预期的目的地。在传统体制下，某些人可以从这种业务中获利；销售商也感觉不错，因为它们卖出了好价钱。然而，这种不经济的体制最终使所有人都以失败收场。

近年来，美登通信将业务扩展到了特定的销售信息包装领域，为现场销售代表提供交互式光盘销售工具。光盘中包含了不同尺寸、规模和类型的展示品以及其他促销材料。这样，销售代表便不用随身携带大堆的宣传材料了。美登通信网站上的自动订货系统非常便捷，只要轻轻一按，你就可以自动完成订货操作。

“现场销售代表可以使用笔记本电脑向商店经理展示产品。而且，这种方法很有趣。”多纳休说。

深入参与客户业务使美登通信掌握了不少信息。公司建立了很多数据库，当然这些信息仍然属于客户所有，美登通信拥有的是自己开发出来的用于维护这些复杂数据库的软件。

多纳休说：“通过对数据库进行维护，我们便可以灵活地满足客户分销信息的需要。它就像“圣经”，指导着我们做一切事情。一切都基于这些信息，因此要实现我们的目标，可靠性极为重要——要把合适的东西适时、适量地放在合适的位置。没有人会喜欢管理数据库这项枯燥的工作，但我们知道这项工作有多么重要。”

多纳休说："最初我们只制作印刷品，后来我们开展了物流、组装和配送业务，现在我们要推出信息服务。整个公司已进入变革时代。"

在多纳休的带领下，美登通信找到了从 1 000 家印刷企业中脱颖而出的方式，使自己免于利润损失。

多纳休说："过去，我们一直依赖与客户的关系，我们与企业的采购部门、培训部门以及其他部门建立了常规的联系。如果另一方，也就是买方，解除了这种关系，我们就会处于困境。如果半路杀出另一家公司，我们也将遭受沉重的打击。"

正是在这个时候，多纳休向自己的销售人员宣布："游戏规则已经改变了。"

多纳休将公司销售人员的薪酬制度进行了改革，废除了佣金制度，实行工资制。就其运作来看，新的组织更像一家广告公司，更像致力于服务一家食品制造商或者百货商店的团队。每个团队都包含一位客户指导、多名客户管理人员和一个客户服务小组，这个小组通过 800 免费服务电话与客户的总部和现场推销员进行联络。他们收入很高，而且如果工作出色的话，还会得到大笔奖金。

多纳休说："我们花了大量时间探讨如何教育、训练和指导从事新业务的员工。我们总结了三件事情：第一，我们必须成为客户的业务专家；第二，我们必须正确塑造客户的期望；第三，我们必须进行良好的沟通。"

多纳休接着说："还有一点我没有提到，我们仍然必须销售印刷品。但是，印刷业务会日益发展，我们得改变游戏规则和薪酬结构。为此，我们调整了上门推销人员的类型。我们不再需要经验丰富的印刷业务销售人员，尽管他们可能在上个年度拿到了价值百万美元的订单。相反，我们会培养自己的销售人员。我们挑选最聪明的年轻人，他们知道如何阅读、写作、思考，而且我们要对他们进行培训。"

美登通信要让它的客户事先知道，自己公司的销售人员是有工资的，而不是靠佣金获得收入。问题的关键不在于客户与销售人员之间的关系，而是美登通信和公司客户之间的关系。

多纳休说："这仍然是一种关系型的业务。但是现在的关系取决于公司如何为客户创造价值，而不仅仅依靠个人。两者存在巨大的差异，要弥补这一差异也并非易事。一些企业曾经将我们拒之门外，它们的员工说：'你们这些人只不过是印刷工，怎么会了解我们的业务呢？'一位客户说：'你们这些人存在的问题是，我们想购买的是印刷品，而你们则千方百计地想帮助我们运营企业。'"

在美登通信内部，反对薪酬结构改革的呼声也很高。

多纳休说："我们有些员工仍然不理解。这样的改革每走一步都很艰难。"

一些人做出了改变，另一些人没有改变，仍然我行我素。特别值得一提的是，当多纳休更新了企业设计之后，美登通信并没有陷入困境。实际上，从 1986 年多纳休开始改革后，公司的运营正处于鼎盛时期。

1976 年，多纳休签下了被美登兄弟聘用之后的第一笔大单，从那时开始，他就有了废除佣金制度的想法。美登兄弟没有付给多纳休一笔令公司难以承受的丰厚佣金，而是给了他部分股权，让他成了公司的合伙人，这样的做法浇灭了多纳休的兴奋劲儿。多纳休说："对我而言，这还能接受。事实上，如果在美登的历史字典中查查'合伙人'这个词，你就会看到乔和约翰的照片，他们都是不错的人，我们在一起相处会很愉快。"

多纳休回忆说："为乔·美登做事可不容易，他不想要只会做印刷工作的销售人员，他希望销售人员能为客户面临的问题提供解决方案，他还希望销售人员能够对传统的印刷业有自己独到的见解。"

多纳休带领美登通信进行了大幅度的企业设计改革。当其他印刷商正试图为尽量多的客户提供服务时，美登通信则挑选了高利润率的客户群体，专门为其提供服务。当其他印刷商专注于印刷工艺并通过降低单位产品的价格来为客户创造价值时，美登通信推出了综合的促销方案，而且通过共担风险、共享收益的协议为客户创造和获取了价值。大多数印刷商的企业设计中没有任何战略控制点，与竞争对手相比没有明显特色。美登通信是能向客户提供这种业务解决方案的少数几家美国印刷商之一（见表 5–1）。

表 5–1　传统印刷商与美登通信的企业设计对比

要素	传统印刷商的企业设计	美登通信的企业设计
客户选择	众多客户	很少，但都是有利可图的客户
价值获取	毛利润 降低单位成本	共担风险、共享收益
产品差异化/战略控制	无	能够提供全套解决方案、综合性服务的少数几家美国印刷商之一
业务范围	印刷业务	全套促销服务

在任何时间、就任何一种印刷品而言，多纳休的客户都能找到比美登通信价格更低的供应商，因为美登通信销售的不仅仅是印刷业务本身。

多纳休说："当有人问'这得花多少钱'时，我会说'我也不好说'。去问问品牌经理，他们愿意花多少钱，然后我们会根据这个数平衡预算，以最有效的方式计算出最低系统总成本。我们从中得到了什么呢？我们与客户达成的所有协议都写明我们要以'激励'成本为目的。我们希望达到这一目的，因此我们建立了一套机制，那就是如果我们降低了成本并杜绝了浪费，我们会得到一大笔奖金，而我们的客户会节省资金，并且能够得到更好的商业结果。"

多纳休说："如果我们以正确的方式做了正确的事，那么我们就能长期立于不败之地。"

包装箱公司

有关利润区的一个最好的例子是关于吉姆·伯顿（化名）这个人的，他是一家大型包装箱制造公司的业务开发经理。吉姆具有其他许多管理者不具备的优势，他曾经做过5年的销售经理，因此他很了解自己的客户。吉姆不仅践行了以客户和利润为中心的理念和企业设计思想，他的行动还为一位中层管理人员应当如何推动企业进入利润区做出了表率。

在以产品为中心的环境里，吉姆的公司为销售一种大众产品与竞争对手鏖战。该公司将包装箱销售给大型包装货物制造商，其产品从船运集装箱到比萨饼纸盒应有尽有，但箱子只是箱子，企业设计的价值主张简单明了：质量中等，送货上门，价格低廉。公司出售这些产品时需要与采购代理商进行艰苦的谈判，而采购代理商会因价格的微小变化就转投其他供应商，因此公司获利微薄。在这样的情况下，管理层关注的是原材料价格、运营和总体的成本情况。作为一名销售代表，好像除了向总部抱怨价格不具有竞争力之外，没有其他更多的用武之地了。事实真是这样吗？

吉姆最大的客户是一家资产数十亿美元的食品制造企业，这家企业采用粗糙的包装箱将产品运送到目的地。这家企业的需求量比较高，从企业产能利用的角度来看，它是一个大客户。对吉姆来说，销量也很重要，因为他要根据销量获得佣金。吉姆很担心失去这个客户，这种担心也并非毫无缘由。吉姆最大的竞争对手正处心积虑地抓住一切机会，抢走他的大部分业务和个人收入。

吉姆是一位友善的、善于观察的销售代表，工作之余，他把时间都花在了客户身上。他会到客户的工厂里四处观察，以了解包装线的基本操作流程。他从提问和观察中得到了很多信息。他注意到包装流程有些乱：用过的箱子会从场地回收，但其中很多都损坏了，要由专门的工作人员负责将受损的箱子挑出来，而这些人员对包装流程并不熟悉。此外，包装线和几千平方米的空间里存有大量多余的包装物料和旧箱子。为了衡量包装操作的效率，管理层启用了一套标准的成本控制制度，并追踪整个过程的总成本，包括箱子的成本。为了处理包装过程中出现的问题，管理层还斥资扩建了厂房。

吉姆设身处地为客户着想，设想如果自己是工厂经理的话，应该重视哪些方面："作为一名工厂经理，我优先考虑的事情应当是什么呢？除了价格、交付这些明显而直接的条件外，我还需要考虑哪些因素？为了创造价值，为了有助于维持这一有价值的客户，我能提出什么补救措施呢？"

吉姆曾阅读过大量的信息系统采购合同，这些合同期限为 5—10 年，而且将系统集成商作为特别战略供应商与客户联系了起来。他阐述了将这一想法运用于当前实践的可能性。他向工厂管理者建议，公司应该签订 5 年期的包装材料供应合同，合同价格是固定的，这一点颇具吸引力，而且企业应当租用一家仓库以保证及时交货。

客户看到了吉姆提出的方案给他们自身带来的好处。这样一份合同会将员工从箱子分拣任务中解放出来，并且会为工厂清理出更多空间，从而不必再追加更多的投资。合同制定的价格与标准成本体系完全相符，而且还打消了客户对价格变动的顾虑。

客户不是唯一的受益者。通过这种方法，吉姆的公司锁定了一个可靠的、需求量大的客户。改进箱子分拣方法为企业节省了 15% 的资金。公司可以将这份合同当作一次实验，检验一下这种方法是否可以用于其他情况。

这种以客户为中心的理念是伟大的，但是它能让吉姆的公司进入利润区吗？可以，但不会很快。然而，它让吉姆与其最大的客户建立了一种合作伙伴关系，并且公司现在拥有了一套价格固定的新经济系统来带动其企业设计（见表 5–2）。吉姆现在开始考虑的是，在新形势下自己能做些什么。他的这一想法使他将目光转向了产品开发人员。吉姆解释了目前面临的新情况："我们有一个大客户，它会重复利用海运规格的包装箱，为了生产出尽可能耐用的箱子，我们需要一套激励机制。我知道这是一个巨大的挑战。以前的做法是，被损毁的箱子越多，我们出售的新箱子就越多，从而获利也就越多。有没有什么方法既能降低箱子的制造成本，同时又能使箱子使用寿命更长？"

表 5–2　包装箱公司新旧企业设计对比

要素	旧企业设计	新企业设计
客户选择	采购代理	资深管理人员
价值获取	产品销售	产品销售 长期存货管理合同
产品差异化/战略控制	无	5 年合同
业务范围	箱/包装	箱/包装 存货管理

开发人员思考了这个问题之后，回复吉姆说："我们可以以 1.2 倍的成本制造出使用寿命延长 1 倍的箱子来。"吉姆的预算确定下来了，成本也得到大幅降低。吉姆现在十分清楚新企业设计如何将包装箱业务引入利润区。

他也明白，在公司的未来发展中，他将扮演日益重要的角色。

氯氮平病人管理系统

企业设计的思想不只局限在首席执行官这一层次，它可能渗透到企业的各个层次。企业中任何一个部门或生产线的负责人都能够实践企业设计的思想。卡丽 · 史密斯 · 考克斯就是一位成功进行了企业设计创新的产品管理者。1988 年，考克斯被任命为一家大型制药企业——山德士公司的产品经理。考克斯负责的其中一种产品叫作氯氮平，这是一种抗精神分裂症药物，用于治疗 30 多万名重症患者，因为其他药物对这种疾病不起作用。对于大多数久治不愈的患者而言，氯氮平的疗效是其他治疗方法难以企及的。但是，这种药物并非对所有人都能发挥神奇疗效。服用这种药物的每 1 000 名患者当中，就有 10 名出现致命的白细胞减少现象。如果白细胞数量开始减少而患者持续服用这种药物，那么患者会在 3 个星期后死亡。然而，我们无法预知哪些病人容易受到这种致命的副作用的影响。

按照典型的以产品为中心的理念思考，可能应考虑重新设计药物，在研发上投入更多资金，或者可能干脆放弃这种药品。但考克斯没有这么做，她决定找到一种让病人服药更安全的方法，同时还能让公司赢利。她知道这种药能起到治疗作用，因为它已经通过了美国食品药品监督管理局的严格的临床实验，但她也知道这种药品的危险性。她没有采用以产品为中心的方法，而是采用了一种新的企业设计，从一个完全非传统的角度来思考这个问题。人们主要担心的是白细胞数量会减少的那 1% 的患者的安全。考克斯知道，对于一部分人来说，白细胞数量会在 3 周后降低到致命的水平，因此，她要找到一种方法，建立一套系统来确定病人的白细胞数量是否正在下降。

考克斯和她的团队开发出了一套治疗方案，这套方案要求每周测量病人的白细胞数量。供药时，每次只提供一周的药量，不检测白细胞数量的病人将得不到下一周的药物。这是一套万无一失的医疗方案。如果白细胞数量开始下降，那么他们将停止向这位病人供药。

对一家制药企业而言，这是一种开创性的思想。这家企业只制造药品，实施这种新的供药方法需要增加大量的人力探视病人、分发药品和抽血，此外还需要建立一个化验血的实验室。对此，考克斯没有畏惧。她组建了一个业务团队，成立了一个家庭医疗公司去探视病人和抽血；她建立了一个国家性实验室为病人验血，并能在 24 小时之内反馈化验结果；同时，她还建立了一个跟踪每一位患者情况的数据库公司。考克斯开发出了一种高度创新、高度可靠且安全的药物供应体系，而不是简单地卖给病人一种可能致命的药品，然后祈祷万事大吉。她制定的企业设计与以产品为中心的行业标准是完全不同的（见表 5–3）。

表 5–3　企业设计：行业标准与氯氮平

要素	行业标准企业设计	氯氮平企业设计
客户选择	治疗慢性精神分裂症的医生	治疗慢性精神分裂症的医生，他们同意每周进行测试
价值获取	产品销售	产品销售 服务销售
产品差异化/战略控制	产品疗效	产品疗效 系统安全性
业务范围	销售药品	销售一种综合的药品分发和患者一致性系统 • 每周验血 • 早期警告 • 每周供药一次 • 追踪、监测和记录数据库

考克斯还需要确保这套系统的正常运转。为了测试这套系统，考克斯首先在附近的三个地区试行。其次，等到供药系统中的所有环节都顺利运转之后，这套系统被扩大运用于 10 个地区，从而确保其运行没有任何问题。最后，这套系统在全美得到推广。即使这套系统之前在测试中心运行得很好，但公司还是有些担心。过了 2 个月，没有人因服用这种药物而死亡。6 个月过去了，仍是如此。整整一年过去了，没有一个人因服药而死亡。就这样，这套系统大大增加了人们的信心。

该系统产生了巨大的医疗和经济效果。5 年之后，数以万计的患者得到了有效治疗。这些病人又变得像以前那样了，他们有的回到了学校；有的走上了工作岗位，过上了正常人的生活。这在以前是不可能实现的。

患者从动作紊乱、不协调以及精神不正常逐渐恢复到了正常人的状态，看到这种转变的人无不为之感动。

从经济角度来看，该系统也是非常成功的。随着成千上万名患者得到救治，公司产品的销量大增。这一切都归功于考克斯，她跳出了以产品为中心的传统思维的束缚，找到了补救产品问题的其他方式。

在以客户为中心的理念指引下，考克斯和她的团队关注患者的安全。他们创造了一种独特的企业设计，这一模式能够确保患者的安全、恢复他们的正常生活，企业同时还能从中获得高额利润。通过关注企业设计而不仅仅是销售产品，企业才有可能取得成功。对于病人、公司和考克斯及其团队成员而言，这都是一个巨大的成功。

本章讨论的三个例子（美登通信公司、包装箱公司和氯氮平病人管理系统）都发生在 20 世纪 90 年代初期，此时恰恰是以产品为中心的旧秩序向以客户和利润为中心的新秩序转变的时期。新秩序中的企业设计能够使企业实现可持续的价值增长。

三个例子很有说服力，也具有普遍性。目前，各行各业的管理者正在学习和运用相似的理念。一些人通过自己试错，艰难地学到了这些经验（第一种类型）；另一些新生的企业设计创造者则从别人的经验中，学到了这些知识（第二种类型）。

本书重点叙述的就是第二种类型的人。我们也希望本书可以帮助自己试错的企业设计创造者转变为学习型的第二种类型的人。

企业设计之创新启示——问题清单

- ☑ 我是否带领企业摒弃了以产品为中心的思维?
- ☑ 我是否清楚地了解到客户的经济状况?
- ☑ 我是否创造出了一种产品，它既能改善客户的经济状况，又能增加我的盈利能力?
- ☑ 在制定新的企业设计时，我能否预计到内部存在的所有障碍?
- ☑ 如何克服这些障碍，我是否找到了有效的应对之策?

第 6 章

斯沃琪集团创始人尼古拉斯·哈耶克：产品金字塔企业设计

- 我能否赋予我的产品以感情？
- 我能否建立一座价格由低到高的产品金字塔？
- 我能否筑起一道品牌防火墙来保护产品金字塔系统的利润？

约瑟夫·弗格森参加完在瑞士举行的一次会议，此刻正在返回纽约的途中。他离家已经一周了，想到能马上回家内心感到很兴奋。他原本打算在飞机上做些工作，但是他被飞机上那些多彩、亮丽的小册子迷住了。这些小册子是专供旅途中的乘客欣赏的。

因为之前没有足够的时间为家人购买礼物，他想知道飞机上的这些小册子能否给他提供一些信息。当翻到杂志中间的斯沃琪产品介绍时，他停了下来。斯沃琪新款艾罗尼（Irony）系列金属手表的广告让他印象深刻，在奥运会上总是少不了斯沃琪手表广告的身影。

他喜欢这些款式各异、花样繁多的手表，心里开始盘算起为家人购买哪些款式。他要为妻子和三个孩子（两个孩子已经十几岁了）每人买一块，因为可选择的款式很多。

当飞机上的工作人员开始销售的时候，约瑟夫已经选择好了。不幸的是，他原本打算为大女儿购买的一款具东方情调的“再会”（Sayonara）表已经卖完了，于是他挑选了另一款（可选的不错的款式确实不少）。但是，他真的很想买到这一款。

家人们拿到了各自的礼物，不由得欢天喜地。

一周之后，弗格森又开始了自己的旅程，这次他去亚特兰大。在返回的途中，由于飞机晚点了一个半小时，他便有时间在购物区逛一会儿。那里有出售斯沃琪手表的店铺，他便走进去看了看。这里有“再会”这款表，他非常高兴，马上买了下来。走出那家表店之后，刚开始时他还暗自高兴，但不一会儿，他便停下了脚步，心想不能只为自己的大女儿买，于是返回去又买了3块。

与上次一样，他买的表很受家人欢迎。这些表的设计各有不同，而且风格清新，非常漂亮，约瑟夫再次成为家人心目中的英雄。

从亚特兰大回来后的周六早晨，约瑟夫翻了翻瑞士航空公司在飞机上赠送的杂志。他随身带着这些杂志是有原因的，他父亲的75岁大寿快到了，他正在考虑给父亲买什么东西作为寿礼。杂志目录中的宝珀手表似乎太贵了，但这款手表确实很精致优雅，让人难以释怀。他给几个商店打了电话，找到了一家出售这款手表的商店。午餐之前，他来到这家店，买下了一块手表，并让店员精心地包装好。

他对这次购物感到很开心。他知道父亲喜欢复古的风格，会明白这件礼物何等贵重（这款手表的价格可是高达四位数美元的）。

当约瑟夫购买斯沃琪手表时，他为手表制造商带来了几十美元的毛利润。而他购买宝珀手表时，他买一块手表给公司带来的利润是买几块斯沃琪手表利润总和的好几倍。

制造宝珀手表的企业是SMH，制造斯沃琪手表的也是它。品牌、销售渠道、购买场合都不同，但这些手表都出自同一家公司。这家公司的掌舵人是尼古拉斯·哈耶克，他是这种商业真正的创始人之一。

有时候，一家公司的创新会引发整个行业的创新。这就是哈耶克作为一位瑞士工程师、缔造斯沃琪手表的企业家，为自己设定的使命。

哈耶克富有情趣，激情四射，不墨守成规，喜欢挑战传统思维。

在哈耶克于 1983 年推出流行系列手表之前，大多数人通常一生只买一块表。人们的衣服换了一件又一件，但手表始终不变。当时，除了在正常价格以内选择一个信得过的牌子之外，人们很少再去花心思考虑手表的事情，只有小孩子才戴款式各异的手表，最常见的是上面有米老鼠图案的手表。哈耶克领导下的斯沃琪公司则改变了这一切，整个变化过程的出发点是消费者。

哈耶克比消费者更了解他们自己。他知道消费者会对斯沃琪的理念及其所代表的一切做出反应。他赋予了斯沃琪手表许多新的含义。他与消费者建立了深厚而丰富的联系，他说服他们在不同场合、针对不同目的佩戴不同的手表。他的客户可以不只有一块手表，他们可以选择所有的斯沃琪手表。

1983—1992 年，斯沃琪出售了 1 亿块手表，对于任何新产品而言，这都是难以置信的业绩。但这仅仅是哈耶克牛刀小试。4 年之后的 1996 年，他又售出了 1 亿块手表。

哈耶克是一位魅力四射却又有些坏脾气的商人，同时也是一位不拘泥于常规的思想者。但那些表面的为人所熟知的故事并不能代表他的全部，也不是他人生最重要的部分。

一生都在提问

从很小的时候起，尼古拉斯·哈耶克就不断地问自己的家人和老师："我们为什么要这样做？" 他天生就对事物的运行规律和人类的由来充满着无法抑制的好奇。他读完了自己能找到的所有关于物理、天文、宇宙诞生、爱因斯坦相对论的书籍。

他边说边嘲笑自己对知识无法遏制的渴望："我们来自哪里，没有人会知道。你最终会相信上帝，因为没有人能解释清楚这些问题。"

哈耶克在里昂大学接受了数学、物理和化学方面的系统教育，学习这些科目时的心路历程和组织形式为他的职业生涯奠定了良好的基础。

在家庭及经济因素的影响下，哈耶克去美国学习核物理的计划未能实现。他的岳父经营着一家铸造厂，生产应用于铁路的刹车蹄片和铸造设备。他的岳父因病无法继续工作，在他患病期间，他要求自己的女婿（拥有两个孩子的父亲）接替自己掌管这个10人的公司。由于无法筹集到足够的资金去美国求学，哈耶克接受了这份工作。

在哈耶克的精心打理之下，大约3年之后，这家公司的生意开始逐渐兴旺起来。

哈耶克说："我岳父是这家公司的所有者，但他没有厂房、设备、机器、熔炉等的所有权。这些都不是他的，是他租下来的，为此他每年都得支付租金。他随时都有被架空的危险。我来之后提高了产量，赚了很多钱，还为他买下了厂房和设备。"

但是，当绘图员出身的岳父身体康复重新回到公司后，除了利润之外，他对哈耶克所做的改革没有多大兴趣。因此，哈耶克离开了公司。他从一家银行借了3 000美元（用他的家具和个人财产做抵押），成立了哈耶克工程公司。这家公司的总部位于瑞士的苏黎世，主要从事咨询业务。

他最初做的并不起眼的工作引起了一些德国实业家的注意。不久之后，哈耶克就成了战后德国的"秘密武器"——他这样称呼自己。美国企业进入德国之后，他们也愿意向这个持激进观点的年轻人请教。几年之后，他与雀巢、大众汽车、美国钢铁、德国德律风根公司、迪尔公司、美国数字设备公司、阿尔法–罗密欧汽车公司都建立了业务关系。连瑞士政府后来也请他做咨询。

“我在欧洲成为名人，因为人们都认为我是一个实事求是的人。”哈耶克说。

解决问题的专家

作为一名工程和工业咨询师，尼古拉斯·哈耶克研究过许多公司和行业的企业设计，但是除了掌管岳父的铸造厂和自己的咨询公司外，他并没有运营过其他企业。他的工程咨询公司是以行动为导向的，在促进改革方面，他的公司要比传统的咨询公司更有效。

在 20 世纪 80 年代早期，他对瑞士的制表业产生了兴趣。哈耶克的一大优势是他并不是制表行业的业内人士。因此，他的见解不会受限于几十年的行业经验，他的视野也没有只停留在该行业几十年辉煌的成功上。他就像新大陆的移民一样，以全新的眼光来看待所有问题。

在分析这一行业的战略前景时，他意识到了自己必须克服的难题，瑞士正面临来自日本的强大竞争。如果他要重建一个不思进取的行业，那么激烈的战斗就在所难免。制表商想提高效率，简化流程，但它们不想搞创新。在哈耶克看来，这样走下去就是死路一条。

但任何死路都必定留有一个出口，会有一条通向更多机会的小路。在制表业中，这条通道在哪里呢？

在探寻这条通道的过程中，他超脱了传统的技术、工艺、生产、资产、销售和分销关系，转向了更为柔和、更具主观色彩的现实：客户关系、客户偏好和客户情感。在瑞士人看来，工艺决定一切，工艺就是最终目的，但哈耶克认为这样的观念具有很大的局限性，不适合现代竞争。

哈耶克花了很长时间研究市场，倾听市场呼声，不断寻找尚未被发掘的空间和价值。在他之前，制表业中的所有企业设计都有几个共同特征：向客户提供功能或者奢华的体验，关注手表制造而不注重手表营销。

哈耶克所要寻求的机会不仅存在于数字技术行业或者低成本的制造

业中，而且还存在于风格和样式中。20 世纪 80 年代早期，在这些领域里，由于意识到并迎合了消费风格的变化，一些创新企业茁壮成长并兴盛起来。一些非同寻常的企业成功地塑造了自己的品位与风格，推动自身沿着既定的方向更快地发展下去。

哈耶克最先考虑的是客户问题而不是生产。他最初并不担心能否制造出价位低廉的手表。相反，他想知道的是消费者从一块手表中能得到什么。他们获得的是乐趣、风格、精神，还是全部都有？

从那个时候开始，他就将情感融入了手表。他不仅仅要把手表打造成高质量的产品，而且要打造成有品位且时尚漂亮的装饰品，就像耳环和领带一样。对于戴手表的人而言，这会给他们带来一种反传统的独特形象，甚至表现出一种其他事物所无法体现出来的活泼快乐的感觉。

如果他出售的是乐趣和样式，那么消费者可能需要 5 块甚至十几块手表。

整个探索过程最终导致了一款独特产品的问世，它向消费者发出了特别的信息：“质优价廉，富有激情和生活情趣。”

铸就时间：永无止境的行业

全球制表行业的发展历史为我们提供了一个经典的价值转移范例。价值转移有时是成熟企业之间的抗争过程，而更常见的是新老企业之间的抗争过程。有时候，新进入者是原来从事相近行业的企业，或者是新成立的公司，这些公司利用了成熟企业在当前拥挤的市场中尚没有占领的空间。

在制表商的价值转移历程中，成熟企业指的是瑞士的制表行业。瑞士的制表业历史悠久，受人尊敬，引领世界市场潮流数十年，满足了一系列客户的需求——从精度到样式，从极致的制造工艺到奢侈的品位（其价格范围从 100 美元到 50 万美元不等），应有尽有。但是，在长达半个多世纪的时间里，瑞士企业的企业设计都不曾改变过。企业的目标客户仍然是保守、富足的类型，因为他们可以为“瑞士制造”这一与众不同的特征支付溢价。

20 世纪 70 年代，一场风暴席卷了瑞士制表业，几乎使该行业遭受了毁灭性的打击。1970 年，瑞士制表业代表了 100 亿美元的价值。到 80 年代早期，这一价值的绝大部分已经从传统的瑞士企业设计转移到了天美时、西铁城、精工和卡西欧等日本企业的新设计中。

瑞士制表业的员工数量与价值同步下降。从 20 世纪 70 年代中期到 80 年代早期，瑞士制表业的工人数量从 9 万人减少到 3 万人。价值似乎永远离开了这个行业，好像它已经变成了一个无利润区。

通常人们会认为这场灾难是受技术影响的，特别是受数字手表发展的影响。然而，真是做出这样的判断就大错特错了。问题的关键不在于技术，而在于瑞士管理人员的思维；不在于日本企业（如西铁城、精工和卡西欧）投资于数字技术领域，而在于瑞士这一传统行业的领导者没有将独特的企业设计现代化，创造出一种完全不同的观念和结构，带领企业步入下一代企业设计中。

瑞士制表业的统一系统将所有关键参与者都纳入其中，这些参与者包括供应商、分销商、消费者、礼物接受者（“哦，我生日时收到了一块漂亮的瑞士手表”）和手表修理店（千里之外的制表工匠造出来的零部件需要当地的工匠来修理）。每个参与者都是系统正常运转所不可缺少的部分。消费者不需要任何创新，供应商也不会提供创新。

瑞士制表业的成功并非依靠技术，而是靠工艺、盛名、精美的图案、期待、联想、选择礼物时的信心，当然还有对手表的正确认知。依靠这些，瑞士制表业已经繁荣发展了多年，在曾经的全球制表业中占有举足轻重的地位。

当卡西欧、西铁城开始关注全球制表行业的战略前景时，它们将瑞士制表业对创新的迟钝反应视为自己可利用的最大优势。每一次辉煌的战略成功背后都有一个行动迟缓的竞争对手。这正是卡西欧、精工和西铁城梦寐以求的结果。

尽管在卡西欧和西铁城看来，它们的前景的确很好，但是它们也知道，如果在前进的过程中不敢放开手脚而仅仅只改变企业设计的一个方面，没有大刀阔斧地实施根本性的变革，那么它们也可能会犯致命的错误。

这些日本企业同时盯上了制造（极力降低成本）、分销（将产品销往世界各地）和营销（引起普遍的关注）方面。与传统的瑞士企业设计相比，它们的新企业设计体现出了重大变革（见表 6–1）。

表 6–1　企业设计：瑞士制表业与西铁城

要素	瑞士制表业的企业设计	西铁城的企业设计
客户选择	高收入者	中低收入者
价值获取	价格 / 手表	价格 / 手表
产品差异化 / 战略控制	传统的瑞士手表	成本最低的数字手表
业务范围	产品全系列	产品全系列，但缺乏高端产品
制造	工艺	现代化，尽可能低的成本
销售	专门经销商	普通经销商
信息沟通投资	低 销售额的 1%	高 销售额的 10%

西铁城和卡西欧实施新的企业设计后，销量猛增。销量增加的部分并不全都是新市场，而主要是原有市场占有率、收益和市场价值的重新分配。

在日本企业对瑞士制表业的冲击下，瑞士两大制表集团——钟表业集团有限公司（ASUAG）和钟表工业联合会（SSIH）损失了 1.24 亿美元，而两家企业的年总收入为 11 亿美元。

欧米茄牌手表是SSIH的王牌产品，ASUAG尽管拥有雷达和浪琴这样的手表品牌，但主要还是以生产手表零部件为主。ASUAG是由100家公司联合组成的，而且成员公司有大有小，经营有好有坏。

银行向ASUAG和SSIH施压，要求它们出售或者合并所剩无几的资源。这两家公司于是向哈耶克征求意见："在这种情况下，您会怎么做？"在他们的商讨过程中，哈耶克步入了领导行列，并且着手复兴具有300年悠久历史的瑞士制表业。

哈耶克解释道："我受银行委托起草一份研究报告，报告中指出瑞士的工资全球最高，是日本工资的5倍。在这样的高工资前提下，我们无法继续制造钟表。银行建议出售一些品牌，如欧米茄，有日本企业愿意出4亿瑞士法郎购买这个牌子。"

这一倡议引发了整个瑞士的争论：钟表制造是国宝，能将这一国宝卖给日本人吗？这不仅仅是钱的问题，瑞士的制表业还关乎国家的荣誉。

哈耶克改变了这场争论的性质。他说："我们会再次成为世界第一的。"听了他的话，银行家们都笑了。他们说："如果了解一下实际情况，你就会发现瑞士企业根本无法与低工资的日本企业抗衡。"

哈耶克发现工资并不是真正的问题。在美国售价为107美元的手表，瑞士企业的制造成本是35美元，而工资仅占其生产成本的20%。实际上，从瑞士运输到美国的许多固定成本与从日本运输到美国是相同的。而且，由于距离更遥远，日本的运输成本甚至更高一些。

为了验证他的看法，哈耶克策划了一次非同寻常的市场测试。

他们制造了三种一模一样的手表。一种上印有"瑞士制造"的字样，另两种分别印有"日本制造"和"香港制造"字样。这三种手表的定价分别为110美元、100美元和90美元。有"瑞士制造"字样的手表最贵，"香港制造"的手表最便宜。之后他们将这些手表销售给欧洲、美国和日本的商家，然后跟踪调查消费者的反应。在意大利，即使"瑞士制造"和"日本制造"的手表一模一样，99%的消费者还是选择了前者。在瑞士，选择"瑞士制造"手表的消费者占97%。在美国东部，这一数据约为65%。在日本，选择“瑞士制造”手表的占42%，选择“日本制造”的占51%。

哈耶克确信，即使日本企业的劳动力成本为零，瑞士手表也会有市场。日本企业努力凭借价格和分销实现自己产品的差异化。但哈耶克的市场测试表明，不用刻意改变，瑞士手表企业也实现了显著的差异化。哈耶克知道，如果就企业设计的一些方面进行改革，瑞士制表业不仅能够复兴，甚至会战胜日本。劳动力成本仅仅是一个很小的障碍，他对批评者说：“工资不是问题，真正的问题是管理、创新、营销和生产。”

1983—1985年，哈耶克提出的建议被采纳和实施。1985年，哈耶克和一群投资者花1.5亿瑞士法郎（约合1.02亿美元）购买了ASUAG和SSIH 51%的资产。自此之后，这笔投资的价值一直持续增长，哈耶克估计，他的投资价值已经飙升至50亿瑞士法郎。

在取得控制权后，哈耶克实施的一大关键行动是跨越经济型手表的门槛，进入相关领域，如零部件、风格和时尚表达。这是一片广泛的领域，是设计和时尚的世界，而不是工艺的世界。它也是一个由营销和沟通而非制造工艺决定的世界。这个行业需要低成本，但是只靠低成本不足以制胜。

哈耶克在客户选择上做了大胆的创新。他研究了18—30岁这个年龄段的年轻人的喜好。这些年轻人购买耐克运动鞋、贝纳通运动衫、盖璞服装，听布鲁斯·斯普林斯汀的音乐。要在这一细分市场上取得成功，需要企业很好地感知消费者喜好的变化，这一点要比了解新一代的生产技术更为重要。

哈耶克执掌公司时，在日益萎缩的高端消费市场上，瑞士手表业占95%的份额，但是它失去了日益扩大的中端消费市场。（哈耶克估计，它在这一市场上的占有率仅为3%。）低端消费市场上则根本没有低于100瑞士法郎的瑞士手表。哈耶克对SMH的看法基于这样一个简单的事实：只要日本手表的定价比瑞士手表低50%~70%，SMH通过设计或者营销来实现差异化的努力便都是徒劳的。

面对巨大的怀疑，哈耶克却感到了巨大的机遇，他发起了一次不可思议的挑战："想方设法以 30 美元的价格在瑞士出售手表。"而且，他还说："我希望能继续在瑞士制造瑞士手表，而不是在劳动力成本低的第三世界国家制造瑞士手表。"

哈耶克回忆说："让我们运用同样的原理制造一款塑料手表吧！"他提出的挑战激励了他的团队，他们做出了一系列的突破。例如，他们将手表的零部件数量从 155 个减少到 51 个。零部件越少，出问题的可能性就越少，在装配过程中企业需要的工人就越少。在瑞士，组装工人的工资是非常高的。

ASUAG旗下的ETA（一家空白机芯生产商）为斯沃琪手表建立了一套自动装配线，一天能组装 35 000 块手表和数百万个零部件，劳动力成本也从总成本的 30%降低为 10%。他说："我们的手表质量最优，从来不坏，是世界上最好的手表。我们的手表返修率低于 1%，而其他手表的返修率最低也将近 3%。"

有了质高价廉的产品，哈耶克下一个要面对的问题是与香港制造的价位类似的产品进行殊死较量。通过赋予手表以灵魂，哈耶克将自己的产品与其他产品区别开来。他创立了一种信号，这是一种对任何人都有吸引力的情感，它传达了乐趣、风格和愉悦的体验。然后，他将这种情感用无可争议的高质量和低成本包装起来。

现在，哈耶克的产品万事俱备，就差起一个好名字了。哈耶克说："我们当时正与一家美国广告公司合作，我们想尽了世界上最疯狂的名字，但没一个能让我满意。最后，我们出去吃午餐，广告公司的一位女士在黑板上写下'Swiss watch'（瑞士手表）和'second watch'（第二块手表），之后她又写下'Swatch'。英语不是我们的强项，这反倒帮了我们的忙。我不知道在英语中'Swatch'的意思是'清洁巾'。如果当时知道的话，我们绝对不会采用这样一个名字。"哈耶克继续说："幸运的是，在所有欧洲国家的语言中，这个单词听起来都很不错，包括英语。这个单词甚至在汉语中听着也不错。”

具备了上述特点而且拥有了这样一个响当当的名字后，斯沃琪手表在瑞士国内引起了轰动，也为历史悠久的SMH品牌注入了新的生命力。它先是为营销和宣传推广募集到了资金，而且更重要的是，它恢复了瑞士人的信念：如果SMH能够造好30美元的手表，那么3 000美元的手表将会好到何种程度啊！这种多品牌管理的概念正是哈耶克的企业设计的基石。

确保成功

基于哈耶克所称的“生日蛋糕”或者产品金字塔结构，他打造出了整个SMH制表业务的企业设计（见图6–1），这种企业设计与阿尔弗雷

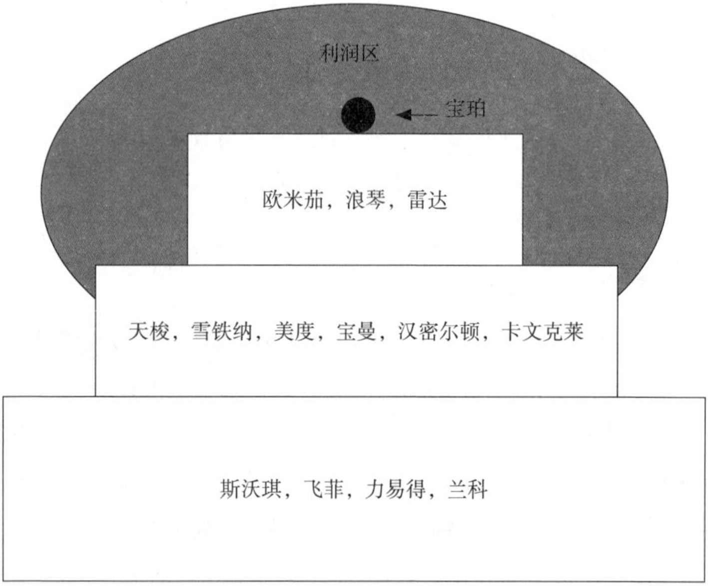

图6–1　SMH的产品金字塔

德·斯隆 20 世纪 20 年代在通用汽车公司创立的产品金字塔很类似。为了开辟更多的收入来源，通用汽车构建了多层次的品牌结构，从位于底层的雪佛兰，到位于顶层的凯迪拉克。哈耶克也建立了一个三层的产品金字塔或“生日蛋糕”结构：底层是售价大约为 100 瑞士法郎的产品，中间的是售价大约为 1 000 瑞士法郎的产品，顶层的是高档商品和奢侈品，这一市场的产品售价可高达 100 万瑞士法郎，甚至更高。哈耶克甚至说过，“我们的价格可以齐天”。但是在此基础之上，哈耶克进一步拓展了产品金字塔设计。他认为价格点的覆盖要全面，对于一家正努力保护高端市场利润区的企业而言，任何缺口都会成为致命的缺陷。举例说明，20 世纪 60 年代晚期，通用汽车公司没有推出价位低于雪佛兰或者高于凯迪拉克的产品，这使日本和德国的汽车制造商乘虚而入，大举占领了美国的低端和豪华轿车市场。

为了防止这种市场空白的出现，哈耶克将斯沃琪确定为低端的防火墙品牌，这样可以保护低端市场并保持盈利。然后，他运用收购（1992 年收购宝珀公司）和许可（1997 年收购卡文克莱公司）的方式，维护和提升了自己的地位。

按照哈耶克的理解，新的企业设计之所以成功有以下四个原因。

第一，低端市场非常重要。公司旗下每一款融入情感的产品，包括手表、汽车以及其他所有大众消费品，每年都会有 5 000 个人看到它们。也就是说，如果你戴着一块手表，那么无论你去哪里，无论有意还是无意，一年之内都会有 5 000 个人看到它。其中，有 1% 的人会觉得这块表不错，并且会想买同样的一块手表。因此，佩戴你生产的手表的每一位客户都在为你免费做宣传。这就是大众消费品对你而言非常重要的原因。

第二，当年轻人开始购买手表或者汽车时，他们没有足够的钱买最贵的产品，因此他们会买价位低一些的低端产品。但是他们不会一直贫穷。如果认可了产品的质量，他们会对这个品牌越来越关注。随着年龄的增长和收入的提高，他们会一直忠诚于这个品牌，会购买同一品牌的手表或者其他产品，尽管这些产品都价格不菲。

第三，如果你的产量很高，你就可以实现自动化，既提高产品质量，又可以积累经验，实现全面改进。

第四，通过占领低端市场的最后一个阵地，你阻止了竞争对手的进入，也防止了他们从低端产品切入，之后逐步打入高端市场，从而拥有较高的市场占有率。高端市场是最盈利的。

SMH系列品牌是抗击竞争对手的卓有成效的利器，但哈耶克不只把它们视为竞争工具。在SMH内部，每一个品牌都是自主的经营单位，都拥有自己的营销部门，并且自负盈亏。斯沃琪不是唯一一个被赋予形象和意义的品牌。他说："每一个品牌都是独特的，因此它们传递的信息也都不同。但是，每一个品牌都会传递出一种信息，我的工作就是坐在碉堡里架着一挺机枪，保卫所有品牌的独特信息内涵。我就是产品信息内涵的保护者。"

在一个品牌是战略控制基础的行业里，对品牌的保护决定着企业的成败。品牌对企业设计的差异化和价值获取（通过价格溢价）两个方面都会产生影响。品牌是企业在竞争中立于不败之地、使产品站稳脚跟的一种非常强大的工具，但是一个强大的品牌必须得到精心的培育和维护。在SMH创立的过程中，哈耶克学到了品牌管理的第一课。

直到20世纪70年代，欧米茄一直是瑞士制表业引以为傲的品牌，一直是质量最高、风格独特的手表的代表。人们对这一品牌的需求远远超过了欧米茄的产量。因此，欧米茄团队开始考虑如何赚更多的钱。他们将产量增加了1倍，向市场推出数以百计的新款式，而且为了增加销量，管理层还降低了售价。

1980年，欧米茄的品牌实力被大大削弱了。这种曾经一度被视为奢侈品的手表丧失了其区别于其他品牌的稀缺性。在销量和价格双双走低的情况下，该品牌的市场价值急速下跌。哈耶克走马上任后，采取了强硬措施，收回了所有生产许可，砍掉了近90%的业务模式，简化了设计。

他说："欧米茄又开始有内涵了，我们又恢复了它原有的意义。"

哈耶克很好地掌握了品牌保护的关键。当哈耶克打算推出斯沃琪品牌时，他深知品牌的成功要靠出色地传达正确的信息。

宣传造势

哈耶克绝非一个按常理出牌的商人，他推出斯沃琪品牌时采用的方式也与一般的新产品上市方式不同。一开始，斯沃琪公司并没有投入太多的资金用于广告宣传，因此，哈耶克需要采用一种投入较少的方式以最大限度地扩大斯沃琪在消费者中的知名度。更重要的是，哈耶克推出的这种产品，其产业化的关键是形象和信息。宣传一旦失败，便可能会使这种产品永无翻身之日。哈耶克的团队做出了一个举世震惊的举动，他们设计出一块巨型手表，足有 500 英尺①长，这块表上展示了这样的基本信息：

斯沃琪

瑞士

60 德国马克

这块手表被悬挂在德国商业银行总部的大楼上，这座大楼是法兰克福最高的建筑。这一举动马上引起了轰动。德国的媒体为SMH做了接下来的宣传工作。

哈耶克开心地回忆道："在这个国家最顶尖的银行大楼上悬挂这么一块价格低廉的手表，我们激发了全社会的兴趣。在这之后的两周内，全德国都知道斯沃琪了。"

第二块巨型斯沃琪手表悬挂于东京的银座大楼上。当年年底，效果

① 1 英尺 =0.304 8 米。——编者注

就显现出来了。斯沃琪成了时髦的东西，它不仅生存下来，还茁壮地成长。消费者爱上了它，而且希望在色彩、风格和款式上有更多选择。

哈耶克为钟表行业增添了浓墨重彩的一笔。他的斯沃琪品牌获得了成功，建立了与消费者的联系，获得了消费者的信赖。不久之后，斯沃琪公司多元化的销售理念带来了收益，SMH的广告投入得到了回报。斯沃琪不同于其他产品的方面还有其聪明的促销手段和限量制造的营销策略。前一年的斯沃琪无法替代后一年的斯沃琪，持续的设计创新让客户对该品牌的兴趣一直居高不下。

斯沃琪热潮绝非巧合。哈耶克巧妙地激发了消费者的兴趣，并使他们的兴趣一发不可收拾。公司成立了“斯沃琪会员俱乐部”，向会员提供特供版手表、完整的斯沃琪产品目录，并邀请他们参加俱乐部活动。会员们也会定期收到精美的《斯沃琪手表杂志》。该杂志为彩色季刊，上面刊登了有关斯沃琪的大量信息。

波士顿列克星敦珠宝交易有限公司的老板拉曼·汉达曾目睹了人们对斯沃琪的狂热迷恋。他在新英格兰经营着一家精品珠宝店、两家精品手表店和四家斯沃琪手表店，包括世界上最大的斯沃琪手表专卖店——占地面积最大（1 500 平方英尺①），销量最多（年销售量几百万只）。这家专卖店位于哈佛广场，毗邻这家斯沃琪专卖店的是位于约翰·肯尼迪街 57 号、占地 3 500 平方英尺的斯沃琪博物馆。

汉达说：“在我的精品手表店里，我的产品售价高达 10 万美元。但是，斯沃琪的质量非常好，样式不断变化。每当你认为这些老的斯沃琪产品快过时时，公司总是能适时地推出更多的款式。”

汉达每年投入 50 万美元在波士顿地区进行宣传，还多次参与了斯沃琪的促销和限量款式的发布活动。他说：“人们疯狂地收集它们，佩戴它们。1992 年 12 月开专卖店时自己心里很没底，但是，当第一次有 400 个

---

① 1 平方英尺≈0.093 平方米。——编者注

人连夜排队购买新上市的‘钱德勒’（Chandelier）手表时，我们都舒了一口气。”

汉达说：“现在我们对斯沃琪手表更看好了。我的按摩师问我最近为什么一直没去做按摩，我告诉她，‘我忙得脱不开身’。之后我把她带到我的店里，她买了第一块斯沃琪手表。现在，她已经买了 30 块了。这绝不仅仅是一块表那么简单！”

这位波士顿表商鼓励人们到他的博物馆参观，并且让他们开动脑筋为斯沃琪新的手表提供创意。他还赞助了该地区斯沃琪手表收藏者的一些活动，包括主题为“波士顿精神”的巡游活动，他还赞助了在查尔斯饭店大舞厅举行的一次会议。斯沃琪每次都为这些活动提供限量版的专供手表，比如有两款“忆往昔”系列的手表，一款是“靴子里的猫”，一款是“睡美人”。其他手表是为了纪念电影历史的发展和著名导演，比如黑泽明、罗伯特·奥尔特曼、佩德罗·阿莫多瓦。制造商和分销商不遗余力地让斯沃琪成为人们生活的一部分。表面上，SMH 销售的是手表，但哈耶克意识到它的业务范围远不止于此。对于消费者而言，一块斯沃琪手表就是一份纪念品、一段历史、一件工艺品。

说汉达相信斯沃琪具有某种魔力，这一点儿都不夸张，他说：“哈耶克做了件了不起的事。他是个天才！”除了从纯粹的经济角度考虑问题外，哈耶克对客户有一种充满想象力的了解。就像迈克尔·艾斯纳一样，他具有一种“超凡的洞察力”，对消费者的喜好及动向有一种强烈的直觉。为了让斯沃琪代表一种经久不衰的时尚，重视客户、具有以客户为中心的思维至关重要。时尚只是时尚，因为没有人努力进一步研究它们的内涵。斯沃琪首先俘获了消费者的心，之后它不断创新时尚手表的理念，从来不曾停止过。

价值转移的一个关键方面是了解其他行业中体现出来的价值转移模式。斯沃琪仅仅是掌握了 20 世纪 80 年代价值转移模式的公司之一。斯沃琪与耐克、贝纳通和盖璞一样，适时地加入了开辟新客户领域的大潮中。

像时钟一样运转

1983 年开始实施的企业设计给公司带来了巨大的价值增长。到 1992 年，SMH（母公司）的销售额已经升至 20 亿美元，利润为 2.8 亿美元，公司的市值超过 38 亿美元（见图 6–2）。1984 年，哈耶克试图将斯沃琪多彩的、别出心裁的手表出售给年轻客户或者心理年轻的群体。到 20 世纪 90 年代，他运用每一款新手表设计传递的信息来迎合每个年龄段的消费者。

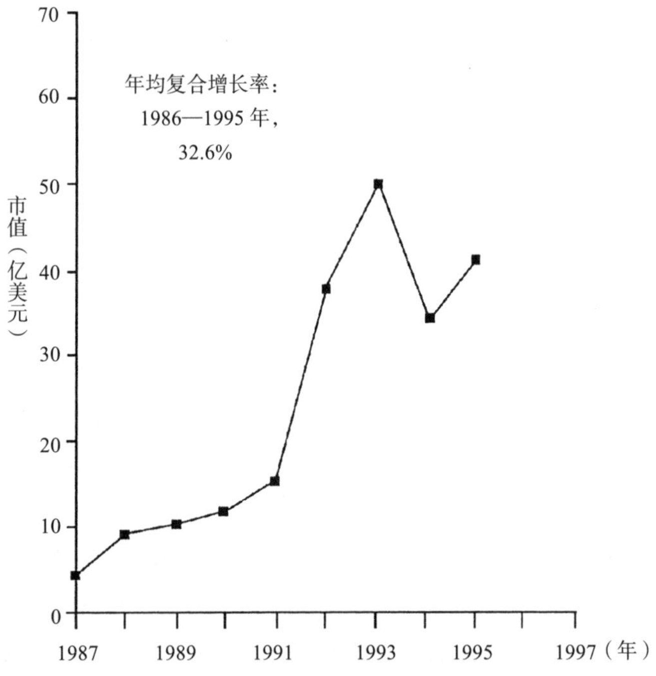

图 6–2　SMH 的市值增长

早年简单的塑料斯沃琪手表被设计师精心设计出来的手表和表带取代了，这些杰出的设计师有基基·毕加索、小野洋子等。毛里茨·科内利斯·埃舍尔也为一款新表提供了灵感创意。斯沃琪公司还为一些特殊事件发行了限量版手表，比如亚特兰大夏季奥运会和圣诞节。它还为庆祝联合国成立 50 周年设计了一款手表。电影导演史派克·李代言了一款“黑白”手表系列，白色的称为“白色时光”，黑色的称为“黑色瞬间”。最夺人眼球的要数“斯沃琪太空之行”系列手表了。1996 年 2 月 22 日，瑞士宇航员克劳德·尼古列携带着 100 块斯沃琪手表，乘坐美国发射的哥伦比亚号航天飞船环绕地球飞行。斯沃琪最大胆的举措就是推出“艾罗尼”系列，这些手表由不同的金属制成，但是样式的稀奇程度绝不亚于塑料手表。它还推出了防水的“斯库巴”手表和由太阳能驱动的“阳光动力”系列手表。

哈耶克不仅生产手表，他还将品牌发展成一种艺术形式。他让每一名看到斯沃琪手表的人都对其恋恋不舍，因此他要确保消费者能在各种场合见到斯沃琪手表。斯沃琪的广告无论在数量上还是风格上都要胜过其他手表品牌。让一款产品兼具独特性和普遍性是很困难的，但是哈耶克为SMH制定的企业设计在差异化和价值获取两个方面都很成功。

20 世纪 90 年代，利用新型合作伙伴关系，斯沃琪进一步增强了其企业设计的实力。例如，斯沃琪是 1996 年奥运会的官方计时器的合作伙伴。斯沃琪计时公司（SMH 全资子公司）不仅承担了计时和计分的技术任务，而且开发了新型的测量工具和系统。

欧米茄和浪琴是SMH家族中的另外两家公司，这两家制表商与体育赛事有更多的联系。在亚特兰大，SMH旗下的一家公司第 25 次（总共 28 次）成为奥运会官方指定的计时合作商。在 1996 年的百年奥运会上，哈耶克为斯沃琪找到了公开亮相的机会。

哈耶克说：“我要让正在观看奥运会的 40 亿观众从电视上看到他们能够买得起的、由我们制造的手表。在亚洲，不是每个人都买得起欧米茄或浪琴手表。奥运会极大地提高了斯沃琪的知名度，特别是在美国，因为美国的每个家庭都会看到斯沃琪表计时的场景。”

事实的确如此。每当电视上显示最终比赛时间结果时，人们都会看到“斯沃琪计时公司”的标志。每一个计时牌上都有斯沃琪的标志。

早在 1996 年奥运会开幕的前一年，哈耶克就着手进军亚特兰大。他在 12 个国家的首都树立了 12 个“斯沃琪计时牌”作为奥林匹克时间塔。更有创意的是，1996 年 7 月 18 日，哈耶克本人担任了亚特兰大奥运会最后阶段的火炬手。

斯沃琪决定抓住一切机会塑造形象，它为亚特兰大奥运会开发、推广了“综合运动会信息系统”。该系统将自动计时和计分系统连接起来，以不同形式实时展示时间和分数信息，并在IBM的帮助之下进行数据处理和显示。

哈耶克的营销大获成功。在奥林匹克世纪公园的一个 25 平方英尺的店铺里，斯沃琪手表一天的销售额高达 35 万美元。斯沃琪“艾罗尼授奖仪式”系列——由金、银、铜三种手表组成，其制造数量与奥运金牌的数量一样。此外，斯沃琪还发行了“奥运传奇人物”系列手表，如马克·施皮茨、纳迪娅·科马内奇、卡特琳娜·维特、塞巴斯蒂安·科等人。这些手表的销量都非常不错（见表 6–2）。

表 6–2　SMH企业设计创新

要素	1985 年	20 世纪 90 年代
客户选择	注重风格的消费者	注重风格的消费者 收藏爱好者 奢侈型消费者
价值获取	手表价格 营销活动	消费者的重复多元化购买 营销活动 奢侈品牌
产品差异化/战略控制	赋予产品以情感 风格 占领低端市场	产品多样化 风格 亲和力/奥运会赞助 良好的客户关系
业务范围	完整的价格区间 销售零部件	完整的价格区间 销售零部件 品牌延伸
产品设计	简化设计/减少零部件	持续的风格创新 尽可能多的样式

哈耶克的下一个机会

哈耶克积累了惊人的资产。除了丰富的管理经验外，SMH现在拥有两大武器：一是世界上认知度最高的品牌，二是大量高精尖的专业技术。哈耶克认识到可以很好地将这两种资产综合利用，因此他又利用斯沃琪品牌促进了寻呼机、蜂窝电话和其他通信设备的销售。这些设备运用的技术与SMH在过去几十年中运用的日臻完美的制表技术是一脉相承的。

现在，哈耶克的目标更远大了。在以客户为中心的理念的指引下，哈耶克为购买斯沃琪系列产品的消费者带来了全新的产品。SMH宣布与戴姆勒–奔驰公司合作开发生产斯沃琪汽车。哈耶克致力于改变传统的汽车理念。在汽车行业里，持传统观念的企业所制造的车能行驶很长距离，以汽油为燃料，但设计比较保守。哈耶克突破了这一传统。他的目标客户仅仅是那些在城市之间穿梭并将车停在拥挤的闹市区的欧洲年轻人，他们希望自己的车是一种自我展示，而不仅是一种交通工具。

当然，这一创新可能会失败。但是，如果没有重大举动，就难以保持持续的价值增长；如果没有惊天动地的失败，就难有重大的进展。我们通过研究他人的做法来改进自身的不足，最大限度地避免问题的出现。但是，我们永远不能彻底摆脱这些不足和问题。

哈耶克的经验

SMH的成功源于以客户和利润为中心的战略，这一战略曾给许多行业的企业带来繁荣。所有行业的首席执行官都面临着与哈耶克同样的问题。鲜有领导者能持续地扪心自问，更少有人会改变自己的企业设计来寻找问题的答案。学会如何找到问题所在，改变企业设计，是我们从哈耶克的经验中得到的最有价值的启示。

哈耶克以客户为中心的思想体系源自这样一个问题：“行业如何看待

产品和客户，哪个更重要？行业中的企业是积极地对客户做出反应，还是客户只是被动接受行业所提供的一切？我的企业如何才能向客户提供与众不同的产品？”

基于对以上几个问题的回答，哈耶克通过重新界定自己提供的产品，使斯沃琪公司在低成本竞争中脱颖而出。他知道，客户仅仅是接受行业提供给他们的产品或服务，所以企业有机会提供更多。对于其他制表商对客户做出的基本假设，哈耶克不予理睬，他反其道而行之，从而设计出了独特的手表。斯沃琪手表远远不止一种计时工具那么简单，也不仅仅是一种时尚的表达。斯沃琪产品的背后蕴含着一种哲学和革命性的技术，这些都使公司制造出了高质量、高技术、富有魅力、大受欢迎的产品。哈耶克用自己的产品满足了之前未涉及的消费者群体，并且使人们对手表这一平淡无奇的计时工具产生出了巨大需求。之后，哈耶克一直运用创新的理念来设计，避免使斯沃琪成为可有可无的平庸产品，他精心地呵护着消费者，并将他们引向了更高档的SMH品牌。

哈耶克从没有停止向自我挑战。他经常会想：“如何才能保持健康的需求？如何才能长久保持这种趋势？客户的哪些偏好是公司可持续增长的基础？”

从这一系列问题中，哈耶克意识到，要想维持需求，斯沃琪必须像流行文化那样快速更新换代。斯沃琪可能会是昙花一现的时尚，但是，哈耶克运用新颖的设计和富有创意的广告刺激了消费者的兴趣。斯沃琪发起的活动让年轻人一窝蜂地去购买一款款崭新的时尚产品。在其低端产品系列中，斯沃琪手表的质量并没有下降。随着年轻人年龄的增长，他们会更注重优雅而不是浮华炫耀，这些忠诚的消费者会变成高端消费者，会购买SMH制造的更昂贵的手表（见图6–3）。

哈耶克提出的问题既关注客户，也关注利润。为了巩固斯沃琪的市场地位，哈耶克想：“我的竞争对手会如何利用与消费者的关系、以其为跳板进入我的主要市场呢？我是否应当采取积极措施巩固产品地位，以服务于更广泛领域的消费者呢？”

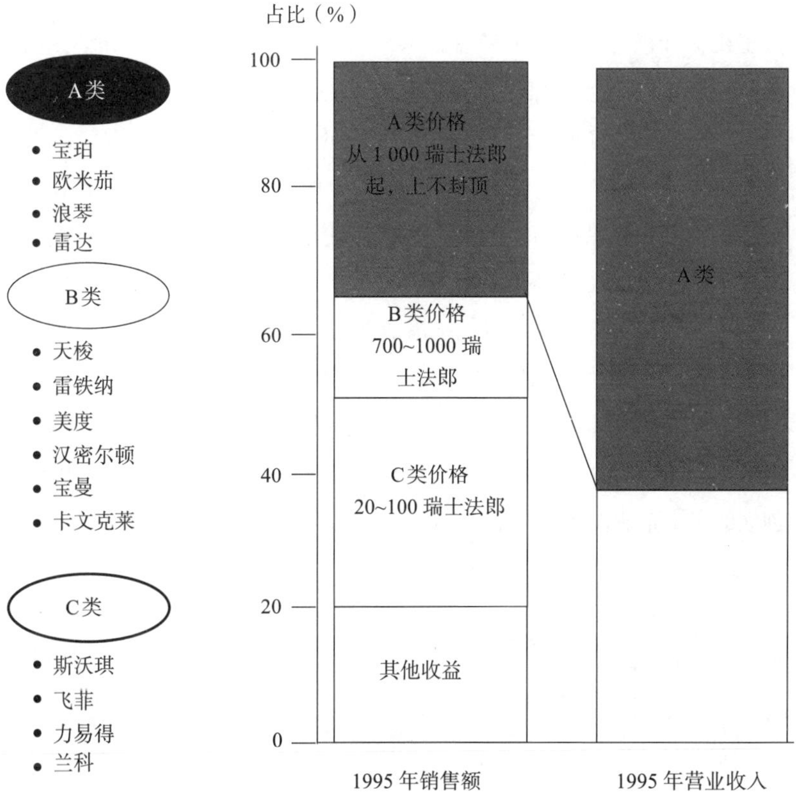

图 6—3　SMH公司的产品系列管理

资料来源：美林证券

哈耶克十分清楚，斯沃琪品牌的作用不仅是在低端市场上获利，它还要保护利润。斯沃琪阻止了竞争对手进入低端市场、向高端市场逐步蔓延，从而抢夺SMH客户的可能性。20 世纪 60 年代，底特律的汽车制造商就忽视了这种保护，放弃了低端市场。之后，该市场先是被德国大众占领，后来又被日本制造商占领。这些国外制造商逐渐向金字塔中的高端市场延伸，甚至抢占了豪华车的市场。

哈耶克以利润为中心的第二个问题是："如何从已有资产中获得更多价值？"拥有了强大的品牌、享誉国际的质量、高超的制造技术、大量微型机械和微电子方面的专有技术，以及异常高效的国际分销网络后，哈耶克想知道："如何综合利用这些财富，使它们互相支持呢？如何将创新与对现有技术的依赖结合起来创造最大的价值呢？"

对这些问题的思索使哈耶克不再是一个纯粹的制表商。SMH成了钟表零部件的领先供应商。后来，哈耶克利用其强大的品牌、享誉国际的质量和制造技术，将SMH的影响力扩张到了通信和交通领域。他也在进一步寻找新的方式及时地对既定消费者的需求做出回应，无论这些需求出现在哪里。同时，他还将利用自己的品牌打入新的行业。

哈耶克还将继续对以客户为中心、以利润为中心这些问题进行探索，因为他乐于这样做。企业领导人很容易从这种思维以及基于这种思维所创立的宝贵企业设计（产品金字塔）中得到有益的启迪（见图6–4）。

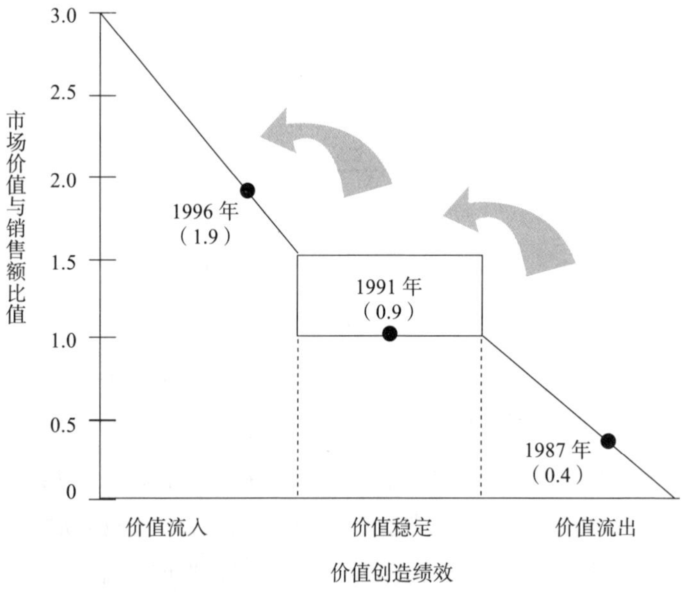

图6–4 SMH企业设计创新

建立产品金字塔企业设计——问题清单

- ☑ 我的行业是否需要建立产品金字塔企业设计？
- ☑ 如果产品金字塔企业设计已经存在，如何构建一个更好的设计？
- ☑ 我是否了解消费者对我的产品所持的态度、文化认同或者信任度？我是否了解在消费者心目中我的产品究竟怎样？
- ☑ 我是否在金字塔底端建立了一个防火墙品牌以保护整个金字塔系统的利润？
- ☑ 尽管价格低廉，在设计防火墙品牌时，我是否考虑到了其营利性？
- ☑ 我是否创造一切机会让我的客户购买多种产品？
- ☑ 我是否建立了足够高端、足够赢利的品牌以将整个系统的营利性最大化？

第 7 章

可口可乐前首席执行官罗伯托·戈伊苏埃塔：管理价值链企业设计

- 本行业的利润区是否存在于你不能控制的那一部分价值链中？
- 为了进入利润区，你是否必须改变企业与分销渠道关系的性质？
- 在谋求全球增长之前，你是否必须首先明确自己的企业设计？

下午 3 点 30 分，会议已经艰难持续了很长时间，而且还需要好几个小时会议才能结束。

凯文·伯克问道："各位想来点儿饮料吗？"他想缓解一下会议室里的紧张气氛。

会议室里的十几个人纷纷回应道："当然想了，为什么不呢？这简直太棒了。"凯文给秘书打了电话，不到 5 分钟，就有人送来了饮料和冰桶。人们高兴地开启饮料，大口地喝着可乐、瓶装水和柠檬汁等。

"有斯纳普饮料吗？"有人问。

"抱歉，没有。但是我们的自助餐厅里有立顿冰茶。"凯文的秘书回答说。

“那太好了。”

“其他人还想要别的吗？”秘书问道。

“有健怡百事可乐吗？”有人问。

秘书回答说：“不好意思，我们没有这种饮料。但如果您喜欢，我可以下楼给您买一些回来。”

“不用了，健怡可口可乐就行。”

秘书去自助餐厅拿回来一些冰茶，其余的人喝了可乐、健怡可乐、雪碧和波兰矿泉水。

从可乐到冰茶再到瓶装水，他们喝的都是公司提供的饮料。这里的碳酸饮料是可乐和雪碧（可口可乐公司制造）。

他们喝什么并不取决于自己的喜好，而取决于提供的是什么饮料。所提供的饮料则取决于当地饮料装瓶公司，这些公司通过艰苦的努力成为自助餐厅的供货商，在这栋大厦里出售饮料。

当地的装瓶公司是可口可乐公司的下属公司，作为世界上最大的装瓶企业，它是可口可乐整个业务系统的前沿阵地，为有饮料需求的区域提供可口的饮料，从而使可口可乐成为人们最方便的选择。

可口可乐的故事要比坊间流传的复杂得多。可口可乐公司的成功一般被归因于它在国际市场上的主导优势。这种说法忽略了一点，倘若罗伯托·戈伊苏埃塔没有从根本上改变可口可乐公司和装瓶企业之间的关系，那么可口可乐公司不可能获得这种优势。

20 世纪 80 年代早期，戈伊苏埃塔成为可口可乐公司的首席执行官。当时，在管理自身体系的营利性方面，公司显得有些力不从心。在饮料行业中，价值链上的构成因素包括原浆生产、装瓶、物流、分销、营销和客户关系。从原浆生产和广告商（1980 年可口可乐公司的企业设计）到价值链管理者（1997 年的企业设计）的角色转变，帮助公司占领了饮料行业最盈利的区域。

戈伊苏埃塔对这一问题的分析及其所采取的做法，为各级别的管理者很好地上了一课。缺乏快速技术革新能力以及增长速度较慢的行业，也拥有了进入利润区和创造巨大价值增长的机会（见图 7–1）。

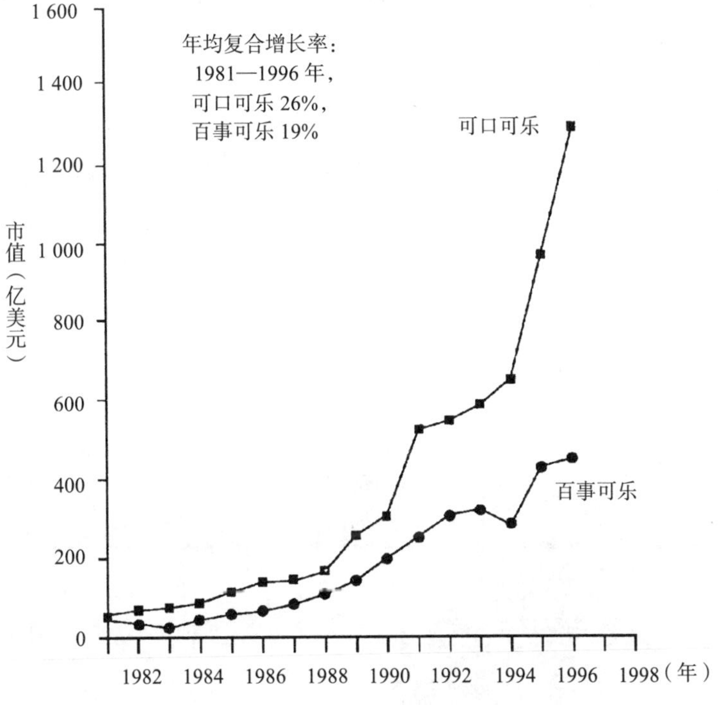

图 7–1 可口可乐与百事可乐的市场增长

戈伊苏埃塔创新性地审视了公司的主要客户，在此基础上确定了公司的企业设计。一种有效的企业设计要求选定客户是哪些人，决定企业要为他们做哪些事情，并且制订如何从中获利的计划。1980 年，可口可乐公司的装瓶商是公司进入更大利润区的最大障碍。当时，消费者和销售点基本上是下游的客户，而装瓶商则成为戈伊苏埃塔的初级客户，也是他最杰出的战略性企业设计的目标。

1996 年，戈伊苏埃塔建立了异常强大的企业设计（见图 7–2）。它的要素包括：高度一致的生产商—装瓶商—分销体系。这一体系使行业中的生产、装瓶和物流成本达到了最低。同时，价值链上的利润区、世界上最强大的品牌、世界上最具成本优势的广告宣传加上许可证和标志，以及国际市场上具有广泛影响力的优势地位，都成为可口可乐公司投资的重心。

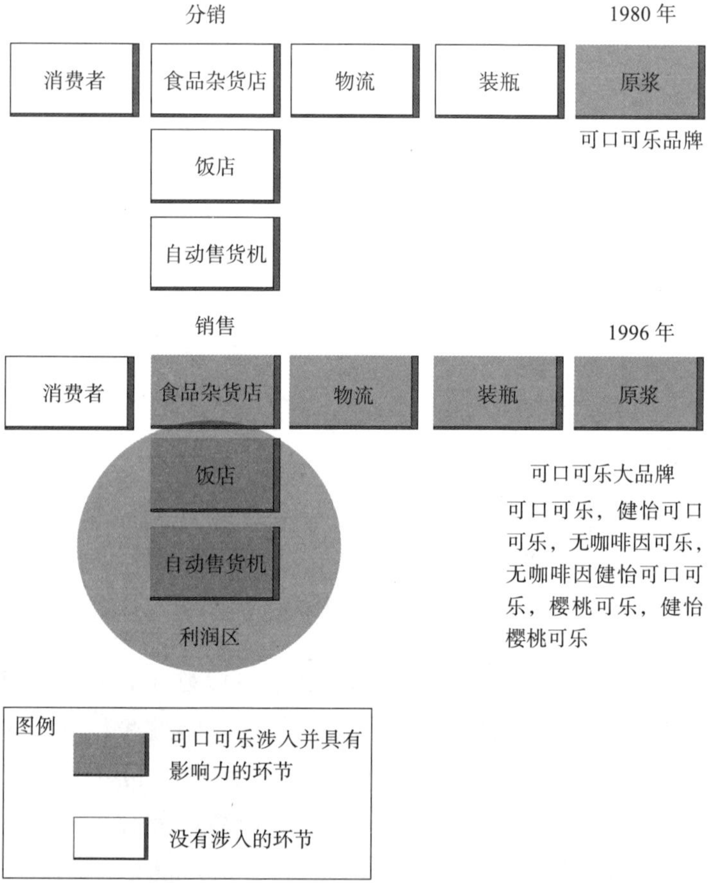

图 7–2　可口可乐公司的企业设计：管理价值链

这种优势得来不易。20 世纪 70 年代后期，可口可乐公司是一家多元化经营、重点不突出的公司。公司的业务范围包括养殖虾、制造塑料草帽和其他不相关的业务。这些投资慢慢地拖了公司的后腿。总部设在亚特兰大的罗兰资金管理公司的总裁马克·罗兰说："戈伊苏埃塔极度重视核心业务，而这正是公司所需要的，他从来没有忽视这一点。他不遗余力地关注着可口可乐公司的销量，与杰克·韦尔奇正好相反。韦尔奇经营的是多元化企业，他让所有部门都运转良好；而戈伊苏埃塔却与他恰恰相反，他集中精力经营碳酸饮料业务。"

戈伊苏埃塔执掌公司之后，理顺了多样化的投资组合，重新确定了公司的业务模式，将企业定位为原浆制造商，在分销渠道方面进行了更强有力的战略控制。他创造了一种能为可口可乐公司获取显著价值的企业设计。汤姆·皮尔克是总部位于纽约的一家咨询管理公司贝弗马克有限公司的合伙人，可口可乐和百事可乐都是这家公司的客户。他说："戈伊苏埃塔明白，对于公司来讲，最重要的事情就是股东们看到公司股票升值。"

1977—1997 年的 20 年间，可口可乐又改变了自己的企业设计，从原浆制造商和广告商变成价值链管理者。除了在价值链上扩展其业务范围外，可口可乐公司还理顺了其市场战略，并且持续关注国内外市场上最盈利的渠道。

改变与装瓶商之间的关系

20 世纪早期，通过授予企业区域性的独家装瓶权和分销权，再加上按照固定价格供应原浆协议，可口可乐公司构建了一个覆盖全美的装瓶商网络。借助美国企业家的能力，可口可乐公司建立了广泛的分销网络。但如果通过传统方式来建立这种营销网络，代价将是极其昂贵的。

建立一个覆盖全美的强大品牌的时机已经成熟，可口可乐公司的创立人希望自己的产品能进入每一个家庭、商店和饮料柜中。装瓶商为实现这一目标提供了便利。到 20 世纪 20 年代，可口可乐公司的特许经营体系中已经有 1 200 家装瓶商了。尽管数百家装瓶商各自覆盖的区域只有约 5 万人口，但是，它们确实是市场上一股强大、渴求成功、无处不在的力量。每一个装瓶商都与可口可乐公司签订了一份“永久性合同”，合同中明确指出可口可乐公司以固定价格供应原浆并且授予装瓶商独家经营权。这一早期的装瓶商特许经营模式取得了巨大成功。消费者高兴，企业家致富，而可口可乐公司则成了最大的赢家。

当时，可口可乐公司的企业设计中包括两大客户群体：喝可口可乐的消费者和可口可乐的装瓶商。对于第一个群体，可口可乐公司通过在全美范围内进行广告宣传，将其品牌推销给终端消费者，这样的活动会引起消费者对公司品牌的关注。但实际上，可口可乐公司是向独立的装瓶商出售原浆产品的，装瓶商对原浆的需求由终端产品的销量决定。对可口可乐原浆的需求取决于装瓶商拥有的巨大的增长机遇。

20 世纪的前 50 年中，通过广告宣传和装瓶商，可口可乐公司的需求增长一直令人满意。但是，到 20 世纪五六十年代，许多装瓶商感觉到本区域内的市场日趋饱和，增长前景堪忧。

由于增长前景有限，前半个世纪的创业激情已不复存在，取而代之的是“成熟市场”的思维意识。投入精力和资本进行工厂的现代化改造只是徒增成本而已。对许多获得了可口可乐特许经营权的家庭式商店而言，业务重点已经从增长转变为现金流。随着投资减少、升级换代放缓，生产效率也受到了影响。

20 世纪 70 年代，可口可乐公司的市场占有率逐渐减少。其市场占有率减少主要发生在食品杂货店。大型的区域性超市都在装瓶商所在的区域内开设了连锁店，这些连锁店逐渐变成一股强大的新生力量。可口可乐公司的装瓶商已经习惯了向家庭式商店（这些商店早期主宰了食品杂货店市场）供货的传统做法，难以满足新的超市连锁店的需求。装瓶商的网络结构曾在 20 世纪上半叶的大部分时间里为公司创造了优势地位，现在，随着新的、更大且更强的客户的出现，它已经变成一种负担。服务于这些连锁店需要互相协作、定价一致并且管理好关键事务。然而，由于具有特许经营权的装瓶商独立运营，它们具有不同的成本结构和利润率，因此经常难以按统一价格进行销售。超市连锁店不会接受在邻近的几家市场内同一种商品价格不同的做法。就这样，装瓶商失去了大笔订单，将市场拱手让给可口可乐公司的宿敌——百事可乐公司。

百事可乐公司的经营模式中同样有许多大型装瓶商，但这些装瓶商归百事可乐公司所有，公司允许它们将工作重点放在大型超市上。可口可乐公司的装瓶商只在乎自己的现金流，而百事可乐公司的装瓶商作为公司的组成部分，在与大型零售客户谈判时，在价格方面具有更大的灵活性。百事可乐公司抓住这一机会制定了比可口可乐公司更低的价格。之后，除了低价之外，百事可乐公司还利用面向目标超市客户的有效广告宣传来支持分销战略。可口可乐公司对所有分销渠道一视同仁，无论是家庭杂货店、饭店，还是自动售货机，而百事可乐公司重点关注的是快速增长的连锁超市市场。结果，百事可乐公司成为赢家。

当可口可乐公司全美的销售团队以与百事可乐公司一样的服务和更低的价格向大型超市进军时，他们却无法说服当地那些意志坚决、难以合作的装瓶商降价。可口可乐无法与百事可乐竞争，是因为它难以将这些装瓶商联合起来满足这一日益重要的客户群体。

当百事可乐在食品杂货店上架时，他们知道自己的产品将会被摆在可口可乐公司产品的旁边。为了彻底粉碎消费者对可口可乐公司的忠诚，百事可乐公司发起了“百事可乐挑战”的活动。在这场声势浩大的营销活动中，百事可乐公司“证明”了喝可口可乐的消费者实际上更喜欢的是百事可乐的口味。百事可乐在口味方面打击了可口可乐的独特性，并且，消费者也更看重价格因素。由于和装瓶商之间具有良好的关系，再加上价格低廉，因此，在这一时期的较量中，百事可乐公司胜出。

百事可乐公司的企业设计主要利用了可口可乐公司企业设计的一个重大缺陷——它的分销系统无法关注重要客户或者在价格上与对手展开竞争。可口可乐公司试图迎合所有人，但百事可乐公司通过吸引年轻人而抓住了未来。可口可乐公司在品牌方面与众不同，而百事可乐公司在价格方面更有优势，对于年轻的消费者而言，这是一个很关键的因素。表 7–1 中的企业设计对比突出了这两种设计之间的差异。

表 7–1　1977 年饮料之战：可口可乐与百事可乐

要素	可口可乐	百事可乐
客户选择	所有人 所有市场	年轻人 食品杂货店
价值获取	原浆销售	原浆销售 装瓶商利润
产品差异化/战略控制	品牌	价格
业务范围	原浆 对装瓶商无任何控制	原浆 拥有一些装瓶商

1977 年，在全美的超市中，百事可乐与可口可乐平分秋色，百事可乐公司的总市场占有率达到 24%，仅比可口可乐公司低 12 个百分点。到 1980 年，两家公司的市场占有率差距缩小为 9%。当时，百事可乐公司对自己食品杂货店的战略定位颇为满意。它认为与可口可乐公司之间的战争已经步入僵持阶段，因此它将关注重点转向了投资快餐食品和饭店。在此期间，百事可乐公司拿下了一些连锁酒店的业务，包括必胜客、塔可钟和肯德基，这为百事可乐公司的销量提供了新保障。

向餐饮连锁店进军为百事可乐公司开辟了新的出路，但是它也带来了一些意想不到的问题。百事可乐公司在食品领域的投资提高了公司的资产密集度。更重要的是，百事可乐公司进入餐饮市场使它与许多大型客户成为竞争者。像汉堡王和云狄斯等餐饮企业原先都是百事可乐公司产品的销售商，但现在，这家饮料公司成了它们的直接竞争对手，它们也不再销售百事可乐公司的产品了。之后，一家又一家汉堡连锁店都跟麦当劳一样，只出售可口可乐公司的产品。

集中精力投资于高利润区

可口可乐公司需要一个现代的、低成本的食品杂货店系统作为抗衡百事可乐公司的统一的前沿阵地，但是仅靠防御还是不够的。在杂货店市场上的竞争会增加收入和市场占有率，但是这个市场会日益变成无利润区。戈伊苏埃塔也想增加股东的价值，因此，他集中精力大幅度地提高公司的收益。

当戈伊苏埃塔解决了在哪里可以赢得最高利润的问题后，他开始思考消费者购买软饮料的过程。可口可乐公司的饮料在三大场所进行销售：杂货店、饭店（业内仍然习惯称之为“冷饮柜”）以及自动售货机。研究了百事可乐公司的成功经验后，戈伊苏埃塔注意到，尽管杂货店售卖是在消费者中间推广可口可乐品牌必不可少的手段，但真正的利润区实际位于自动售货机和饭店。消费者在杂货店里购买可口可乐饮料的价格是每盎司 2 美分，而在饭店和自动售货机上是每盎司 5~8 美分。

食品杂货店的货架上摆着很多软饮料，既有可口可乐公司的品牌也有百事可乐公司的品牌，因此，超市里总是面临剧烈的价格竞争，利润也较低。在饭店里，消费者的选择可能包括果汁、酒类或者汽水，但是很少有饭店既提供可口可乐公司的产品也提供百事可乐公司的产品。消费者决定购买一种软饮料时，他们会买饭店里所提供的产品。在饭店里，不仅消费率比较高，而且由于消费者身处饭店这样一个约定俗成的高消费场所，所以汽水价格和整套服务的价格都比较高。

对于自动售货机而言，这种现象更为明显。大多数饮料自动售货机都是某一区域内唯一的饮料来源。消费者的选择既不是可口可乐也不是百事可乐，选择什么完全取决于谁拥有或控制这些自动售货机。只要人们确定购买，他所购买的就一定是自动售货机所有者的品牌，而不是别人的。

要想在高利润区内占据领导地位，可口可乐公司需要在它和装瓶商之间建立一种与之前完全不同的关系。要在系统中获取利润，唯一的方式就是要支持装瓶商，关注装瓶商，并对其进行现代化改造。因此，装瓶商成了可口可乐公司的主要客户。可口可乐公司如果不与装瓶商建立有效的战略关系，它将无法确定饭店和自动售货机市场上的合理投资水平。戈伊苏埃塔知道，在这一策略的背后，将这些装瓶商进行联合对可口可乐公司的长期成功至关重要。

管理价值链

20 世纪 70 年代进入可口可乐最高管理层之后，戈伊苏埃塔便开始想方设法地改变公司与装瓶商之间的关系。他看到，在永久性合同的约束下，装瓶商完全掌握了主动权，它们可以按固定价格购买原浆，也就对参与可口可乐公司的战略没有任何积极性。公司实验室开发出了高糖玉米浓缩浆（HFCS），这是能够替代可口可乐产品中糖分的一种低成本原料。戈伊苏埃塔支持使用这种浓缩浆以节省成本，同时减少公司对价格起伏不定的蔗糖的依赖。原浆的成本是装瓶商整个系统成本的一大部分，戈伊苏埃塔认识到可以利用HFCS节省下来的 20% 的成本作为与装瓶商谈判的筹码。HFCS给了他帮助装瓶商降低成本的机会，但是，如果装瓶商想要获得这种成本优势，它们必须修改之前与可口可乐公司签订的协议，增加对公司有利的条款。最后，大多数装瓶商都同意了这一做法。

新的合同是一个巨大的改进，但是戈伊苏埃塔仍不满足。取消固定价格可以使公司的原浆销售商获得更多利润，但这还不足以使公司有实力获得装瓶商对整体增长战略的支持。因此戈伊苏埃塔便寻求其他方法来使装瓶商与公司保持更大的一致性。

1981 年，戈伊苏埃塔收购了菲律宾可口可乐装瓶商 30% 的股份，通过这种方法试图与装瓶商建立更强大的联系。在菲律宾，由于运营方式落后，可口可乐公司 70% 的市场都让给了百事可乐公司。可口可乐公司向装瓶商注资，将工厂进行现代化改造，积极宣传推广，而且增加了自动售货机，加大了对关键客户的营销力度。市场情况马上有了立竿见影的大幅度改观，这让戈伊苏埃塔确信，购买装瓶商的股权是构建统一系统的正确方式。

而在美国本土，可口可乐公司则着手收购特许经营权，购买控股权，鼓励对有意向和有实力的买家扩大销售。可口可乐公司为许多交易提供了媒介和融资，这确保了新的所有权和管理体系能够推动装瓶业务与公司的增长战略保持高度一致，同时还能够保持显著的高营利性。

对于被收购的装瓶商而言，这是双赢的局面。它们找到了新朋友，这位朋友财大气粗，能够出资帮助它们改进运营，帮助它们进行更有效的市场营销。现在，没有被纳入公司旗下的装瓶商则处于显著的劣势。没有可口可乐公司的资金和管理帮助，它们在日益激烈的竞争环境中越来越没有竞争力了。

马克·罗兰说："戈伊苏埃塔做过的最明智的一件事情就是摆脱了混乱的装瓶商网络。可口可乐公司的装瓶商过去采取的是一种管理者与劳动者对立的方式。它们就像当地的政客，有上百万的支持者。其中一些比较精明，而另一些则不是。戈伊苏埃塔整合这些装瓶商的活动是极为明智的，可口可乐公司以往总是受这些装瓶商的牵制。他说，这个延续了 105 年的传统，现在到了该结束的时候了。这就是真正的戈伊苏埃塔。"

可口可乐公司的收购战略存在一个重大缺陷，那就是它提高了公司的资产密集度。高资产密集度会使分析师对公司的评估较差，从而导致股东的收益降低。拥有价值链中的战略控制点至关重要，但是戈伊苏埃塔对股东回报率过分关注，这使他为产生这一控制力而增加的资产困扰不已。

20 世纪 80 年代中期，戈伊苏埃塔继续对装瓶商进行整合，其间他一直在寻找解决这一问题的方法。1986 年，他找到了解决方案。他成立了可口可乐装瓶控股公司（CCE），这家公司成为可口可乐公司此前收购的大型装瓶商的控股公司。CCE刚一成立，可口可乐公司就将其 51%的股份推向了市场。由于可口可乐公司拥有 49%的股份，因此可口可乐公司对其拥有控制力，但无法整合其财务。结果，可口可乐公司控制了装瓶商，但其资产负债表上并没有装瓶商的资产，其利润表中也不反映该企业的业绩。这样，通过将CCE剥离出去，可口可乐公司不仅控制了装瓶商，同时降低了公司的资产密集度，而且其公开募集的 11 亿美元可以为继续收购新的装瓶商提供资金。

由此，可口可乐公司在美国的装瓶商管理企业设计完成了。在美国，可口可乐公司的首要客户是大型装瓶商，这些装瓶商的战略方向与可口可乐公司的战略方向完全一致。新的企业设计实现了规模经济、高效的资源利用、装备现代化和重视利润增长等目标。可口可乐公司的企业设计是新出现的低成本系统的基石，这一系统包括集中控制、原浆和装瓶业务，并且一直致力于降低成本、降低资产密集度和确立在自动售货机和饭店领域的主导地位等。

制定正确的模式，然后推广

到 20 世纪 80 年代后期，戈伊苏埃塔以集中、低成本的分销渠道和无可撼动的品牌优势控制了美国市场。在寻找新成长机遇的过程中，他被巨大的国外市场所吸引。可口可乐公司很早之前就已经打入这些国外市场，但是在这些市场中，可口可乐公司的销售渠道渗透尚不够广泛，百事可乐公司的表现也不尽如人意（该公司的重点是美国快餐和咸味快餐）。随着可口可乐公司的高管们越来越认识到国外市场上利润增长的巨大空间，公司的国际化战略步伐正逐步加快。

为了避免其在 20 世纪 70 年代遇到的确定工作重心的问题，戈伊苏埃塔认为可口可乐公司从一开始就需要一个强大的企业设计。他的设计已经在可口可乐公司中发挥了作用，但是戈伊苏埃塔设想的企业设计不是一个“可口可乐全球装瓶控股公司”。在国际市场上，可口可乐公司没有采用美国国内那种以装瓶控股公司控制许多装瓶商的模式，相反，通过与一些大型的、现存支柱型装瓶商合作，可口可乐公司创造了更多的盈利机会。

到 1990 年，可口可乐公司已在西欧、东欧、澳大利亚、墨西哥、拉丁美洲和东南亚建立了一个由强大的支柱型装瓶商组成的网络。截至 1995 年，可口可乐公司在主要市场上拥有的市场地位已成为许多投资者的梦想。1994 年，根据美国《商业周刊》的统计，在短短 202 天时间内，可口可乐公司先后在 7 个国家设立或者重开了工厂，这些国家包括波兰、印度、俄罗斯、南非和越南（见表 7–2）。

表 7–2　可口可乐公司的企业设计创新

要素	1977 年	1987 年	1997 年
客户选择	所有的碳酸饮料购买者 重点是美国国内市场	重点关注饭店和自动售货机 支柱型装瓶商	重点是国际市场
价值获取	原浆销售 对食品杂货店、饭店和自动售货机一视同仁	原浆销售 装瓶商收益 关注更盈利的渠道	注重在饭店、自动售货机和国际市场上的领先地位 装瓶商资产的销售
产品差异化/战略控制	品牌 秘方	与装瓶商的关系 品牌 低资产密集度	与装瓶商的关系 世界级大品牌 低成本全球分销
业务范围	原浆 多元化组合经营	重点关注饮料 原浆 与国内装瓶商之间的关系	全球价值链的管理者

“唯一名副其实的世界级饮料公司就是可口可乐公司。公司挣的钱、获得的利润都源于戈伊苏埃塔了不起的创意。”汤姆·皮尔克说。

可口可乐公司对全球软饮料市场的占领计划周密且积极，并最终确立了它决定性的领导地位。在全球软饮料市场上，可口可乐公司的市场占有率为46%，百事可乐为21%。1995年，公司的运营利润为40亿美元，其中，国际市场利润占总利润的80%，可口可乐公司的市值也超过了1 500亿美元。但是，倘若公司一直沿用1980年那种装瓶商特许经营模式的话，今天它的市值又会是多少呢？

如果可口可乐公司没有革新其企业设计，那么它的价值会比现在低很多。可口可乐公司目前如此高的市值完全得益于公司从原浆制造商和广告商到价值链管理者的平稳转型，它因此变成了一家一体化的、集中有效的国际化饮料公司。

不确定性

在戈伊苏埃塔的领导下，通过整合装瓶商，可口可乐公司的转型大获成功。但在一开始，公司转型却被视为巨大的风险。戈伊苏埃塔认为通过控制装瓶商的利益，他能够协调可口可乐公司的市场战略，建立一个低成本的营销网络，为股东和装瓶商创造价值。但是，如果装瓶商仍然不合作，那该怎么办呢？如果用于工厂现代化改造的投资收不回来，怎么办？如果百事可乐公司采取与可口可乐公司一样的举措，进入饭店和自动售货机领域，像在食品杂货店领域那样压低利润又该如何？戈伊苏埃塔是在进行一场豪赌，在能够避免损失的情况下，任何好的领导者都不会拿整个公司的命运做赌注。

戈伊苏埃塔的第一次赌博发生在1982年，当时他收购了哥伦比亚影业公司，将可口可乐公司的营业范围从饮料制造业扩展到电影制作业，他希望这一投资能够使可口可乐公司发展成一家“关注消费者生活方式”

的企业，从而显著提高公司的地位。收购消息一公布，华尔街的分析师就开始猛烈压低可口可乐公司的股价，但在可口可乐公司的妥善管理下，哥伦比亚影业公司推出了几部卖座大片，取得了不俗的成绩。1989 年，戈伊苏埃塔以高价出售了该影业公司。

在戈伊苏埃塔其他的大举动中，他综合利用了可口可乐的品牌，来扩大公司的吸引力。大多数管理者都反对将可口可乐的名字用于旗舰产品外的其他产品中。但戈伊苏埃塔认为，如果不能从公司最重要的资产——品牌中获得最高利润，那么企业的经营思路就算不上成功。1982 年，他推出了健怡可口可乐，一举获得成功。在接下来的几年内，公司还陆续推出了樱桃可乐和无咖啡因可乐。

但并非每一次冒险都能获得成功。20 世纪 80 年代早期，百事可乐公司推出的“盲品测试”活动让戈伊苏埃塔和公司其他高管惊慌不已，因为这一测试表明消费者更喜欢味道更甜一些的百事可乐。由于担心可口可乐产品的口味是公司的核心问题，因此戈伊苏埃塔推出了新可乐产品。

贝弗马克公司的汤姆 · 皮尔克说：“新可乐的推出是公司文化发展中的开创性事件，它标志着‘新时代’的开始。这是一个伪装好的祝福。正是这一事件震动了整个公司，人们不禁对公司产生了疑问，并重新审视公司与广大消费者的关系。他们努力模仿百事可乐的做法，利用自己的品牌抢占市场。但是消费者认为，‘这不是可口可乐公司应该做的事情。’对公众的反应，任何公司都不可能无动于衷，因此公司决定做出改变。”

公众对旧配方的念念不忘让戈伊苏埃塔领悟到了一点：促使百事可乐成为美国顶级软饮料的不是它的口味，而是百事可乐公司的企业设计和有效的营销活动。

汤姆 · 皮尔克回忆说：“在新可乐推出之前，可口可乐公司是一家非常保守的公司。但现在公司特别积极主动，有时候甚至咄咄逼人。如果它想仿照激浪（Mountain Dew，百事可乐公司的一个全球品牌）的模式，推出像大浪（Surge）这样的产品，那么它会向全世界宣布，并会花 5 000 万美元在美国国家橄榄球超级碗比赛期间隆重推出这款产品。”

百事可乐与未来发展

可口可乐公司和百事可乐公司的企业设计有显著的差别。

可口可乐公司专注于生产饮料，它与大型装瓶商联合起来形成了一个网络。这些装瓶商既是可口可乐公司的合伙人，也是公司的主要客户。可口可乐是真正意义上的全球化公司。

百事可乐公司是一家多元化经营的集团，其经营范围包括软饮料、快餐食品、快餐店等，其业务主要集中在美国市场。

即使在饮料业务上，两家公司的利润来源也有很大不同。可口可乐公司 80% 的利润来自国际业务，而百事可乐公司 90% 的利润来自国内业务。

20 世纪 90 年代中期，百事可乐公司采取了一些重大举措，这些举措有可能重新挑起“可乐大战”。1996 年年初，公司任命了新一任首席执行官罗杰 · 恩里科，他也是一位具有革新精神的管理者。业界普遍认为他是一位开创型的管理者，会尽一切努力改变公司的经营状况。

为了赶超可口可乐公司，百事可乐公司很可能会模仿可口可乐公司实行三项改革：

第一，集中公司业务。首先，恩里科宣布百事可乐公司将放弃其餐饮业务，包括在塔可钟、必胜客和肯德基的业务。这些业务在两个方面对公司造成了不利影响：它们都是高资产密集度的业务，会稀释饮料和快餐食品业务的利润；由于这些业务，百事可乐公司无法与大型快餐连锁店签订供应饮料的合同，因为它们将百事可乐公司视为竞争对手。通过剥离在塔可钟、必胜客和肯德基中的业务，百事可乐公司将会占据有利的位置，可以在饭店业务方面争得一席之地，打破可口可乐公司在这一领域的独霸局面。

第二，恩里科会按照戈伊苏埃塔的思路剥离百事可乐公司的装瓶业务。（目前，百事可乐公司仍然拥有很大比例的装瓶资产。）将装瓶业务分离出去将会大大提高百事可乐公司的资产回报率和股东收益率。贝弗马克公司的汤姆 · 皮尔克也认为："装瓶系统是公司的负担。你不能既拥有品牌，又从事经营，否则不会有什么好结果。最好是做个品牌的拥有者。"

第三，百事可乐公司将加大向国际市场的进军力度。实现这一目标有很大难度，因为可口可乐公司已与当地市场建立了强大的联系，而且全球消费者对可口可乐的品牌都有很强的认知度。在销售可口可乐公司产品的地方，百事可乐必须具有同样强大的实力。与 20 世纪 70 年代食品杂货店领域的竞争不同，百事可乐不可能靠价格战胜可口可乐。百事可乐公司最好的机会就是大举进军新兴市场，在这些市场中，可口可乐公司尚没有确立自己的牢固地位。接下来，百事可乐公司必定希望可口可乐公司为了避免在整个国际市场上引发大规模的价格战而主动让出一部分市场。考虑到目前整个可口可乐公司的积极进取态势，这种想法多少有点儿不切实际。

恩里科汲取了可口可乐公司企业设计创新中的战略教训，也学习了其中的关键点。恩里科就任总裁之后采取的一系列后续措施表明，他理解通过分销渠道，专注于高利润业务领域，从而管理价值链的威力。

剥离装瓶控股公司使可口可乐公司的财务状况有所好转、股东回报率提高，而且国际业务的扩展也让可口可乐公司获得了需要的增长机遇。然而，可口可乐公司全球成功的基础是整合后的装瓶商体系。在过去的几十年中，它对整个价值链的管理使公司获得了成功。现在，公司面临的问题不是扩大规模而是维持现状。这是一种难以捉摸的挑战，很少有人能解决它。面对百事可乐公司发起的新一轮攻势，戈伊苏埃塔必须再次革新企业设计，这样才能保持领先。戈伊苏埃塔的每一步举措，从采用高糖玉米浓缩浆到创立一种新的装瓶商关系模式，再到专注于饭店和自动售货机业务，都反映出其以利润为中心的思维模式。问题在于，在未来，为使公司占据利润区的领导位置，管理者又该做出什么样的创举呢？

剧烈竞争的舞台已经搭建好了。在积极、富有远见的思想者的带领下，为了实现价值增长，两家企业都在加强自己的地位，都在为未来的价值增长做准备。

建立管理价值链企业设计——问题清单

- ☑ 我是否已经准确定位了当前价值链上的利润区？未来的利润区在哪里？
- ☑ 为了进入利润区，我是否需要管理价值链？
- ☑ 我是否创造了机会以在低成本环境下检验我的企业设计？
- ☑ 为了协调一致地实施以利润为中心的战略，我是否改变了与价值链上其他参与者的关系？
- ☑ 为了建立价值链管理体系，我是否找到了能使资产密集度降到最低的方法？

第 8 章

嘉信理财创始人查尔斯·施瓦布：配电盘企业设计

- 在我的行业里，企业将客户视为服务对象还是销售目标？
- 我的行业让客户的生活变困难了吗？
- 买卖双方是否都承担了不必要的成本？

1993 年 10 月，约翰·戴维斯成为嘉信理财公司的客户。在这之前的几年时间里，约翰陆续将自己的钱从利息很低的银行账户里取出，投入股市中。

他的经纪人来自一家传统的股票交易所。这位经纪人曾给他提出过许多买入和卖出的建议，但是约翰感觉到，这位经纪人赚的佣金比自己在股市上赚的钱还要多。约翰逐渐将自己的资金转移到了共同基金。他认为基金管理者的专业知识会让他得到更好的回报，与经纪人推荐的股票买卖收入相比，他能够获得更多的收入。此外，他认为，对经纪人而言，自己是他的“销售目标”，而不是一位实际需求应当被满足、实际关切的问题能得到处理的客户。

到 1993 年，约翰已经将自己数额不大但日益增加的资金投到了五种不同的共同基金中。他对基金的回报很满意，但是账目保存记录是个大麻烦。他会收到来自这五种基金（以及他的经纪人和银行）的报告，由此而占用的时间和不便让他很苦恼。

约翰从一个朋友那里听说了嘉信理财公司的"一源"业务。5 年来，这位朋友一直是嘉信理财公司的客户，他对嘉信理财公司的热情感染了约翰。因此约翰将他的资金转入一源，从此开启了一段非常愉快的经历。他不再需要费劲儿地分析不同来源的零散报告，他每个月都能得到一份整合报告。他还开设了一个支票账户，能够很容易地以折扣价格享受代理服务。尽管他很少直接买股票（他的大部分资金已投入共同基金），但他偶尔还是会做一些交易，而且他将自己的业务从传统的经纪人转给了嘉信理财公司。除了省钱、省时间外，他还高兴地得知，自己能够通过电话发布交易指令，并且佣金更加优惠。1996 年当嘉信理财公司推出电子业务时，他是最早的用户之一。

他说："之前，我通过一个经纪人和一个银行支票账户投资 5 个共同基金，我每个月都会收到 7 份不同的报告。现在，我只得到一份报告，并且现在的服务更好了，我支付的费用更低了，包括佣金、共同基金的费用都很低。最近，保险费也降低了。与 3 年前没有委托嘉信理财公司时相比，处理这些业务花的时间也更少了。"

约翰还把嘉信理财公司推荐给了自己的朋友，他确信自己的朋友也会对嘉信理财公司提供的服务感到满意。

对于嘉信理财而言，为客户提供如此高水平的服务花了整整 20 年的时间。在开展业务的时候，嘉信理财始终不渝地奉行以客户为中心的指导方针。它的工作重点一直是为金融界中客户的未来需求提供服务，抓住下一个机遇使公司进入高盈利的利润区。

嘉信理财以客户为中心的思维与行业占主导地位的以产品为中心的观念形成了鲜明的对照。从历史观点来看，金融服务业的许多部门，从经纪业到银行业再到保险业，都主要是以产品为中心而非以客户为中心的。客户就是销售目标，而不是具有需求、关注和渴望成功的个人。对于企业而言，重要的是尽可能多地销售产品（比如开设代理账户、定期账户或者定期寿险等），而不是弄清楚如何为客户赢得一笔笔赚钱的交易。

在金融服务业内，这种以产品为中心、以客户为销售目标的方法为创新提供了一个充满机遇的空间。但是，只有能超越传统观念和思维束缚的具有卓越思维的人，才能抓住这个机遇。

特立独行的人

他的朋友和同事都称查尔斯·施瓦布为“查克”。他的表现总是很突出，对任何事情都有自己独到的见解。他在学校时，常常利用“克里夫笔记”和经典的戏剧台词来克服自己的阅读障碍，他还靠养鸡赚零用钱，挨家挨户地去推销鸡蛋、肥料和家禽。

在斯坦福大学获得学士学位和MBA（工商管理硕士）学位后，施瓦布正式开始了自己的职业生涯。他首先管理一个 2 000 万美元的共同基金，但由于该基金没有注册，所以于 1969 年被得克萨斯州政府勒令关闭。他因此损失了 10 万美元，他的第一次婚姻也因此走到了尽头。

1971 年，32 岁的施瓦布东山再起。他凭借两间屋子、一部电话和从叔父那里借到的 10 万美元创立了自己的经纪公司——第一指标公司。

20 世纪 70 年代早期，施瓦布的公司成长很慢。施瓦布想尽一切办法为这家默默无闻的企业招揽客户，如提供免费相机和其他赠品等。施瓦布新成立的企业与其他企业一样，具有相同的客户选择、产品、服务，收取同样的佣金，但是他的公司没有品牌，没有技术，而且几乎没有客户基础。施瓦布尽一切努力寻找让自己的企业与众不同的方法。

1975 年 5 月 1 日，美国证券交易委员会宣布固定佣金不合法，施瓦布抓住机会彻底改变了他的企业设计，从而使自己的公司从传统的经纪公司转变成折扣经纪公司。

20 世纪 70 年代早期的投资市场中只存在一种参与者，那就是提供全方位服务的经纪公司。传统的经纪公司收取费用较高，因为它要提供给客户建议和意见以及交易方面的信息。向经纪公司提供的建议支付溢价是不可避免的，因为经纪公司的建议和交易功能是“捆绑”在一起的。投资者尽管只希望获得低成本的交易，但没有其他选择。施瓦布于 1975 年成立的折扣经纪公司，采用了新的业务模式：精明的投资者只需为交易本身支付费用，而不必向传统的经纪公司支付高额费用。

在折扣经纪公司，如果客户有自己的想法而不需要任何建议，那么客户可以打电话给经纪人，对他说：“我不想要任何建议，我只想要你马上执行。我希望成本低一些。”

提供折扣只是第一步。折扣经纪公司的企业设计吸引了客户，也创造了收入（提供全方位服务的公司抵制降低费率，而且许多公司甚至还提高了费率，特别是针对小客户），但是其他众多的折扣经纪公司涌入了市场，除了承诺提供更低的价格之外，这些折扣商也没有显著的差异化特色。

对于第一指标公司而言，施瓦布很快就面临差异化的问题。他需要回答一个紧迫的问题：为什么客户想从我这里购买产品？为了找到这个问题的答案，施瓦布创立了一种不同的模式，即提供能够增加价值的折扣服务。为了使自己的公司脱颖而出，也为了给客户创造更多的价值，他将每一分利润都用于扩大分支网络的再投资中。他花了 200 万美元购买计算机，改进技术，为投资者提供基本的信息，通过大量的广告宣传活动树立自己的品牌。尽管他的公司收取的费用略高于其他折扣经纪公司的费用，但是他为客户创造了更大的价值，同时，公司的费用仍比传统的提供全方位服务的公司低 50%。

通过支付员工工资而非佣金，施瓦布进一步将公司的运作与客户的利益协调起来。施瓦布的一切努力都是为了使投资者愿意与公司打交道。

除了执行交易指令外，施瓦布的企业设计体现出了公司了解客户最重要的需要。为了给客户提供值得信赖的、便捷的服务和可靠的信息，施瓦布在扩大品牌知名度和建立分支网络方面进行了大量投资。

施瓦布的价值增值折扣模式不仅将交易和建议分离开来，而且这种模式还同样有益于经验丰富的投资者，因为他们想通过低成本的通道进入市场。通过对于投资者而言较低的成本执行交易指令，施瓦布实现了公司的差异化，使公司与提供全方位服务的经纪公司区别开来；通过宣传、提供基础信息以及建立本地网点，该公司从众多的折扣经纪公司中脱颖而出。

不久，查尔斯 · 施瓦布就成了家喻户晓的公众人物。他开始频频出现在电视、广播、广告牌和宣传媒体上。《财富》杂志的特伦斯 · P. 佩尔写道："除了牛奶盒侧面的卡通图画没有他之外，他几乎无处不在。"

在美邦这样的传统业务公司的广告中，企业被刻意地描绘成一个没有个性的组织。美林证券就像一头闯入瓷器店里的公牛。但是，任何进入施瓦布办公室的人都知道，查克本人就是公司的形象代言人。对于婴儿潮期间出生的、看电视长大的一代人而言，施瓦布自然成了他们的选择。正如《商业周刊》所指出的，"施瓦布那张和蔼的脸就是一种营销工具。"

施瓦布创造了行业中一种独特的企业设计，这种设计为公司带来了巨大的经济影响，这体现在收入、利润和市场占有率的日益提高上。1977—1983 年，嘉信理财公司的收入从 460 万美元飙升至 1.265 亿美元。1984 年，嘉信理财公司在整个折扣经纪业务中所占的份额高达 20%。

到 1988 年，嘉信理财公司的收入增长到 3.92 亿美元，市场占有率增加到约 40%。更重要的是，它占领的市场是高利润率市场，公司致力于为客户提供想要的东西，而不会通过添加一些客户并不需要的服务来提高成本。得益于其当时最先进的技术，与竞争对手相比，施瓦布提供的交易更容易操作。他已经确立了一种特色鲜明的折扣经纪模式，这一模式为他的企业创造了大量收入和价值增长。

尽管这种增值的折扣模式很成功，生命力也很持久，但是施瓦布知道，随着时间的推移，针对精明的个人投资者的竞争会更加激烈。大多数公司在面临竞争时，会想方设法地将新产品出售给现有客户。而施瓦布在以客户为中心的理念指引下，采取了不同的方法。他分析了金融服务业的前景，找到了将优质服务提供给新客户的途径。市场力量的转变为嘉信理财带来了新的客户群体。

施瓦布的第二个企业设计：为投资咨询师提供服务

20 世纪 80 年代中后期，金融服务业出现了一股弱小但不断壮大的新生力量——独立提供投资咨询服务的企业。重振后的股市唤醒了投资者的投资热情，而且客户优先考虑的事情从储蓄变成了投资，因为投资可以给他们带来更多回报，同时还无须承担太多风险。但是投资业务很复杂，因此，建议和指导对投资者变得越来越重要。该行业传统的参与者对这种转变不敏感，不能适时地做出回应。独立的投资顾问（通常被称为投资咨询师），很快就填补了这一空白。

金融服务领域的传统参与者对这些新参与者并未给予重视，甚至对他们极为蔑视。他们没有想到这些新参与者对中小型投资者有非常大的吸引力。

投资咨询师并非横空出世，施瓦布很清楚其背后的原因。该行业的传统模式已经无法满足投资者在建议、信息和指导方面的需求。投资者需要也迫切想要得到独立的投资建议，这些建议在经纪人佣金模式下也能体现出来，但这一模式与这些建议格格不入。投资咨询师向客户提供的是重要的、合法的新服务。施瓦布对这些投资咨询师的看法与行业传统的观点刚好相反。行业传统观点认为，这些人是竞争对手，并且大多数会带来麻烦。施瓦布却将他们视为潜在的客户、盟友，或者通向最终用户——投资者的一条新渠道。在传统的业内人士看来，他们是低佣金偷猎者，施瓦布则将他们看成拥有新需求的资源丰富的合作伙伴。这些人的需求包括制作发票、订单和月报等后台服务（这些服务他都能提供），以及他可以利用的日益增加的投资者资产。

嘉信理财公司当时的企业战略执行副总裁丹·利曼说："我们与那些投资咨询师是合作伙伴。他们擅长做的一些事情是我们做不了的，比如为客户提供预测服务或者建立客户关系等。"

在以客户为中心的理念指引下，施瓦布非常了解投资咨询师对客户的重要性。认识到他们是潜在的同盟者以及自己企业与新客户之间的桥梁后，他立即调整了自己的企业设计，将投资咨询师作为自己的客户，并为他们提供新服务。

大多数投资咨询师都是独立运作或者组建成小的合伙企业经营。对于小规模企业的运营者而言，会计处理和交易执行是一种乏味、繁重、成本高的任务。施瓦布认识到这些独立而分散的专业人员需要低成本、有效、独立的清算公司完成他们的交易。施瓦布的资源可以为客户、投资者提供更好的服务，也能够让投资咨询师从独立的操作中获得更多利润。反过来，他们也成了嘉信理财公司的巨大资源，为公司带来了新客户。

嘉信理财机构投资项目将嘉信理财公司与中小型的独立财务咨询公司联系起来。早期参与项目的一位人士回忆，这个项目刚开始并不很成功。总部位于伊利诺伊州的卡布里克金融咨询公司总裁迈克·卡布里克说："他们知道自己有什么优势，但不知道如何利用。一开始，不管是交易还是票据处理，他们都做得不好，而且他们还做出了一些无法实现的承诺。但是，他们从各方面努力做了改进，从那以后便一帆风顺了。"

早期阶段，独立的投资咨询师在本地的嘉信理财公司分支机构提供服务。但是，只有当这些投资咨询师拥有了属于他们自己的区域性的服务中心时，合作关系才稳定下来。

卡布里克惊叹道:“在没有超支的情况下，嘉信理财建立了6 000家分支机构。我管理着1.1亿美元的资产，如果没有嘉信理财公司的帮助，我恐怕还得再多雇2名员工。”在与嘉信理财打交道的10年当中，卡布里克的员工人数从12人减少为6人，但是他管理的资产增加为原来的20倍。

让卡布里克倍加吃惊的是，他和他的行业伙伴都成了嘉信理财的“虚拟销售人员”，他们销售嘉信理财的产品，却不会从嘉信理财那里得到一分钱。实际上，他们还得向嘉信理财支付特许费。

随着时间的推移，嘉信理财公司实际上成了数千位投资咨询师的后台管理人。随着这些投资咨询师不断地将客户引向嘉信理财公司，新的收入流产生了。

位于奥兰多的资源咨询集团的创始人迈克·戴维斯说:“没有嘉信理财公司，我们的企业同样可以生存下来，但肯定不是现在的样子。如果没有嘉信理财公司的人员为我们处理后台业务，我们的员工要比现在多1倍。他们让我们的运营变得异常简单。在这方面，我认为我们的客户都想不出施瓦布那样的办法。如果我们都自己来动手处理这些业务，那么我们的费用将会非常高。我们经营得很好，嘉信理财公司干得也很好；在此过程中，我们的客户完成了大笔交易。”

运用“施瓦布链接”(SchawabLink，为投资咨询师提供的一款软件)，投资咨询师的服务过程更加流畅，它让投资咨询师和他们的客户能够在任何情况下与嘉信理财公司建立联系。

阿肯色州小石城的莱思罗普投资管理公司的总裁格雷格·莱思罗普前半生的职业生涯，是在银行的信托部门度过的。当他作为一名投资咨询师进行创业时，他尝试与经纪公司合作，而不是嘉信理财公司。当时他对嘉信理财的机构投资项目有所怀疑。但是，随着对传统的经纪公司感到越来越不满意，他迅速结束了与那家传统经纪公司的业务联系，转而与嘉信理财公司进行合作。

莱思罗普说："开始时我对与嘉信理财公司的合作并不抱太大期望，只是为了节省交易成本。但是，对于我们这家管理着 1.7 亿美元资金的公司而言，他们能为我们处理一切事情。嘉信理财公司的文化就是无条件执行命令，因为那里的员工拿的是高工资，并不在乎低廉的手续费，他们知道公司绝对不会亏待他们。而且从长期来看，他们知道做生意就是在积累资产，因为这些资产最终会带来收益。"

施瓦布针对投资咨询师的新举措并没有在传统企业中引起反响，因为它们看不到施瓦布看到的东西，或者等到它们发现时，已经难以追赶施瓦布的脚步了。

实际上，许多行业里都会发生类似的这种无响应的状况。比如，在炼钢工业中，纽柯公司首先采用了小型轧钢机，但大多数轧钢厂对此无动于衷；西南航空公司推出点对点的经营模式时，采用辐射状航空模式的企业也没有对此做出有效的回应；沃尔玛的新一代折扣模式推出时，传统的折扣企业也没有将它放在心上。

无动于衷的情形每时每刻都在发生，但施瓦布充分利用了这一机会。

施瓦布的投资咨询师举措影响了企业设计的各个战略层面。公司的客户选择增加了，既包括投资咨询师也包括投资者。价值获取的范围也扩大了，既包括手续费，也包括从投资咨询师那里获得的服务费用。战略控制也得到了增强，因为嘉信理财为投资咨询师提供服务，双方保持大力合作，这就创造出了一条独特的通向市场的新渠道。这一渠道是其他多数金融服务企业所无法获得的。公司的业务范围也扩大了，其业务开始包含向投资咨询师提供业务支持。

施瓦布在投资界创造出了一种做生意的新方法。通过与投资咨询师结盟，他将潜在的竞争对手变成了自己的合作伙伴，而且还赢得了之前自己的企业设计无法触及的客户群的青睐。由于保留了友好服务的企业文化，再加上没有销售压力，嘉信理财的企业设计进入到一个新阶段，为公司带来了巨大的收益、利润和价值增长。1990 年，嘉信理财公司的营业收入增长到 3.87 亿美元，利润高达 1 680 万美元，折扣经纪业务的市场占有率高达 39.8%。公司市值从 1987 年的 1.52 亿美元蹿升至 1991 年年底的 12 亿美元（见图 8–1）。

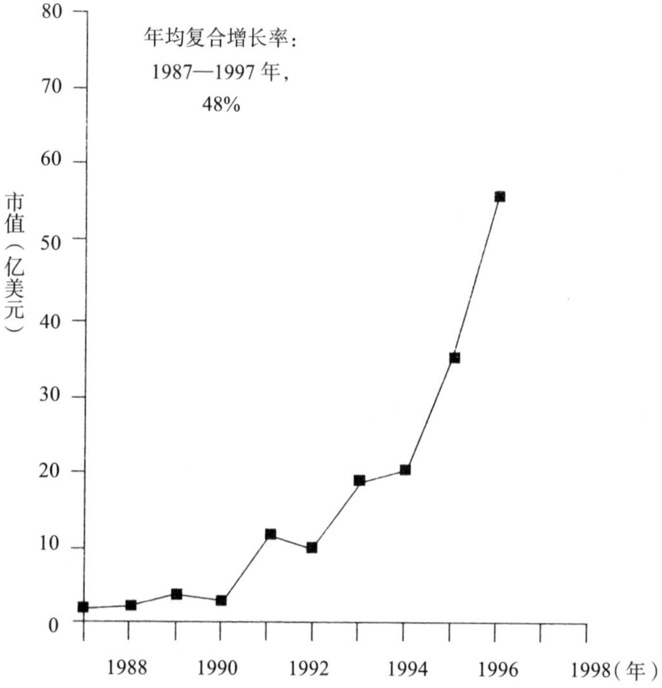

图 8–1 嘉信理财公司的市值增长

随着嘉信理财与新客户群体关系的日益紧密，以及嘉信理财对投资者不断变化的偏好的深入认识，施瓦布已经酝酿好了公司的下一步举措。1992 年年初，施瓦布对外宣布了这一举措，在业界引起了轰动，这一举措也体现出当时嘉信理财的企业设计所发生的巨大变化。

一源：配电盘企业设计

自 20 世纪 80 年代以来，施瓦布与客户的关系日渐亲近，在对客户需求和偏好的观察中，他深知客户的偏好发生了剧烈变化。客户对共同基金的认可明显地证明了这一点。

通过持续地关注客户，而并不只是关注自身的业务和竞争对手，施瓦布很容易就看出客户的下一个需求是什么。当其他企业将投资咨询师视为威胁时，施瓦布在想："为什么会涌现出这么多的投资咨询师呢？"投资者需要获得独立的建议和指导，投资咨询师满足了这一重要但之前未被满足的需求，对此，施瓦布有深刻的体会。随着 20 世纪 80 年代后期共同基金行业的快速发展，施瓦布又会考虑："这是为什么呢？"客户想要的是投资的便利，他们并不想自己完成多笔交易，而是希望有人能够帮助他们做决策。共同基金提供了解决方法，但接下来另一个问题出现了。客户面临着非常多的选择，他们需要找到一种更为便捷的方法处理选择过多的问题。这正是一源项目创建的起因。

1980 年，共同基金的投资者拥有 1 350 亿美元的资产。截至 1986 年，这一数字增加为 7 160 亿美元。到 1991 年，这一数字达到了 13 960 亿美元。基金公司数量和个人基金数量都有了显著的增加。1986 年，市面上的基金公司达到 261 家，它们提供的基金数量为 1 840 只。在大多数人看来，这一数量已经足够了。但是，仅 5 年之后，又有 100 家新的基金公司诞生了，而它们推出了 1 600 只共同基金。

这样的变化给投资者带来了两个问题：第一，这些基金大多数没什么知名度，投资者面临如此多的选择往往会不知所措；第二，成本极高，许多客户要支付 6% 的交易费，还要支付佣金，换句话说，基金的购买成本可能高达资产价值的 8.5%。尽管不收取交易费的基金快速增加，但在 20 世纪 90 年代早期，它们仅仅占整个行业资产的一小部分。

投资咨询师的偏好正在发生快速变化，习惯购买共同基金的客户的偏好也是如此。投资咨询师越来越需要一种方便、低成本的机制帮助他们的客户转移资产，也就是将资产从回报率低的储蓄账户转移到精心设计的共同基金组合上。

施瓦布看到了另一个对客户有利的改进系统的机会。他从投资人的角度出发审视了投资过程，对自己的发现倍感吃惊。对单个投资人来说，将资金投入到一家公司“最优”的基金以及另外一家公司的指数基金等做法是十分正常的。但是，当客户在共同基金之间重新分配资金时，这种策略会产生与预期完全相反的结果。要出售一笔基金，投资人往往要打 4 个不同的电话。之后，客户要等着 4 张支票的寄出，接下来要将款项汇到新的目标基金，然后再打 4 次电话买入新的基金。在此过程中，总共发生了 16 次交易：4 次出售、4 次支票发送、4 次买进、4 次签发支票。从开始到资金最终到位需要 7—10 天的时间。除此之外，投资者还会经历一段无钱可赚的时间。

为了帮助客户，施瓦布试图找到不同的方法买卖共同基金。他需要一个便于理解、易于操作的平台。他知道，只有找到一种开创性的方法，才能推动市场发展和激励客户。在一贯秉持的“为客户降低成本和增加价值”理念的指引下，施瓦布致力于寻找以零成本向投资者销售无交易费用基金的方法。

1987 年的股市崩盘使嘉信理财公司的营业额下降了 20%，这段经历促使他反思这样一个问题：是否应该调整公司的营业收入结构，从完全依赖交易佣金转变为重复收取费用。他不仅仅重视客户，而且还重视公司的盈利能力。他希望找到一种以重复收费为基础的业务模式，创造出一种更强大的企业设计。

一源就是施瓦布不懈探索的结果，它为客户带来了更好的交易，也使公司可以更好地获取价值。1992 年，一源系统建立，它使客户在不支付交易费用和佣金的前提下可以了解共同基金的信息。投资者只需要与嘉信理财公司通一个电话，就可以得到一份涉及一源中所有基金的报告。

传统情况下，为了从经纪人那里买到共同基金，投资人每次购买时需要支付交易额 8.5% 的费用。一源系统将上述交易费用降低为零，极大地节省了客户的成本。

该系统的建立也表明嘉信理财公司的企业设计发生了根本性变化。实施这一举措是为了满足核心客户群的需求偏好，这些客户既包括投资者也包括投资咨询师。它也为嘉信理财公司带来了高利润、高增长以及持续不断的收入来源，显著地提高了公司的业绩。

嘉信理财公司采用的这种模式的好处是，它不仅使客户的投资过程变得非常简单，而且对于共同基金公司而言，它们更容易发现自己的客户。共同基金公司进行大范围的市场营销，成本是很高的，而且对于投资者而言，要同时处理几只共同基金费时耗力。施瓦布所做的就是在双方之间放置一个“配电盘”，使共同基金公司能够很容易地找到客户，客户的交易也变得容易操作。客户可以通过一次联系同时处理几只基金，还可以得到一份综合的财务报告。通过降低共同基金的营销成本、减少客户的时间和精力投入（见图 8–2），新的配电盘企业设计为双方都带来了价值。

施瓦布接触了几家共同基金公司，劝说它们使用嘉信理财公司的系统，并且为通过该系统得到的基金资产支付佣金。施瓦布的客户不必支付传统模式下最低 39 美元的交易费用。有 8 家基金公司按照施瓦布的提议使用了这个系统，它们希望能够接触到更多的嘉信理财公司的客户。在完成交易时，施瓦布巧妙地将客户购买共同基金份额的成本转移给了基金公司。嘉信理财公司只从基金公司收取少量费用，对客户则分文不收，从而大大降低了双方的成本。

然后，施瓦布，这位折扣经纪业务的先行者，又发明了折扣共同基金，大幅降低了客户的交易成本。正像 1975 年美国证券交易委员会取消固定经纪佣金那样，施瓦布在 1992 年取消了共同基金费用。

总部设在旧金山的利特曼–格雷戈里公司的一位领导人克雷格·利特

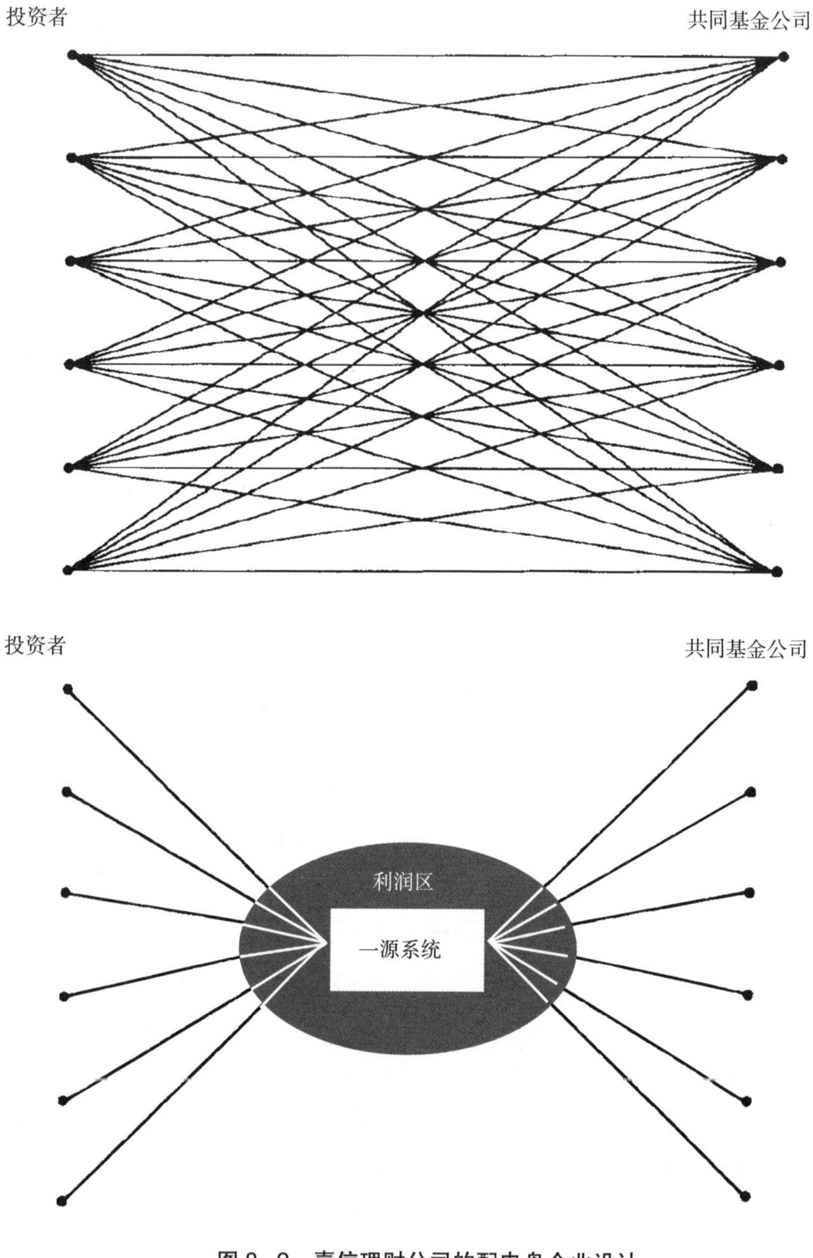

图 8-2　嘉信理财公司的配电盘企业设计

曼说："对我们而言，一源系统意义重大，作为一个独立的折扣经纪商，施瓦布的做法堪称创举。但问题是他的计划能实现吗？"

答案是肯定的。

利特曼说："他的员工年轻而富有激情，对这件事情颇感兴趣。我们想要什么，他们都会为我们准备好。对我们而言，这是非常重要的。"

与嘉信理财公司有业务联系的大多数投资咨询师给出的普遍评价是：与嘉信理财公司合作以后，他们不再需要雇用那么多的员工，配备更多的自动化设备或办公室来处理共同基金交易。利特曼说："通过一源系统，人们不需要与每一家基金公司打交道，这节省了大量的时间。我们公司于 1986 年成立，当时我们还没有与嘉信理财公司建立合作，那简直就像是一场噩梦。"

施瓦布之所以能成功，关键的一点是他能够认识到，在提供像合并报表和快速交易这样的服务方面，技术能够发挥重要作用，而且他为创造这种能力进行了必要的投资。

一源系统的建立引发了行业内的一场革命，它对施瓦布的企业设计也产生了巨大影响。1993 年，公司新雇了 2 000 名员工，员工总数从 4 500 人增加到了 6 500 人。在一源系统问世的第一年，公司投入的广告费用就超过了 2 000 万美元。1992 年，施瓦布推出的新的企业设计已经使公司的营业收入达到了 7.5 亿美元，其中利润为 8 100 万美元。这使得嘉信理财公司拥有了支撑一源系统必备的大量资源。

面对激烈的竞争，从事经纪业务的企业通常会有三种不同的反应：

第一种，否认变化。大多数金融服务企业无动于衷，它们希望施瓦布的一源系统只是昙花一现，转瞬即逝。

第二种，调整费用结构。一些高瞻远瞩、提供全套服务的经纪公司开始推出交易费用较低，甚至零费用的基金股份。

第三种，模仿。富达公司意识到销售渠道在投资管理中的重要性后，建立了自己的基金网络。它模仿一源系统的运作模式，在其基金网络中推出了 370 只基金，而且不收取交易费用和佣金。这些基金既有自己的，也有其他机构的。

施瓦布还改变了行业的发展方向。美邦公司和其他公司推出了销售其他公司共同基金的业务；几十年前，这种做法会被视为不务正业。

格雷格·莱思罗普说："实际上，所有的经纪公司都会竞相推出像施瓦布那样的业务。然而，它们积习已久的经纪人文化会发生实质性的改变吗？我认为这不太可能。"

所有这些都没有使嘉信理财公司放缓自己的发展脚步。1994 年，嘉信理财公司的营业收入达到了 10.7 亿美元，其中有 15% 的收入来自共同基金的服务费用。施瓦布的共同基金资产也从 1992 年的 122 亿美元增加到 1994 年的 197 亿美元，这样的增长势头一直持续到 1995 年。到 1996 年年底，按所管理的共同基金资产计算，嘉信理财公司已经成为继富达、先锋和美林证券之后的第四大经纪公司。

随着嘉信理财公司管理的资产数额不断增加，传统的市场参与者开始感受到了嘉信理财公司的强势增长对它们产生的威胁。共同基金公司对一源系统又爱又恨，尽管这一系统以极低的成本向它提供了资产的新来源。施瓦布掌握着所有客户的交易记录和服务，他需要做的只是给参与的基金公司寄去一张支票。然而，由于施瓦布一直掌握着客户，那些原先将自己视为某个共同基金客户的投资者也开始把自己当作嘉信理财公司的客户了。当客户的资产发生变化时，是嘉信理财公司而非共同基金公司为客户提供了抓住新机遇的渠道。

通过一源系统和投资咨询师的合作，施瓦布进一步加强了与客户的联系。在投资咨询师与他们的客户之间，作为第三方，嘉信理财公司发挥了桥梁作用。

施瓦布的竞争者总是比他落后至少一步。富达和其他公司后来才认识到施瓦布与投资咨询师建立合作关系的意义，它们也开始频频讨好这些投资咨询师。1992 年，富达成立了富达投资咨询资源集团，以此为投资咨询师改进后台服务，扩大富达咨询师基金（收费基金）的业务范围。

当其他市场参与者思考如何应对一源系统的策略并采取措施时，施瓦布仍然比它们先行了一步，他将公司内部运作的自动化扩大到与客户建立的直接联系中。

施瓦布说："我认为自己不是一个技术专家。但是，我能够提出解决问题的思路并制定解决方案。我知道自己想要什么，我有出色的计算机人才，他们会很好地理解我的想法。"

1989 年，施瓦布在这一方向上迈出了关键的第一步，他建立了电话经纪系统。公司的客户运用这一系统可以节省投资者的时间。施瓦布的下一个创新是推出语音经纪服务。这个系统采用语音识别软件，通过电话为投资人提供股票价格和账户信息。使用者不需要输入相关账号和代码，只需要说一句简单的话就能得到需要的信息。1993 年，针对个人电脑用户，施瓦布推出了"智能街系统"，该系统能够为客户提供全天候的交易信息查询和个人账户服务。

1995 年，公司推出了施瓦布电子业务系统，这是一次规模更大的变革。尽管 1984 年公司推出的均衡器系统已能够提供在线交易服务，但是施瓦布电子业务系统与此不同，它是专门为积极的交易商设计出来的一套完整的客户系统。这些交易商可以随时随地进入这一系统，无论是在办公室、家里还是在世界各地，无论通过个人电脑还是笔记本电脑，这些交易都可以全天候 24 小时进行。用户可以通过该系统独立完成在线交易，不需要别人提供帮助。那些积极的交易商运用这种低成本的工具完成经纪交易。嘉信理财公司仅收取每笔 29.95 美元的费用，因为对客户不需要的服务他们不收取任何费用。由于一直秉持以客户为中心的理念，而且始终坚持技术投资以更好地服务于客户，所以对嘉信理财公司而言，互联网的出现除了令他们感到惊喜外，更多的是给他们带来了新的机遇，因为他们的客户群普遍成立时间短，熟悉计算机操作。

在金融服务领域里，嘉信理财公司逐渐成为最容易打交道的公司，同时也成了最能创造价值的公司。从推出折扣经纪业务到折扣共同基金、投资信息和为投资咨询师提供服务等，每一次改革都创造出了巨大价值。

1985 年嘉信理财公司的业务范围还比较狭窄，其企业设计高度差异化，经营高附加值的折扣经纪业务。而到 1997 年，嘉信理财公司已成为一家高度差异化和高附加值的金融服务公司，它运用一种独特的配电盘企业设计为多个客户群创造价值。这些客户包括投资人、投资咨询师和共同基金公司（见表 8–1）。施瓦布的企业设计创新使公司的价值急剧增长（见图 8–3）。

表 8–1　嘉信理财公司的企业设计创新

要素	20 世纪 80 年代	1988 年	1992 年	1997 年
客户选择	“自己动手”的投资人	投资咨询师	共同基金投资人	区域银行 区域经纪商
价值获取	佣金	手续费 信息费	共同基金费用	手续费
产品差异化/战略控制	分支机构 品牌	投资咨询师的商业合作项目 技术	投资人免费 控制配电盘	技术 业务合作项目 品牌
业务范围	折扣经纪	后台服务	折扣共同基金	折扣保险 咨询师信息服务
	↓ “高附加值的折扣经纪公司”	↓ “投资咨询师服务提供者”	↓ “配电盘企业设计”	↓ “第二代配电盘”
嘉信理财公司的企业设计是循序渐进的，上一代企业设计中的因素会延续到下一代企业设计中				

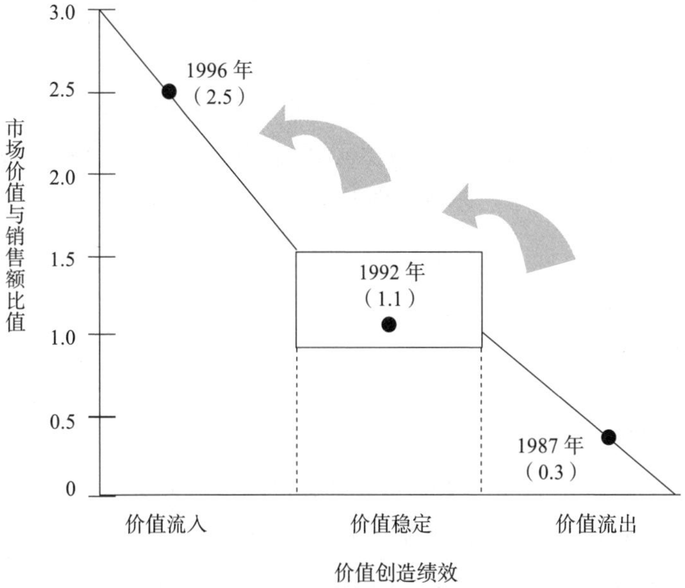

图 8–3　嘉信理财公司的企业设计创新

在这一行业中，为什么嘉信理财公司能够拥有如此强大的优势？在很多行业中，我们都会发现这样的情形：一种创新的企业设计出现了，但成熟企业无动于衷或反应滞后。许多公司对传统的商业模式深信不疑，它们不会思考：客户正发生着何种变化，我们如何为其创造更多的价值？即使解决这些问题要求它们改革传统的企业设计，它们也会固守原来的设计不放。

许多公司成立了自己的“基金超市”。杰克 · 怀特公司、艾库交易公司以及富达公司都提供了与一源系统相类似的共同基金和其他相关服务，而且不收取交易费。传统的经纪公司，如美邦、美林证券、美国运通和普惠也正在尝试着推出基金超市。

这些公司的综合反应决定着嘉信理财的企业设计所要面临的新挑战。模仿造成的破坏性威胁始终存在，它会把当前盈利的行业变成后来的无利润区。1988 年，当大量企业模仿小型轧钢厂企业设计时，纽柯公司也面临着这一问题。大规模的模仿提高了生产能力，但侵蚀了纽柯公司的利润。20 世纪 90 年代沃尔玛也遇到了同样的情况，当时，大量的企业正进入这一“易于竞争”的市场。沃尔玛不得不与那些更富有经验、经营能力更出色的对手竞争。英特尔公司面临这种情况时，为了拉开与竞争对手的距离，保持自身企业在利润区内持续运营，公司每 36 个月就会推出重大革新举措。

保持领先

嘉信理财公司在不断满足老客户金融需求的同时，也在吸纳新客户的进入。1996 年 4 月，嘉信理财公司推出了人寿保险业务，即折扣人寿保险。经过在 15 个州试点之后，施瓦布又推出了 5 年期、10 年期和 20 年期的寿险种类。他综合利用了在折扣经纪和共同基金方面的品牌和声誉，开始在寿险领域开拓市场。

下一步的举措是什么呢？施瓦布认为应当扩展现有一源系统的影响力。1996 年 10 月，他通过银行提供一源服务，获得了新的投资者群体。这一举动引起了很大争议，即使拥护他的人也对此有异议。

投资咨询师迈克·卡布里克说：“一些人认为施瓦布企图通过银行来抢占我们的市场，但是我的看法与此不同，这毕竟不是我们将要进入的领域。银行的客户或者不愿意向我们付费，或者不愿意把自己的投资转给他人。”

施瓦布首先赢得了投资咨询师这一客户群体，随后又联合共同基金公司，而现在施瓦布则利用一源系统敲开了银行的大门。

施瓦布的另一项创新是咨询师资源系统。1996 年，他针对这一系统开展了前期研究。在新的咨询师系统下，施瓦布的分支机构将拥有的客户介绍给施瓦布网络中的投资咨询师。这些客户往往拥有 10 万美元以上的资产组合，希望得到进一步的咨询和投资指导。当然，这些咨询师并非轻易地就能获利，他们需要支付该系统的营销费用。

为了在金融创新方面保持领先，施瓦布采取的一种方式就是极力听取客户的诉求，不管客户是个人投资者还是机构。就嘉信理财公司提供的服务来看，公司客户咨询委员会的意见可能比某些跨国公司的董事会更有影响力。嘉信理财公司的管理层不仅听取客户的意见和诉求，而且还据此采取行动。

内部人士指出的另一个因素是交叉培训。施瓦布的管理人员并非只学习一种业务，他们不会在一个岗位上一待就是好几十年，他们会轮岗工作，综合学习多方面的技能，参与多种实践。与电话经纪公司和传统经纪公司的同行相比，他们的能力更加全面。

莱思罗普说："施瓦布拥有一支源源不断、年轻又睿智的人才大军。施瓦布将钥匙交到了他们手里，让他们放手一搏。如果出现什么错误，那也没关系。允许员工犯错误正是嘉信理财公司的一种企业文化。"

目前，嘉信理财公司正在逐步建立跨区域、跨国界的经纪公司。例如，它在迈阿密开设了一家面向西班牙客户的服务中心，在旧金山开设了一家面向亚太客户的服务中心，中心的员工会讲汉语普通话、广东话，日语和越南语。嘉信理财公司还收购了英国的互联投资服务公司，意图通过该公司进入潜力巨大的国外新市场。

成功的逻辑

通过不断地思索并寻找问题的答案，施瓦布给金融服务业带来了天翻地覆的变化。施瓦布考察 20 世纪 70 年代经纪行业现状时发现，该行业实质上提供的只是一种产品，即一种集交易和咨询于一体的捆绑式产品。他提出了几个以客户为中心的问题："这种单一的产品确实能满足客户的需求吗？客户哪些需求得到了满足，哪些需求没有得到满足？我如何才能让那些需求没有得到满足的客户从我这里购买产品呢？"

就这样，在施瓦布以客户为中心的早期企业设计运行之后，他马上知道模仿者会很快跟进。随着针对富于经验的投资者群体竞争的日益剧烈，施瓦布找到了保护自己利润的方法。他不断地思索："还有什么别的客户群体被市场忽略了？为满足他们的需求我需要采取哪些手段呢？"

施瓦布意识到，为赢得经验欠缺的投资者，采取向投资咨询师提供服务的方法更为有效，利润率更高。因此，嘉信理财公司成了数以千计的投资咨询师的后台服务商，他们为客户、投资咨询师和嘉信理财公司都带来了价值。

20 世纪 80 年代后期，投资者对共同基金的兴趣高涨，他们希望有一种更简单可行的方法绕开自行挑选股票的工作。施瓦布发现，只有客户不再需要投资技能，共同基金才能流行开来。他又开始思索："这种行业变化能否创造出新的客户偏好？如果共同基金已经满足了客户对专业化投资的需求，我应该如何与基金公司合作来满足客户的进一步需求呢？"

他同样会从利润出发考虑这些问题。他想知道："我如何才能降低收入风险呢？是否能找到一种方法将交易收入转变为重复发生的收入呢？"

对于自己提出的这些以客户和利润为中心的问题，施瓦布找到了答案。他改变了公司的企业设计以满足共同基金投资者的需求，减少了交易记录管理中的难题，降低了交易成本。同时，他还让共同基金公司变成自己的客户，使它们以较低的成本找到投资人。由于每年嘉信理财公司会按照投资者资产的一定比例向共同基金公司收取小额费用，所以公司的营业收入来源也增加了。施瓦布没有被变化的行业趋势所遗弃，而是凭借其以客户为中心的逻辑找到了一条创造价值的新路，而这一逻辑正是连接两个群体的配电盘。

在施瓦布为下一代企业设计做准备时，他将会继续思考："客户的偏好发生了什么样的变化？客户需求的不断变化的逻辑是否已经告诉我们，下一个最盈利的机会将出现在哪里？"

施瓦布总是着眼于未来，始终走在行业前列，因而，他拥有一种首创精神，这种精神是一种无价之宝。

建立配电盘企业设计——问题清单

☑ 为了将客户当作服务对象而不是销售目标，我是否已经想方设法帮助公司转变了思维方式？

☑ 我是否清楚我和我的竞争对手做生意时所付出的时间、金钱以及我们争斗所带来的成本？

☑ 对于上述问题最好的解决方式是什么？

☑ 是否存在这样一个机会，既能产生高价值的中介业务（比如配电盘模式），同时又能增加买方和卖方的经济利润？

☑ 我是否设计出了这样一种模式，可以基于配电盘原理与其他商业伙伴进行合作，持续降低客户和销售商的成本？

第9章

英特尔公司前首席执行官安迪·格鲁夫：领先两步的企业设计

- 身处一个发展迅速和不断创新的行业里，我是否在想方设法地使公司保持在利润区内？
- 本行业中的供求关系如何？如何进行管理？
- 我能否控制本行业价值链中的更多环节？
- 通过与最终用户建立联系，我能否将公司引入利润区？

在《夺宝奇兵》这部电影中，开头的场景是年轻的考古学家印第安纳·琼斯为了寻找一批价值连城的古董，在一个古墓中机敏地穿行。他克服了寻宝之路上的各种障碍：致命的陷阱、蜘蛛洞以及背叛他的助手等。历经千辛万苦，他终于找到了梦寐以求的珍宝。但是，他刚刚拿起这件宝物，就触动了所有陷阱的总机关，古墓开始崩塌。他发疯般地顺着原路往回逃跑。一块巨石就在他的身后，紧紧地追赶着他。只要琼斯与这块巨石再接近一点儿，他便会被巨石压垮。

看到这样的画面，观众的心都会提到嗓子眼上。印第安纳·琼斯能够一直跑在这块石头前面吗？如果不能，他肯定会被巨石压死。但最终，琼斯竭尽全力始终与那块石头保持着两步远的距离，一直到他跑到安全的地方为止。

英特尔公司的安迪·格鲁夫就如同古墓中的印第安纳·琼斯。像琼斯一样，格鲁夫必须克服公司发展道路上的各种障碍；像琼斯一样，格鲁夫已经拿到了宝物——他已经身处利润区了；像琼斯一样，格鲁夫身后也有一块巨石在追赶他。如果竞争对手赶上了英特尔公司，那么英特尔就会被击败。但是，像琼斯一样，格鲁夫竭尽全力使英特尔公司一直领先竞争对手两步，从而使公司一直处于利润区之内。但是这种领先是非常危险的，只要英特尔失去对竞争对手的领先距离，它就会被迫离开利润区。

英特尔始终领先对手两步，这一企业设计能够使哪些企业从中受到启发呢？它们一定是与强大的对手在竞争中不相上下、无法摆脱竞争对手的企业，所具有的传统增长动力、利润和市场地位资源正逐渐丧失价值的企业，在短时间内完成创新并获得10倍以上价值的企业，以及能够在价值链的边缘环节利用特许方式控制整个价值链，而且在消费者眼中这一边缘环节被视为价值链核心的企业。

行业中的每一个人都在讨论缩短开发周期、加快技术创新等问题，然而，谁能找到解决这些问题的方法，创造和保护超高水平的利润呢？

格鲁夫在英特尔做到了这一点。在28年的企业发展历史中，英特尔在战略性经营和战略企业设计方面的创新，超过了其他公司一个多世纪的经历。英特尔公司面临过许多危机，做出过许多生死抉择，创造了比同时代其他公司更多的价值。

在20多年的变革中，格鲁夫找到了应对这些危机的方式。他的做法是，让企业始终高度关注客户的偏好和本行业的利润区。从进入英特尔公司的第一天起，格鲁夫就以客户为中心来思考问题，致力于为客户提供必需的服务和解决方案，加强自身企业的实力和品牌。格鲁夫已经控制了个人电脑行业的价值链，但做法与早期的竞争对手不同，他将自己的客户分为显性客户和隐性客户，并分别对待。其他芯片制造商总是将客户定位为电脑设备制造商。与此相反，格鲁夫在与电脑设备制造商制定了 x86 标准之后，便将客户重点转向了终端用户。他对终端用户的了解始终使英特尔公司在计算机行业保持着两步的领先地位。

另外，格鲁夫在英特尔担任总裁期间，也采用了以利润为中心的思维方式。他认为，与其在众多产品上与竞争对手拼得你死我活，不如在一种产品上保持两步的领先优势。格鲁夫看到了利润区的存在，并采取了相应措施使英特尔进入了这一利润区。

早期发展

正是秉持以利润为中心的理念，英特尔才得以创立。20 世纪 60 年代末，计算机存储器是由磁芯构成的，磁芯的制造成本占整个计算机总成本的 60%。这种古老的技术成为硅片技术创新与突破的目标。鲍勃 · 诺伊斯、戈登 · 穆尔和安迪 · 格鲁夫于是决定创立一家公司，进入这一新兴市场。他们下定决心要使公司成为这一行业的领先者。

基于在新兴的芯片技术方面掌握的专业技能，英特尔公司于 1971 年推出了它的第一款通用微处理器 4004。当时计算机行业的其他公司都认为，该项技术的价值将会自然而然地显现出来。但英特尔公司选择了一种完全不同的高调启动方式，它向客户大力宣传和证明微处理器的价值。针对不同的用户，包括工业设备制造商、自动化工厂、仪表制造公司、收款机厂商、计算器制造商和硬币兑换机厂商等，公司发起了“英特尔递送”活动，活动针对的对象实际上包括了使用微处理器的成千上万家企业。

与当时的其他市场营销活动相比，英特尔递送的特殊之处在于，它向每一家客户都付出了实实在在的努力。公司并没有依靠客户去发现这项重大技术的应用价值，而是自己建立一套企业设计，从而确定了客户的需求，并向客户解释英特尔的芯片如何能够迎合这些需求。英特尔公司不仅销售产品，也为客户提供解决方案。通过开发出更好的产品并迅速推向市场，英特尔能够促使客户更好地运营企业。

整个20世纪70年代，英特尔公司都高度关注客户。例如，格鲁夫以现代商业史上最简短的企业目标，即“争取福特”来团结整个公司。由于生产部门众多，福特公司成了一家非常有吸引力的客户。多数工业设备制造商每年只不过生产几千套产品，而福特每年的产量是几百万套。格鲁夫很清楚，如果英特尔公司及其产品想要获得成功，必须抓住像福特公司这样有利可图的客户。为了使福特成为自己的客户，英特尔公司内部进行了总动员，要求所有部门和员工都为实现这一目标献策献力。1981年，英特尔为福特公司专门设计的微控制器EEC–III开始安装于一部分汽车上。1983年，福特公司每月生产的15万辆汽车上都安装了英特尔生产的微控制器。

征服行动

“争取福特”行动仅仅是英特尔公司以客户和利润为中心理念的一次初步尝试，在其后的几年时间里，这种思维逐渐成了英特尔公司的企业设计。对这一行业而言，这种设计固然风险很大，但这是为了生存。等到大多数竞争者认识到了这一点，已经为时晚矣。

在20世纪70年代晚期的半导体行业，英特尔和摩托罗拉平分秋色，不相上下。英特尔公司认识到，如果任由这种局面长期维持下去，盈利的机会就会非常渺茫。英特尔公司必须创造出一种领先于摩托罗拉公司两步的企业设计，才能使公司稳步处于利润区之内。然而，利润来自客户而非产品。在构想这样的企业设计时，英特尔公司应该不加任何限制条件。这就是征服行动的起源。

从表面来看，征服行动是一种似乎“难以实现的目标”，但一些管理学文章或著作会向那些雄心勃勃的管理者灌输这一目标。之所以说这些目标难以实现是因为，它会带来各方面的广泛影响。制定不可能实现的目标并不难，但要实现这样的目标很困难。能否实现这样难的目标，其中的关键点在于，员工都应当清楚地察觉到，管理层对这一目标是非常认真的。他们会想：“哦，这次是要动真格了，我们也别无选择。他确实要这么做。”

征服行动一提出来，企业内部员工的反应各异，有的振奋，有的恐惧。征服行动的目标是在 2 年之内实现 500 项新的设计采用，不是 50 项，也不是 200 项，的的确确是 500 项。（应当注意的是，征服行动目标的提出是基于对客户的考虑，而不是为了扩大英特尔的市场占有率。虽然大多数行业，如广告、会计、咨询等都把客户数量作为衡量成功的指标，但它们大都是服务行业。在以产品为中心、以产品市场占有率为成败标志的计算机行业里，英特尔提出的征服行动是独一无二的。）

在英特尔，征服行动的指令来自战略决策中心，屋内的一张世界地图上标记着已经实现的设计采用。设计、应用和市场营销人员组成了一个特别突击小组，他们已经做好了准备，随时应对任何可能对有希望的设计采用构成的威胁。

征服行动的第一步是寻找销售线索。为了获得目标数量的设计采用，英特尔公司找到了上万条销售线索。然而，设计采用并不会简单地来源于销售线索。征服行动的蓝图反映出英特尔公司必须要努力销售。征服行动吸取了英特尔递送计划的教训，它更关注为客户创造正面结果，而不仅仅是专注于英特尔特别产品的销售。

首先应当关注的是时间。从客户角度来看，进入市场的时间选择是非常重要的，因为它可以使产品与众不同；从供应商的角度来看，进入市场的速度也很重要，因为先进入者能够获得溢价。征服行动注重的是及时开发出产品，将推出新产品的速度当作衡量整个公司业绩的关键指标。

关注进入市场的时间并不能保证实现该计划要求的设计采用。有意思的是，客户对新技术仍然持谨慎态度，所以先进入者必须付出额外的努力，向客户证实产品的价值。因此，客户解决方案是征服行动的第二个关键因素。在英特尔递送运动中，英特尔的市场营销部门通过出售程序和其他开发工具来帮助创造客户对微处理器的需求。在目前的征服行动中，除了上述的举措外，公司还提供现场的技术支持。英特尔推出了有关微处理器的培训项目，每年举行 50 多场讲座和研讨会。英特尔还编辑了一本手册，介绍英特尔公司的产品与系统未来的发展前景，以使那些关注未来产品兼容性的客户放心。英特尔扩展了芯片和其他附属产品的种类，使产品满足了更广泛的客户需求。通过开展征服行动，英特尔消除了客户对公司产品与自己设备兼容性的担心。

格鲁夫的努力成效显著，征服行动大获全胜。英特尔以客户为中心的方法获得了客户的认同。1980 年，英特尔公司实现了 2 500 个设计采用。英特尔的产品成为无处不在的大众产品，每一季度都会有几百种新设备使用这些产品，产品的广泛应用为英特尔确立了牢固的市场地位。英特尔获得的一项最了不起的设计采用来自 IBM。IBM 在新一代个人电脑上安装了英特尔 8088 芯片，而不是摩托罗拉的芯片。从历史角度讲，这可能是英特尔取得的最大成功。取得成功的一个关键因素是英特尔产品的广泛应用确立了其市场地位。获得 IBM 的订单是征服行动中最大的成功。过去，争取到福特的业务是一个巨大成功，而现在将 IBM 争取过来则是一个更大的成功。

英特尔公司在微处理器市场表现出色，但并不是在每一个领域都会有如此表现。1978 年，即征服行动计划实施成功的两年前，摩托罗拉已经推出了 68000 芯片，并获得了业内专家的一致好评。从半导体产品的销售额来看，摩托罗拉几乎是英特尔的 2 倍。在早期的微处理器市场上，摩托罗拉的垄断地位至少与英特尔不相上下。但到 1984 年，一切都发生了变化。英特尔 8086 微处理器的市场销售额上升为摩托罗拉 68000 微处理器的 9 倍。为什么会发生这样的变化呢？

人们通常认为，英特尔 20 世纪 80 年代的价值增长靠的是运气，即它被IBM选中，成为该公司个人电脑芯片的供应商。但熟悉这一行业的战略家都知道，英特尔的成功与运气没什么关系。

1978 年，英特尔和摩托罗拉都拥有足够的资源展开征服行动。摩托罗拉的年收入额为 8 300 万美元，英特尔则是 8 700 万美元。但是，英特尔对自己的企业设计进行了根本性的创新。除了销售产品，英特尔还销售包括产品、应用程序、技术支持在内的整体解决方案。此外，英特尔整个公司团结一致、持之以恒地为公司产品的差异化进行着不懈的努力。

结果是，摩托罗拉以更好的产品赢得开门红，而英特尔凭借更好的企业设计获得了最后的胜利。

追求价值，而不是数量

虽然征服行动使英特尔在微处理器业务上保持了领先两步的地位，但英特尔在主要业务上，即动态存储器（DRAM）业务上遇到了困难。20 世纪 70 年代末和 80 年代初，动态存储器市场一直呈现快速增长的态势。动态存储器的应用大幅降低了计算机的制造成本（注意，在 20 世纪 60 年代末，磁芯储存器占计算机成本的 60%），而且它的应用很快就得到了普及，销售收入和销售数量都很高。这个市场本来具有很大的价值，但是随着日本竞争企业，包括富士通、日立、三菱、松下、东芝和日本电气公司的大举进攻，竭力推行自己的成本优势，英特尔在该市场的前景令人担忧。随着日本公司制造技术的提高和美元汇率的走强，日本的存储芯片大量涌入美国市场。1978 年，美国的动态存储器产量是日本的 3 倍，英特尔公司在该市场一直处于领先地位。但到 1985 年，情况发生了很大变化，英特尔公司的收入开始下降。动态存储器属于高资本密集型业务，递减的成本曲线要求继续追加投资以提高生产能力，但资本回报率是有限的。时任英特尔首席执行官的穆尔和总裁格鲁夫意识到，继续制造存储芯片会使公司将全部资产投入到一场消耗战中。倘若英特尔公司仍坚持生产动态存储器，那么整个公司的业绩就会受到牵连。

他们意识到，动态存储器的生产已经变成一个无利润区，英特尔必须放弃这一领域，将资源配置到更有可能成功的领域。当然，不论从业务的角度，还是从感情的角度而言，主动放弃这一领域都是一项艰难的决策，因为公司当年成立的目的就是要制造存储芯片！放弃这一领域就好比要图书出版商放弃出版图书，汽车制造商放弃制造汽车。但由于日本芯片改进了生产技术，正大量涌入美国市场，为了生存，英特尔公司必须放弃这一曾经保持领先的领域。接下来，英特尔公司大举裁员，解雇了大约30%的员工。但无论如何，英特尔公司的领导人决定，公司必须转向一个能在未来获得价值的利润区，而不能仅凭借生产数量，在资本密集度高、无利可图的行业中抢占市场占有率。

做到独一无二

艰难地退出动态存储器领域后，英特尔未来的定位就十分清晰了。公司的未来定位就是微处理器生产商，但这也是一个没有保障的领域。面对这一严峻的现实，格鲁夫集中精力和资源，围绕微处理器来优化企业设计。在此过程中，格鲁夫从根本上改变了英特尔原有企业设计的关键要素，即改变了公司价值获取方式、产品差异化和业务范围。

整个20世纪80年代初，英特尔许可AMD和其他微处理器厂商生产自己的微处理器。英特尔有12家8086微处理器特许生产商，这12家占据总市场占有率的70%。英特尔批准微处理器特许生产商是出于以下四个方面的原因：第一，IBM要求自己的供应商在产品与技术方面有第二来源，这样即便英特尔出现问题，它还能确保有另一家稳定的芯片供应商向它提供芯片；第二，通过此举可以鼓励同类微处理器生产商采用英特尔的产品标准；第三，在不清楚市场需求的情况下，英特尔公司无法确定制造微处理器所需要的投资；第四，通过技术许可，英特尔公司抑制了竞争者独立开发新一代芯片的能力。

随着放弃存储器业务转而集中精力生产微处理器，英特尔转变了以许可生产获取价值的方式。

英特尔决定在价值获取和企业设计范围方面停止许可生产，这对英特尔的产品差异化意义重大。当英特尔采取许可生产策略时，它的差异化主要体现在先进的芯片设计和结构上。但是，竞争者会很快对非授权产品进行反向设计，在这些产品推出后的 12 个月内，就会生产和出售仿制的系列产品。在这种情况下，英特尔意识到，公司要长期生存下去，就必须加快研发和销售换代芯片产品的步伐，使模仿公司无法跟上英特尔的步伐。通过降低老一代产品对客户的吸引力以及降低老一代反向设计芯片的价格，并快速推出新一代芯片，英特尔不仅创造了高额利润，降低了市场竞争激烈程度，而且阻碍了模仿者跟进。因此，速度成为英特尔企业设计的基本特征，也是其产品差异化的主要来源。

了解了行业内的供求力量后，英特尔公司强化了以速度为基础的企业设计。英特尔是最早感受到用户强大力量的公司之一。英特尔主要向 IBM、康柏、东芝和日本电气这样的大型公司以及所有大型设备制造商出售产品。在这些实力雄厚的企业面前，英特尔如何站稳脚跟呢？特别是当这些企业巨头有了更好的选择时，英特尔该如何应对呢？除了做到独一无二外，英特尔别无选择，哪怕这种独特性只能保持一两年。如果英特尔是独一无二的，它至少能够部分地改变供求力量对比，使实力的天平更倾向于自己。

如果没有艰苦的努力，英特尔不可能拥有速度优势。为了改进产品开发过程中每个层次的工作，英特尔投入了大量的管理时间和精力。

技术投资也发挥了关键作用。1984—1988 年，英特尔在计算机辅助设计方面投入了 2.5 亿美元，高于其他任何半导体制造商。这种对工艺改进的投资占到了英特尔全部研发支出的20%。

最后，这种持续的努力和投资使产品开发周期大幅缩短。1985—1989年，英特尔许多芯片的开发时间都缩短了50%以上，从90周减少为44周。在一些特大项目上，开发周期也缩短了。尽管与386微处理器相比，486微处理器要复杂得多，晶体管数量是前者的4倍，成本是前者的2.5倍，但它的开发时间更短。竞争对手要用多长时间才能仿制这一产品呢？至少也要一年以上。因此，英特尔的竞争实力得以不断增强。

孜孜不倦地致力于技术领先和缩短产品开发周期也为英特尔带来了其他方面的好处。英特尔同时还吸引了大批人才涌入，越来越多的技术人才进入并留在了公司。对于硅谷的许多优秀工程师来说，重塑后的英特尔的声誉对他们具有很大的吸引力。在这样一个人才流动频繁的行业中，英特尔公司上层人员的流动性明显低于行业的平均水平。

缩短产品开发周期加大了英特尔在竞争中的领先步伐，但格鲁夫对此并不满足。他认为在企业设计方面英特尔还可以有其他选择。

格鲁夫认为，通过同步开发三代不同的微处理器，英特尔可以获得更大的差异化优势。因此，英特尔不再每4年启动一个新项目，而是几乎每年都要启动新产品的开发计划。奔腾6代的设计始于1990年，比奔腾5代的启动时间只晚了一年。开发奔腾7代的时间差则更短。为了实施这种重叠的开发计划，英特尔将设计活动扩展到了加利福尼亚州、俄勒冈州和以色列三个地方。

这种快速的、重叠式的产品开发对英特尔及其竞争对手产生了深远影响。对于英特尔而言，只要在新一代微处理器上保持6个季度的领先期，它就可以灵活定价并获得高额利润。格鲁夫认识到，客户最重视的是处理能力。处理器的运行能力越强，客户得到的效用就越大。个人电脑制造商们竞相将新一代的英特尔产品推向市场。为了获得更强大的功能，用户愿意支付更高的价格。竞争对手们希望通过加强反向设计来夺取领先地位，但都是徒劳的。一旦竞争者推出了仿制芯片，英特尔就会马上降价，这将严重降低竞争对手的利润，限制模仿者获得足够的现金投入。像AMD这样的竞争对手认识到，在英特尔缩短开发周期、保持两步领先的情况下，公司的营业利润首先会随着微处理器产量的增加而上升，之后便会下降（见表 9–1）。

表 9–1　营业利润比较

公司	1986 年	1987 年	1988 年	1989 年	1990 年
AMD	–13%	–3%	3%	6%	–3%
英特尔	–11%	19%	25%	22%	28%

格鲁夫创造的企业设计综合了集中投资、速度和时机掌握等因素，已经成为英特尔公司强大的利润引擎。毫无疑问，英特尔公司稳稳地处在了利润区之内。

为价值链中的价值而竞争

能有这样的成就，大部分公司都会感到满足。格鲁夫以利润和客户为中心的举措已经击败了早期的竞争者。20 世纪 70 年代末，英特尔实施的征服行动也使摩托罗拉希望拥有行业战略控制点以及两年领先地位的梦想破灭了。20 世纪 80 年代中期退出存储器业务领域之后，英特尔走出了由日本企业竞争而导致的无利润区。通过缩短产品开发周期，格鲁夫使英特尔公司领先于竞争对手，成为业内独一无二的企业。但是，格鲁夫仍然时刻保持警惕。即便在非常成功之时，英特尔也会开始思考下一个需要解决的问题和下一个企业设计。

从 20 世纪 70 年代早期开始，英特尔就不再仅仅是一家芯片公司，它还从事系统及外围相关设备方面的业务。对这些领域的涉足使英特尔在实施征服行动期间能够为客户提供解决方案。这方面的能力使英特尔能够有效地影响客户对英特尔产品的需求，并影响客户的产品与开发。当格鲁夫考察英特尔的客户（20 世纪 80 年代末的电脑设备厂商）时，他意识到，功能改进方面的任何失误都会影响客户需求的增长，并且会威胁英特尔差异化战略实施的效果。英特尔领先两步的企业设计是建立在对电脑处理能力的巨大需求基础上的（见图 9–1）。格鲁夫绝不会放过这一机会，或者将其拱手让给原始设备制造商。

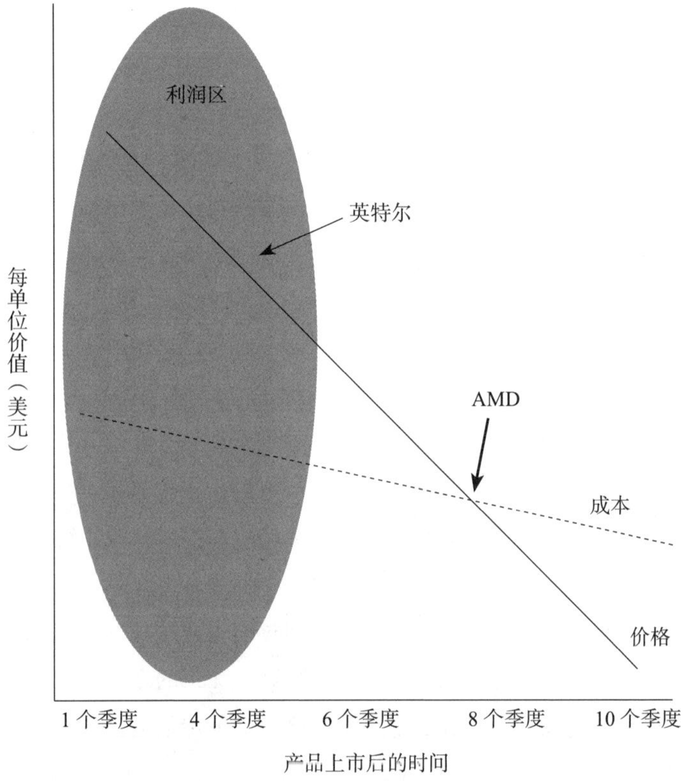

图 9–1　英特尔领先两步的企业设计

格鲁夫决定进一步推动他的事业，使英特尔的业务扩展到价值链的其他环节。英特尔开始制造芯片组，之后又开始制造使用了英特尔芯片的主板（主板是计算机的主要部件）。这种延伸增强了英特尔对整个价值链的影响力。当个人电脑制造商不能及时做出改进时，英特尔就会通过向新电脑制造商出售更多主板而进行干预。制造主板是个人电脑业中技术最具挑战性的业务，通过制造主板，英特尔减少了进入电脑组装市场的壁垒。英特尔有效地将个人电脑组装市场商品化，并且抓住了个人电脑价值链上的战略控制点。

这种战略控制使英特尔公司对整个行业竞争的“速度与节奏”产生了影响。这就意味着，其他竞争者必须适应英特尔的产品开发、生产能力和产品上市的时间安排。对硬件销售商而言，如果无法使自己的设计和开发时间安排迎合英特尔的微处理器推出时间表，那么就要失去重要的市场占有率，并丧失 3 个月的利润。

拥有客户关系

格鲁夫已经实现了对个人电脑价值链的战略控制，这是一个重要的优势，基于此，他可以控制计算机硬件销售商。然而，在以客户为中心的思维指引下，格鲁夫推动英特尔公司继续向价值链的其他环节延伸。格鲁夫思索这样一个问题：是什么使得公司在硬件销售商面前拥有强势地位呢？这一问题的答案可以用一个词来总结，那就是终端用户。终端用户永远不会满足，他们希望处理器的速度越来越快，他们需要范围更广、水平更高的应用程序，而这需要配备更强大的处理器。只要终端用户一直有这样的需求，英特尔便能够维持其领先两步的企业设计。

格鲁夫必须找到一种方法，发展与终端用户间的关系。他认为，英特尔必须开始在消费者中开展宣传。人们可以想象，英特尔内部关于对消费者广告问题的争论是何等激烈。强大的传统战略主义人士认为，“我们的客户是个人电脑原始设备制造商，我们应当关注这些客户，应当对它们施加更大的影响力，从而将这些客户的市场占有率最大化。”但是，当英特尔扩展到价值链的其他环节时，英特尔与这些原始设备制造商之间的关系已经由传统的供求关系转变为竞争关系。在竞争中，谁拥有与终端用户的联系，谁就能够占据有利位置。因此，英特尔公司发起了以终端用户为目标的“内置英特尔”市场营销计划。

内置英特尔计划是影响行业内供求实力对比的系列举措中的又一个新计划，这一计划在20世纪80年代末是不可能实行的，因为在当时的计算机行业中终端用户并不重要。即便到1991年，终端用户的影响力也不是很大。事实上，他们只是市场营销雷达荧屏上的一个微小光点。1991年，消费者在电视、机顶盒和录像机上的支出为60亿美元，而在电脑及其附属设备上的支出还不足10亿美元。但是这种情况正在发生变化，消费者在个人电脑方面的支出以每年50%以上的速度增长。这意味着，截至20世纪90年代中期，消费者购买个人电脑硬件的支出可能超过购买电视等硬件的支出。这种消费者购买行为的改变为英特尔创造了树立品牌的机会。

内置英特尔计划有些让人摸不着头脑，特别是在1991年该项目启动时这一点更明显。许多评论家都深感困惑。有人认为，由于英特尔的企业设计创造了巨额利润，对消费者做广告就是想通过金钱为将来的利益打基础。但是，了解格鲁夫的人认为，这样的观点严重误解了格鲁夫的思维方式。格鲁夫讨厌浪费、反对从事徒劳无功的活动。内置英特尔计划不是突发奇想，而是一项非常必要的举措。这相当于为鼓励用户使用英特尔的产品而先支付“订金”。内置英特尔计划为英特尔提供了一种增加价值的工具，它可以帮助众多使用英特尔芯片的制造商做出选择。1995年，内置英特尔的商标受到消费者的广泛欢迎，此时，英特尔公司已成功地遏制了电脑制造商选择芯片的自由。英特尔对品牌的投资为3亿多美元，这又为英特尔的模仿者设置了一个难以逾越的障碍。

英特尔的广告宣传活动转移了消费者对电脑厂商的关注和忠诚，使芯片制造商成了消费者关注的对象。对于消费者而言，最有价值的不再是电脑品牌，而变成了处理器。这种转变改变了品牌在价值链上各个环节的实力，但这种转变对IBM、康柏、戴尔等主要电脑制造商较为不利，反而有利于英特尔。对此，康柏愤怒不已。从技术上看，英特尔的主板帮助了新成立的低成本的竞争对手，内置英特尔计划限制了康柏选择微处理器的范围。关于康柏和格鲁夫之间恩怨的报道已连续好几个月占据了媒体头版。康柏能怎么做呢？毕竟，英特尔在与终端用户的关系和信心方面具有战略优势。

促使英特尔与消费者建立特许关系的另一个原因是计算机、通信和娱乐业呈现出了逐渐融合的趋势。英特尔公司认为，随着这些领域的相互交叉融合，个人电脑最重要的市场将会出现在家庭。在家里，计算机将与电视争夺消费者的闲暇时间。英特尔希望自己的品牌在这一迅速扩张的领域中成为消费者的选择。

安迪 · 格鲁夫和英特尔的故事并非只是一次行动、一次创新、一项发明。与其他创新者相比，格鲁夫通过一系列行动建立起一种相互强化的战略控制系统，创造出了更多的价值（见表 9–2）。“英特尔递送”、征服行动、退出存储器业务领域、保持两步领先、控制价值链，以及建立消费者品牌等，英特尔的每一项举措都意义非凡。但英特尔具有的最独特的优势是一种思维，在这一思维的指引下，即使在成功的情况下，英特尔仍然会坚持创新活动。

表 9–2　英特尔的企业创新

要素	1980 年	1985 年	1997 年
客户选择	工业设备制造商	个人电脑原始设备制造商	个人电脑原始设备制造商 消费者
价值获取	芯片制造和许可制造	芯片制造	芯片制造 主板方面有限的价值获取 品牌溢价
产品差异化/战略控制	技术	速度	速度 主板 消费者品牌 兼容性
业务范围	存储芯片和解决方案	微处理器	微处理器 芯片组 主板 价值链管理

与英特尔抗衡就如同执行一项离谱的命令。在竞争对手开始对其第一个企业设计做出反应时，英特尔就已经完成了两项新举措，使自己处在了更加领先的位置（见图 9–2）。

1995 年，英特尔已经将竞争对手远远甩在了身后。此时，英特尔的主要压力并非来自竞争者，而是来自直接的消费者和软件开发商，因为它们开发不出令人兴奋的、对处理能力需求大的应用软件。英特尔的问题不是来自千方百计模仿奔腾芯片的AMD公司，而是来自购买英特尔芯片的设备制造商。这些设备制造商的实力仍然非常强大，但行动缓慢。通过在消费者中树立自己的品牌和参与制造主板，英特尔遏制了它们的力量。现在英特尔关注的事情是促使设备制造商尽快做出改进。当价值链上相邻的环节严重损害了领先者的业绩时，英特尔就会陷入一种典型的价值链困境。英特尔利用它的战略地位控制着行业的前进步伐。落后者要当心！如果设备制造商不再创新，英特尔就会一直领先所有的企业两步。

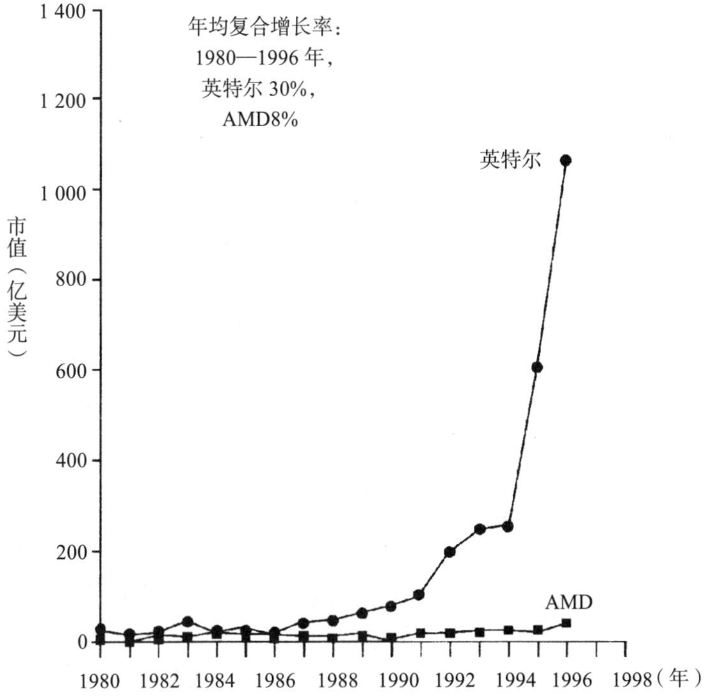

图 9–2　英特尔与 AMD 的市值增长

建立领先两步的企业设计——问题清单

☑ 我是否选择了一部分项目以创造领先两年的优势，而不是在所有业务上与竞争者势均力敌？

☑ 我是否已经尽力缩短了产品开发周期？

- 获取资源
- 出色的项目管理
- 改进技术
- 平行开发

☑ 一旦获得领先优势，如何才能保持并增强这种优势？

第 10 章

迪士尼公司前首席执行官迈克尔·艾斯纳：利润乘数企业设计

- 我的公司是否逐渐转变成知识产权型公司？
- 在知识产权业务中，创造最大价值增长的规则是什么？
- 我的行业里有多少家公司充分利用了这些规则？

1984 年，居住在圣路易斯的安德森一家 5 口正在计划如何度过暑假。夫妇两人绞尽脑汁地思考着陪孩子们去哪些地方。他们讨论了好多选择，突然，鲍勃·安德森想起一位同事谈起在迪士尼乐园的度假经历。他们那次度假非常愉快，而且听起来非常有趣。鲍勃向妻子简述了迪士尼乐园的情况，她非常感兴趣。简和鲍勃都没有去过爱彼克特中心，这个中心在几年前就已经建成开放了。“为什么不去看看？”他们最终把度假地点选在了迪士尼乐园。

这次的旅行非常开心。孩子们享受到了乘车和游戏的乐趣，而鲍勃和简则享受了美食和好天气，这次度假的感觉好得大大超出了他们的预期。而且，鲍勃认为这次旅行相当省钱。全家的机票费约为 800 美元，在酒店住宿一周的费用大约为700美元，吃饭和零食费用大约为500美元，一家人4天的公园门票费用总计为200美元，其他各种开销，如打车、给孩子们买东西等，一共花费500美元。旅行总费用没有超过3 000美元，这真的很不错。

6年后，也就是1990年，安德森一家又计划度寒假。孩子们现在已经长大了，跟他们一起旅行就更加众口难调了。他们不喜欢长时间乘车，而且那年暑假，他们已经去了几个国家公园，但效果不是太理想。尽管去国家公园的费用不高，但不太好组织。在公园里，孩子们没什么事情可做，而且天气还很糟糕。鲍勃和简花了好几周的时间思考去哪里度假，最后，还是孩子们为他们的父母做出了选择。孩子们一直在看迪士尼电视频道，而且还问什么时候能够重游迪士尼乐园。这真是个好主意。鲍勃刚刚给女儿买了一套小美人鱼玩具作为圣诞节的礼物，他的儿子还在看他买的《至尊神探》的录像。事实上，鲍勃买这样的礼物是因为孩子们在过去5年中一直都在看高质量的迪士尼电影。迪士尼乐园也许仍是此次度假最合适的选择。

结果证明，这次旅行每个人都玩得很开心。从1984年那次畅游之后，迪士尼乐园已经发生了很大变化，乐园里增加了一些新的游乐项目，以及许多卡通和电影人物。而且，当简带着孩子们游泳的时候，鲍勃还打了几个洞的高尔夫球。尽管这次游玩的花费接近4 000美元，比去国家公园的花费高出很多，但是全家人都认为花得很值。鲍勃买机票花了1 000美元，在迪士尼乐园游览花了1 100美元，餐饮费为750美元。他们不需要租车，因为迪士尼乐园景区里有班车，游客可以乘坐它们往返于机场和景区。同时，景区内部的交通工具每天都会把游客送往各个景点。公园里6天的费用一共是600美元，算下来比上次旅行期间的花费略多了一些，但这次游览的景点数量以及每个景点的游览项目都增多了。鲍勃花300美元给孩子们购买了一些小礼品。但是，他觉得在这里游玩非常便利，额外的花销也物有所值。

对比安德森一家的这两次旅游，迪士尼乐园从他们第二次旅游中得到的收入比第一次多很多。在安德森一家第一次旅行支出的 2 700 美元中，迪士尼得到了 200 美元的门票费，200 美元的园内餐费和零食费，以及为孩子买东西的 100 美元。总体来看，在安德森一家的支出中，迪士尼乐园得到的还不足 20%。

但在 1990 年的第二次旅行中，安德森一家共支出近 4 000 美元，除了机票外，迪士尼几乎获得了其他全部收入，这大约占他们一家整个旅行支出的 75%。迪士尼乐园内部有宾馆、公园、商店和餐厅，这些都可以为安德森一家提供服务。迪士尼为安德森一家提供了他们所需要的一切，让其旅行既方便又惬意。安德森一家没有任何不满意的地方。迪士尼已经找到了能让客户得到更好体验的方式，通过这种方式它提高了公司在消费者支出份额中所占的比重，从而增加了公司的利润。

那时，在迪士尼公司中最卖力地为迈克尔 · 艾斯纳工作的人当数那些动画人物了。在过去的几十年中，它们一直是迪士尼公司的招牌产品。艾斯纳或者迪士尼取得成功的基础是企业设计，这种企业设计能够使公司从知识产权中最大限度地获取价值。一种知识产权，无论是《米老鼠》《阿拉丁》，还是《狮子王》这样的作品，都能够多次给客户带来愉悦的体验，同时为股东带来更大的利润增长。

对于迪士尼而言，米老鼠和它的伙伴们是将整个迪士尼王国连成一体的基石，这一点不言自明。这个王国包括电影、主题公园、主题公园宾馆、录像带销售、零售和许可经营等。但是，看上去不言自明的目标并不容易实现，否则，所有迪士尼的竞争对手早就实现了这些目标。我们可以将迪士尼和其主要竞争对手——时代华纳公司（即原来的华纳兄弟公司、时代公司和特纳广播公司）的企业设计做一下对比。尽管这种比较并不全面，但是它有助于我们了解迪士尼制定的一系列成功的企业设计。像迪士尼一样，时代华纳也有电影制片厂和主题公园，而且在动画娱乐方面也有强大的特许经营权。然而，与迪士尼不同的是，时代华纳没能迅速地采取行动，进而及时抓住创造价值的新机遇。它也不具备能够使其资产增值最大化的分销能力（见图 10–1）。

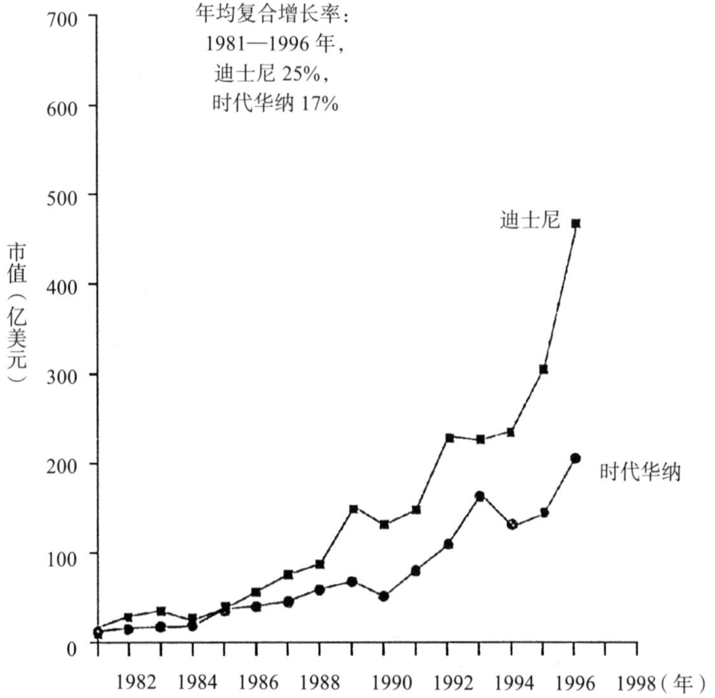

图 10–1　迪士尼与时代华纳的市值增长

例如，尽管时代华纳拥有丰富多彩的动画人物，如兔八哥邦尼、超人、蝙蝠侠，甚至是《疯狂漫画》杂志中的阿尔弗雷德 · E. 纽曼，但是它没有像迪士尼那样积极主动地从事商业化特许经营业务。直到后来，时代华纳才模仿艾斯纳进军零售业的做法，开展分销业务。

时代华纳在六面旗主题公园里使用了自己的动画人物，但它从知识产权中获取价值的速度要比迪士尼公司慢很多。尽管在美国有 85% 的人可以在一天之内便驱车到达一座六面旗主题公园，但是直到近期，时代华纳才将公园网络当作重要的分销手段。通过动画人物和消费者体验，蝙蝠侠探险车的亮相才最终使这些公园同时代华纳的电影娱乐业务联系了起来，从而使公园利用动画人物获得了收入。

迈克尔 · 艾斯纳和他的团队为迪士尼制定的企业设计为很多行业的管理人员提供了一种重要模式，这些行业隐藏着有待创新使用的资产。艾斯纳的企业设计创新和创造，与迪士尼历史上闻名的艺术创新和创造相比有过之而无不及。例如，艾斯纳增加了迪士尼客户的选择范围，其客户从儿童扩展到了家庭所有成员。而且，迪士尼为这些客户（包括小孩、家庭成员或者成人）提供了一系列娱乐选择，时间短的娱乐项目可以是一个小时、一个晚上，时间长的可达一天，甚至一周。

艾斯纳还扩大了迪士尼的业务范围。1984 年艾斯纳进入迪士尼时，公司主要制作电影、运营主题公园、销售特许经营消费产品。现在，除了这些业务外，迪士尼从事的业务范围还包括电视制作、电视和无线广播网络、有线网络、盒带录像、零售商店、主题公园宾馆、度假综合服务、体育团队、百老汇音乐剧和巡回演出等。

从一开始，迪士尼给自己的定位就是家庭娱乐公司。现在，得益于艾斯纳的企业设计创新，例如扩大了迪士尼的业务范围和客户选择等，迪士尼已经成为一家能够提供娱乐解决方案的公司，艾斯纳也因此为公司创造出一个更广阔的利润区。与其他公司相比，迪士尼公司对价值获取的考虑更全面、更深入。它创造或者进入了新的业务领域，这些领域之间互相促进，增强了各自的盈利能力。较之娱乐行业中的任何其他媒体集团，迪士尼的利润乘数企业设计创造出了更多的价值增长。

迪士尼系统创造的知识产权要比其他娱乐系统中创造的知识产权都更赢利。并且，这些知识产权成为重要的资源，为可持续的价值增长奠定了基础。

艾斯纳在创建利润乘数企业设计时，并非一帆风顺。在他的新企业设计全部实施之前，他不得不对迪士尼的企业设计进行两次改革，他首先从“成本超支”的电影业务开始。他的第一大挑战是建立能够使电影制作赢利的经营模式。

盈利电影制作模式

1984 年当迈克尔·艾斯纳加入迪士尼公司时，迪士尼公司名下有三个独立的模块：电影娱乐、消费产品和主题公园。由于多年疏于管理，这三项业务都陷入价值外流的困境。

迪士尼的电影制片厂曾经一度被认为是 20 世纪五六十年代一家实力雄厚的公司，而当时它仅排在业内的第三位。自 20 世纪 70 年代以来，过高的管理费用（行业平均管理费用为总收入的 20%，而迪士尼为 35%）使公司的利润逐渐降低。仅 1983 年，电影制片厂就亏损了 3 000 万美元。曾是世界上最受欢迎的度假胜地的迪士尼主题公园，在艾斯纳到来之前的 4 年中，有 3 年出现了游客数量下降的情况。

艾斯纳在迪士尼的第一个战略举措是重振迪士尼的基础业务，并使这些业务赢利。在以产品为中心的世界里，艾斯纳必须关注迪士尼的基础产品。如果艾斯纳不能够使迪士尼的电影赢利，他也就无法推动迪士尼的企业设计向赢利的方向转变。他采用的方式是抵制和废除成本过高的电影大制作的风气。

他的第一步行动是组建一个娱乐行业里最好的管理团队，由这个团队向迪士尼的全体员工灌输一种热情工作的理念。在以前的管理模式下，公司人员习惯了迟到早退。新的管理团队则希望员工在一周里能早到迟退，并且鼓励员工周末也在办公室里工作。公司内部有一句流行语：“如果你周六不来上班，那就别因为周日上班而烦恼。”

艾斯纳这种热情工作的精神为公司带来了新气象，他开创思路的技巧也非常具有革命性。艾斯纳具有超强的快速创造、评估和实施自己想法的能力，自沃尔特·迪士尼本人离开迪士尼公司以来，尚无人能与他匹敌。艾斯纳亲自主持管理人员的“头脑风暴”会议，不好的或者不符合迪士尼企业实践的理念会马上被淘汰，有潜力的想法也会立刻得到实施。

艾斯纳迅速地改变了迪士尼的文化——从原来的保守和缺乏活力变得富有激情和活力，这样的文化能够不断支持艾斯纳持续进行企业设计创新。

在迪士尼内部创造出适宜的成功环境后，艾斯纳准备向CAA（明星艺人经纪公司）和其他人才经纪组织的权威地位发起挑战。CAA是迄今为止业内最重要的经纪公司，它成立于1975年，不久后便成为好莱坞最强大的人才经纪组织。CAA的成功不仅基于其创始人兼总裁迈克尔 · 奥维茨杰出的组织才能和谈判技巧，而且来自其卓越的企业设计。这种企业设计的建立恰恰基于CAA对传统好莱坞电影制片厂在企业设计方面内在缺陷的研究。

奥维茨对好莱坞的业务有自己独到的见解。他认为电影制片厂依赖明星，而明星依赖电影故事。无论是保罗 · 纽曼还是罗伯特 · 雷德福，他们在电影上的成功基本上靠剧本的质量和影响力。大多数好莱坞电影制片厂都认为，明星既可能成就一部电影，也可能毁掉一部电影。奥维茨认为，电影故事才是关键。因此，他与纽约的一家文学经纪公司结成联盟，由该公司帮助他挖掘优秀的故事素材。

电影故事成为新体系的来源之后，奥维茨实施了他的第二步重大举措：包装。有了出色的电影故事，他会招募作家把故事写成剧本，然后把导演、主要演员、其他演员与剧本组合起来，形成一个完整的集体。当奥维茨与电影制片厂联系时，他掌握着所有筹码——故事、剧本和演艺明星。对于制片厂而言，这种方法是非常方便的，因为一部潜在卖座大片的所有关键要素都已经被预先组合在一起了，但是制片厂得为这一揽子计划付出高昂的费用。因此，大部分利润都到了CAA及其旗下的演艺明星的手里。

CAA认识到这一企业设计能够带来惊人的利润，因为奥维茨对每部电影收取的代理费来自4~6名演员，而不仅仅是1名演员。而且在谈判的时候，奥维茨处于强势地位，拥有故事和明星组合这些战略控制点。奥维茨独特的企业设计使CAA进入了越来越赢利的发展轨道。随着时间的推移，越来越多的演艺明星聚集到CAA旗下，因为成为CAA的一员要比单枪匹马进行谈判的成功概率高得多。奥维茨建立了一个杰出的配电盘企业设计，通过CAA将制片厂和演艺明星联系了起来。（有关配电盘企业设计的详细叙述，请参见第8章的内容。）

艾斯纳发现，拥有强大实力的奥维茨和类似的演艺人员机构的管理者把持了娱乐业，他下定决心要让迪士尼的企业设计摆脱他们的控制。他决定通过在迪士尼内部培养力量来组织自己的电影制作团队，由迪士尼公司的人员撰写剧本、联系明星并且制作电影。自好莱坞黄金时代的路易斯·迈耶和塞缪尔·戈尔德温以后，还没有哪个制片厂能够做得如此成功。

像奥维茨一样，艾斯纳认为电影的成功取决于故事，迪士尼必须有高质量的剧本，因此艾斯纳聘请了一个由顶级作家组成的团队。尽管迪士尼远远算不上一流的制片厂，但是它拥有众多杰出的剧作家，因此公司能够以低于顶级明星的费用聘请到许多杰出的、有创造力的演员。

如果发现影片有卖座潜力，迪士尼都会注重发挥明星效应。当红的演员费用很高，处于低谷期的演员要价则比较低。例如，迪士尼在拍摄《乞丐皇帝》这部电影时，贝特·米德勒和理查德·德赖弗斯正处于事业低谷，迪士尼与他们签订了合同，支付的费用仅相当于最当红明星的一小部分。机会主义式购买成为迪士尼企业设计的一个关键部分。在签订了这部电影的合约之后，德赖弗斯的经纪人抱怨道："他们简直吝啬到一毛不拔。"在随后的几年中，数以百计的迪士尼供应商、合作人和广告商都有过这样的感受。

尽管迪士尼因独立剧本写作和雇用处于低谷期的演员在业内脱颖而

出，但在电影制作方面，迪士尼与其他电影制片厂的业务流程都是一样的。但与其他电影制片厂不同的是，艾斯纳能够降低制作成本。对于制作一部电影来说，开拍前，对演员角色分配的焦虑和争论可能会耗尽摄制组的精力，而且在拍摄真正开始后，这样的焦虑和争论可能还会不断地持续下去。这样每天都有可能增加额外的花销，这会降低公司的盈利能力。在好莱坞，有许多影片出于艺术方面的考虑会变得几乎无利可图，而观众并不看重这些。接下来，剪辑工作就成了一场激烈的博弈，一方面要考虑影片的整体质量，另一方面要考虑众多水平高却自负不已的人，因为他们不愿意看到自己的工作成果被无情地剪掉。艾斯纳对预算进行了严格的控制，以此来确保成本保持在最低水平。

艾斯纳还努力分散迪士尼的财务风险。在任职早期他就发现，要建立稳定的迪士尼盈利模式需要低风险、利润稳定的电影，而不是大多数电影制片厂所追求的那种高风险、高成本的电影。迪士尼在推出卖座大片之前，首先要制作出能够赢利的电影。

艾斯纳联合华尔街的赫顿经纪公司组建了银幕合伙人公司（Silver Screen Partners），投资者可以通过这家公司为迪士尼的电影投资。那些投资者可以获得一部分利润，但是前提是在所有的费用都结清后他们才能得到。如果一部制作出来的电影没有赢利，那么迪士尼将在 5 年之后如数归还投资人的本金。因此，投资者的本金是安全的，而且他们的投资具有升值的可能性。作为交换，迪士尼得到了无息的资金支持，利用这些资金可以将迪士尼制片厂变成大型制片厂。1985—1989 年，持续有三个合伙人向迪士尼电影投入了 10 亿美元。

在两年内，艾斯纳便创造出成功运营电影制片厂的企业设计。《乞丐皇帝》于 1986 年 1 月上映。这部电影的票房收入表现很不错，同时得益于艾斯纳严格的成本控制，公司从这部电影中获得了利润。实际上，改革后的迪士尼制作的 15 部电影中，有 14 部是赢利的。

表 10-1 迪士尼的企业设计与行业标准的对比

要素	1986 年	
	"成本超支"的行业标准	迪士尼的盈利电影制作模式
客户选择	成人 一部分小孩	小孩 家庭
价值获取	自担风险 收支相抵的电影	盈利电影 分散风险 主题公园收入
产品差异化/战略控制	明星驱动	故事驱动
业务范围	数量众多的电影 CAA/经纪公司保障	少量电影 迪士尼组织 主题公园
运营方式	成本超支	严格控制预算 低成本明星、低成本拍摄地点

有了这么多部盈利电影，迪士尼电影制片厂决定扩大规模。截至1987年，迪士尼的电影制作已经由1985年的3部增加为13部。艾斯纳使迪士尼的电影制作业务重新赢得了利润，恢复了生产效率，也为公司进入一个更盈利的利润区的企业设计打好了基础。

卖座大片设计

尽管迪士尼的电影制作业务已经能够继续生存下去，但是它还没有制作出有影响力的大片。卖座大片对建立公司的声誉和鼓舞士气是非常重要的，而且会对公司的市值产生显著的影响。随着时间的推移，公司推出卖座大片的压力日益增大。卖座大片比普通电影的利润要高出很多。为什么？我们做个计算。制作电影的成本从2 000万美元到1亿多美元不等（主要考虑邀请的明星、特效、市场营销预算和拍摄地点等因素）。电影的收入从 1 000 万美元到 3 亿美元不等。一部收入为 5 000 万美元的盈利电影，如果成本是 3 000 万美元，那么利润是 2 000 万美元。如果一部卖座大片的收入是 3 亿美元（由电影制片厂获得），它的成本就是 1.5 亿美元，利润就是 1.5 亿美元。在以利润为中心的思维指引下，艾斯纳决定改变迪士尼的企业设计，将盈利电影制作模式转变为卖座大片模式。

艾斯纳制定卖座大片企业设计中的一个关键要素是理念的重大转变：公司从对产品的关注转变为对整个体系的关注。很早之前艾斯纳就意识到，一部盈利电影是基于一个好故事的。同时，他还认识到一部卖座大片需要的不仅是一个好故事和好执行，而且需要出色的营销和首映活动，以及成功的销售。

如果首映活动不成功，那么一部电影无法成为一部卖座大片。首映之后前 10 天的表现好坏决定了一部电影在票房收入上能否成功。票房上的成功决定了这部电影在利润丰厚的录像带市场上的盈利情况。在这种高风险的环境下，电影管理者会密切关注前 10 天的票房收入情况，他们的警觉程度不亚于虔诚的教徒密切注意罗马教廷的烟囱里是否有烟冒出来。

1987 年，迪士尼为自己制作的两部电影《三个奶爸一个娃》和《早安越南》进行了一次经过精心策划、范围广泛的营销和首映活动。

迪士尼原本打算在圣诞节前后推出《三个奶爸一个娃》，因为这是电影上映的最佳时间。但为了在圣诞节前为这部电影积攒人气和营造声势，首映式被提前到了 11 月下旬。

感恩节前后，迪士尼管理者踌躇满志而又惴惴不安，因为他们的脑海里一会儿浮现出的是欢庆胜利后的盛大场景，一会儿浮现出的是失败后的深深绝望。杰弗里 · 卡森伯格许诺道：如果在感恩节后的周六，这部电影的票房收入能突破 400 万美元，他就会在大会议桌上跳吉格舞。当这个周末来临时，整个公司的人都屏住了呼吸。

周一的早晨，卡森伯格开始跳舞了。在假期前后的几周时间里，《三个奶爸一个娃》的票房收入神奇地突破了 1 亿美元。迪士尼第一次打造了一部真正意义上的卖座大片。

艾斯纳续写着迪士尼的成功，他推出了第二部卖座大片《早安越南》。这次的营销战略和首映活动体现出创造力和坚忍不拔的精神，这样的精神最终成为迪士尼卖座大片企业设计的关键因素。这部电影的主演是罗宾 · 威廉斯，这位明星因为在20世纪70年代扮演了系列幽默剧《莫克和明迪》中的滑稽外星人而小有名气，但当时他在观众中的影响力并不大。为了提高威廉斯的人气，迪士尼安排他在《早安美国》《今天》和《奥普拉秀》中出镜。公司还为他拍摄了两个商业广告，一个广告活泼生动，它主要针对的是12—25岁年龄段的观众，另一个广告情感丰富，它面向年纪大一些的观众，主要描述的是英雄与越南落后地区的农民一起生活的情景。为了逐渐积累观众对这部电影的关注度，迪士尼尝试了一种史无前例的逐步推进的推广方法。他们起初只在三个城市上映这部电影。通过做好每一个细节的准备工作，并且创造性地采取一些方式避免可能出现的亏损，迪士尼显著地提高了票房收入。在两个月之内,《早安越南》这部电影的票房收入超过了1亿美元。迪士尼公司的发展出现了转机。

逐渐地，艾斯纳将制作盈利电影的企业设计提升为制作卖座大片的企业设计。迪士尼推行严格的成本控制制度，同时运用一些销售和首映技巧，使公司的收入实现最大化。

迪士尼卖座大片企业设计的下一个内容就是建立更强大的销售能力、增加票房收入和录像带的销量。

艾斯纳进入迪士尼时，迪士尼的分销部门是博伟影片发行公司，这家公司只在美国有业务。为了把电影打入国际市场，迪士尼与华纳兄弟的分销部门签订了合同。后来，艾斯纳果断地提高了博伟影片公司在美国国内的影响力，而且开始培养遍布全球的销售力量。在短短的两年之内，在电影分销行业，博伟影片公司就对华纳兄弟的领导地位形成了挑战。更好地分销有助于增加票房收入。通过对博伟影片公司注资，艾斯纳提高了未来制作迪士尼卖座大片的可能性。

1985 年，艾斯纳发现录像机正快速渗透进美国家庭。虽然当时许多家庭仍然通过有线电视观看电影，但是艾斯纳意识到这种情况马上就会改变，一个有利可图的音像市场正在形成。艾斯纳决定将迪士尼的娱乐影片通过录像带的形式发行。早在 1984 年年底，迪士尼在影院上映大银幕电影《木偶奇遇记》时，艾斯纳就认为这是实验以录像带的形式发行电影的理想时机。

但是，这次的实验结果不是很理想：迪士尼的收益仅为 900 万美元。但艾斯纳没有气馁，《睡美人》在影院上映后，他以特价发行了一套动画片录像带，这套录像带包括《睡美人》《小飞侠》和其他几部动画片。艾斯纳的坚持得到了回报：这套动画片销售了 500 万套。从这次成功的录像带的销售经历开始，艾斯纳一路高歌猛进。随后的 5 年中，迪士尼制作的 10 部最卖座的影片中，有 6 部是通过录像带发行的。

动画片在录像带市场上的成功增强了艾斯纳对重组迪士尼动画部门这一问题的关注。艾斯纳进入迪士尼公司时，动画片在美国电影市场上已经不再流行。1980—1981 年，在动画技术和人员方面投入重金的制片厂都获利甚微。1982 年，屏幕漫画家协会组织的罢工，进一步加剧了电影制片厂对全身心投入动画片制作的犹豫不决。

对此，艾斯纳有不同的看法。这种看法与他之前的假设一致，这一假设也是盈利电影制作的企业设计的基础——动画片要取得成功，前提是要有个好故事。同时，动画电影也具备长期盈利的可能性。尽管上映的动画片相对较少，但是它们通常都获得了极大的成功。在过去制作的 50 部大型动画片中，有 22 部名列《综艺》杂志排行榜的 100 强。而且，在这 22 部电影中，没有一部聘请过当红的明星。

拍动画片能够赢利，是因为它们比真人电影具有更长久的影响力。尽管 1940 年《木偶奇遇记》刚上映时出现了亏损，但后来的总票房收入高达 6 400 万美元，达到了迪士尼公司的盈亏平衡点。另外，艾斯纳从公众对迪士尼现有主题公园和消费产品的反应中得知，一部电影中的动画人物可以采用多种包装方式。后来，对动画片人物进行多重包装成为艾斯纳利润乘数企业设计的基础。

通过重新发行迪士尼经典影片，艾斯纳进一步促进了公司的价值获取。在重新发行一部电影时，迪士尼只需要投入营销、首映和其他方面的低廉成本。这样，公司就可以从以前制作的影片中获得所有收入。1987—1990年，迪士尼重新发行了《白雪公主》《灰姑娘》《小鹿斑比》《狐狸和猎狗》《小飞侠》《森林王子》等影片。

在动画片的潜在利润和成功发行的促进之下，艾斯纳着手重组公司不景气的动画部门。新生的动画部门取得的首次巨大成功，是大家齐心合力制作的动画电影《谁陷害了兔子罗杰》。这部动画片超出了所有人的预期，这部动画电影1988年的全球票房收入超过了3亿美元。到20世纪90年代，迪士尼的动画部门已经成了制作卖座大片的机器。差不多每隔12个月，这个部门就能策划、制作和推广上市一部动画大片（见表10–2）。《小美人鱼》《美女与野兽》《阿拉丁》《狮子王》《风中奇缘》《钟楼怪人》《大力士》相继上市。就这样，一部又一部动画大片给公司带来了丰厚的利润。

表10–2　迪士尼的卖座大片

发行日期（年）	片名	票房收入（百万美元）	
		美国	海外
1987	《三个奶爸一个娃》	168	65
	《早安越南》	124	35
1988	《谁陷害了兔子罗杰》	154	160
1989	《亲爱的，我把孩子缩小了》	130	80
1990	《漂亮女士》	178	200
	《迪克·特雷西》	104	50
1991	《美女与野兽》	146	180
1992	《阿拉丁》	217	250
	《修女也疯狂》	140	20
1994	《狮子王》	313	400
	《圣诞老人》	145	60

利润乘数企业设计

20 世纪 80 年代后期，艾斯纳发现，尽管卖座大片企业设计给股东创造了越来越多的价值，但是电影制作成本也水涨船高，高昂的制片成本存在将卖座大片设计挤出利润区的风险。他抓紧时间探索能够积极利用迪士尼无形资产的方法，以确保迪士尼处在利润区之内。他还想办法使迪士尼的各项业务能够互相促进，建立一个利润倍增的体系。为此，他制定了两大战略：一是以利润为中心的分销战略；二是为家庭娱乐提供整套解决方案的战略。

艾斯纳最成功的一次冒险是将迪士尼从产品的创造者转变为产品的创造者兼分销商。电影制作的很多利润都来自产品之外。为了拓展迪士尼在价值链上的其他业务并获得更多价值，艾斯纳控制了更多的产品流通渠道，而且他还建立了一些新渠道（见图 10–2）。

从 20 世纪 20 年代迪士尼公司创立到 80 年代初期，迪士尼主要是产品创造者。它制作动画片或者真人影片，讲述适合儿童和家庭的故事。20 世纪 50 年代，迪士尼开始制作电视剧。目前公司有四个主题公园，并且在人物的特许使用费方面获益颇丰。但是，迪士尼在设计人物和故事创作方面投入了大量的精力、资金和战略资源。艾斯纳投入了很多精力探索新方法，从而使迪士尼能够从其创造性资产中获得更多价值。

一条可行的途径是使公司涉足零售业。多年来，迪士尼一直特许制造商使用自己拥有的卡通形象，然后由这些制造商将带有迪士尼卡通形象的产品出售给零售商。艾斯纳来到迪士尼时，这种运营状况仍在持续。在带有迪士尼卡通形象产品的批量销售的收入中，仅有 7% 会交给迪士尼公司。1984 年，迪士尼在该项业务上的收入为 1 亿美元。艾斯纳认为，迪士尼应当从自己的产品中获得更多价值。

在价值链的另一端，零售商从迪士尼的产品中获得了大量的收入和

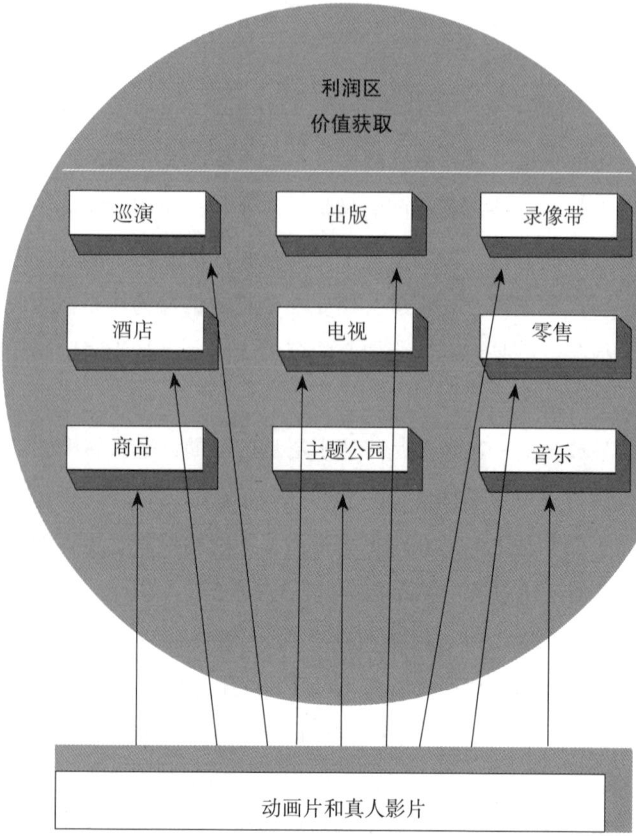

图 10–2 迪士尼的企业设计

利润。艾斯纳对这种方式的经济性和消费逻辑提出了质疑，然后他开始酝酿一次彻底的变革。一旦进入零售行业，迪士尼既能够分享零售商的经济回报，又能与客户建立更直接、更有价值的联系。艾斯纳进军零售业的计划体现的绝不仅是这样一种认识，即企业设计变化是“选择”而来的，而不是“给定”的。艾斯纳成功地跳出了现有企业设计的选择范围，创造了一种未来能够实现显著价值增长的新模式。

在迪士尼公司内部，艾斯纳的想法遭到了极大的质疑。运营零售连锁店并不是迪士尼的强项，也远不是公司的核心竞争力。迪士尼如何与玩具反斗城、梅西百货以及FAO施瓦兹这样的玩具零售公司抗衡呢？

在艾斯纳的设想中，迪士尼商店应该为客户提供更好的购物体验。通过综合利用迪士尼的品牌和服务文化，艾斯纳创造了一种积极的客户体验，也为价值获取创造了一种全新的工具。

尽管公司内部仍有质疑，但艾斯纳仍然如期施行了自己的计划。第一家样板迪士尼商店在加利福尼亚的幽谷拱廊商场开业，而这家商场就位于迪士尼伯班克总部附近。商店出售的商品种类繁多，价格有高有低，有洛斯（Lorus）品牌的迪士尼手表，拉瑞特斯（Rarities）制造的迪士尼珍藏金币，哈思伯罗（Hasbro）制造的经典米老鼠和唐老鸭毛绒玩具等 。

幽谷拱廊商场里的迪士尼商店开张后的第一年，每平方英尺的销售额达到了 1 000 美元，这一数字是业内领先零售商的 2~3 倍。这家零售商店无可争议的突出表现，使得迪士尼是否进军零售业的争论就此结束。现在争论的主题变成了如何进一步拓展迪士尼的零售体系。迪士尼的零售商店从 1988 年的 10 家发展到 1998 年遍布全球的 630 家。

在音像制品领域，迪士尼下属的分销渠道博伟影片发行公司的实力自 1984 年以来不断增强。起初迪士尼在国内增加了网点，之后又进入了国际市场。在博伟影片发行公司成立之前，迪士尼通过竞争对手的分销渠道出售自己的产品。而现在，迪士尼运用自己的分销渠道销售竞争对手制作的电影。博伟影片发行公司一个最大的成功就是迪士尼录像带的销售。全美各地的观众越来越多地选择租借或者购买迪士尼电影的录像带，其数量超过了其他任何一家制片厂制作的电影的录像带。艾斯纳对博伟影片发行公司的投资决策使公司从本已成功的影片中获得了更多的价值。

迪士尼从产品转向分销的第三大举措是购买ABC（美国广播公司）

的都市频道。作为一家主要的电视网络和几个关键频道的东家，迪士尼现在能够更便利地进入美国家庭。迪士尼的制片厂可以为ABC拍摄电视节目，其中既有动画片又有真人电影，它通过这种方式将自己的产品大量销售给消费者。在美国，ABC有线电视拥有1亿个家庭用户。同时，通常情况下在黄金时段，有2 000万户收看ABC的节目。ABC的ESPN（娱乐与体育节目电视网）确保了迪士尼率先进入潜在的利润丰厚的亚洲市场。

此外，由于长期管制措施被取消，电视网络制片厂运营的羽翼也逐渐丰满起来。艾斯纳最不愿意看到的是，美国广播公司、哥伦比亚广播公司和美国国家广播公司利用它们成熟的分销渠道，投入巨资进入电影制片业。但是，迪士尼控制了ABC，因此它在与主要潜在竞争对手的竞争中占得了先机。

迪士尼的利润乘数企业设计也为迪士尼电影提供了一张安全网。即使像《钟楼怪人》和《大力士》这样的非卖座影片，迪士尼也有各种办法从中获利。而一旦像《野鸭变凤凰》和《棒球天使》这样的系列电影获得成功，迪士尼的分销网络就能够显著提高现有迪士尼卡通形象的价值，并提高迪士尼未来创造的所有卡通形象的价值。无论什么时候一个新的卡通形象被创造出来，它都能通过数以百计的零售商店传播出去。就这样，公司拥有了电影制片厂、录像带业务、积极的许可政策、自有的零售运营业务、主题公园以及重要的电视网络，利用它们迪士尼就可以顺利、快速地将自己的卡通形象从概念引入第一媒介、第二媒介，直到引入全美销售的零售产品中。这种日臻完善的体系确保了迪士尼的电影卡通人物卖力地为股东创造价值，这是任何其他电影公司的电影人物所难以比拟的。迪士尼的每一个电影卡通人物给公司带来的利润都会通过迪士尼的经营体系而价值倍增。

迪士尼还能够利用它的娱乐解决方案增加利润，这突出体现在主题公园部门的企业设计变化中。这些变化既体现了对现有制度的最优化，也体现了经营范围的创造性扩张。现在，除了从主题公园资产中获得诱人的回报外，在家庭度假方面，迪士尼也享有非常高的品牌知名度。

艾斯纳对主题公园业务模式的第一大创新是，为了增加游客的数量而采用与市场接轨的机制。由于对重大事件的新闻报道相当于做免费广告（这样的例子包括纽约媒体对迪士尼在纽约时代广场中的亮相，以及1997 年 6 月迪士尼参与晚间游行等的关注），主题公园部门的管理者几乎没有人相信在广告宣传方面进行投资会产生诱人的回报。但其中也有几名管理者不同意这样的看法，他们在芝加哥、休斯敦和堪萨斯城当地电视台和报纸上进行了一场广告闪电战，其宣传效果好得出人意料。每 100 万美元的广告投入为主题公园带来了 154 000 名游客。中西部的广告投放大获成功之后，艾斯纳趁热打铁。1985 年，他为迪士尼乐园成立 30 周年举办了一次声势浩大的宣传造势活动。

增加前往主题公园游客的数量只是第一步，艾斯纳看到了更大的盈利潜力。20 世纪 80 年代中后期，游客对主题公园非常满意：这里的服务质量高，服务设施完善，服务水平一流，而且客户的整体体验一流。在亲自阅读了几位热情客户填写的满意度调查表后，艾斯纳发现最紧迫的问题是价值获取。几年内，公园都没有提过价，而且公司也没有为增加游客人数采取过行动（直到最近才开始宣传）。迪士尼为游客创造了超值服务，但公司获取的收益与之不相匹配。

每年大约有 3 000 万人游览迪士尼主题公园。艾斯纳知道，公园的门票每提高 1 美元，一年的运营利润就会增加 3 000 万美元。迪士尼内部的许多人都为提高主题公园门票价格而感到担心。然而，对于艾斯纳而言，问题不是是否提价，而是如何提价。解决这一难题的方法就是逐步提价。迪士尼乐园的票价从原来的 18 美元涨到了 1985 年夏天的 19.50 美元，之后在当年冬天提高为 21 美元。在之后的 6—8 个月中，门票价格仍有提高。就这样，到了 1988 年，迪士尼门票价格上涨到了 28 美元。然而，在 4 年多的时间里，门票价格的年均涨幅并没有超过 10%。结果，在并没有受到公众负面反应的前提下，迪士尼的年营业利润增加了 3.1 亿美元。

艾斯纳注意到，虽然主题公园的门票价格提高了，但来主题公园游玩的人更多了。艾斯纳开始计划如何“占有”游客假期更多的时间。假期开支可以分为几大类：旅行、住宿、食物、娱乐、纪念品和零星开支等。迪士尼的利润主要来自三个领域：食品、娱乐和纪念品。在主题公园所在的区域，迪士尼为当地的酒店和景点带来了巨大的经济利益，这种利益同迪士尼产品为零售商带来的利益如出一辙。艾斯纳提出了这样一个问题：在一个家庭的度假开支中，迪士尼可以拿到多大的比例？

艾斯纳没有将自己的思维局限在传统的娱乐公司定位上，他在很多零售环节和度假价值链环节进行了投资，进而从根本上重塑了迪士尼的企业设计。这些投资的共同主题是，希望在提高游客体验质量的同时，实现与迪士尼体验相关的收入和利润的最大化。

首先，艾斯纳大幅增加了公司酒店方面的业务。此后，迪士尼不仅可以为进入主题公园的家庭提供一天的服务，而且可以提供整个假期的服务。截至 1992 年，公司酒店的客房增加了 4 倍。当时，位于奥兰多的酒店入住率约为 68%，而迪士尼的平均入住率则高达 90%。

为了占有游客度假期间更大比例的开支，艾斯纳采取了另一项举措。他增加了迪士尼乐园的娱乐项目。在他任期之内，米高梅电影制片厂和其他主要的娱乐项目应运而生。在度假区，孩子的父母有机会玩高尔夫球、参加会议，甚至在迪士尼学院进行学习。通过将主题公园的运营转变为整套度假方案，艾斯纳正在打造一个娱乐业内无可撼动的品牌，它就好像迪士尼一系列的经典动画电影在家庭娱乐业方面所打造的强大品牌一样。

对于不能度假或者不能就近享受迪士尼体验的人而言，迪士尼公司提供了另一种选择——迪士尼俱乐部，这是利润乘数企业设计的最新组成部分。迪士尼俱乐部是地方性的组织，它可以提供二三小时的即兴参观，那里有许多游乐区供孩子游玩，还有饭店和零售商店。第一家迪士尼俱乐部在加利福尼亚州的千橡市成立。在正式成立之前，有 1 000 多名迪士尼粉丝排队等着加入俱乐部。艾斯纳打算在全世界的城市和郊区都开设迪士尼俱乐部。

正如其他所有的创新一样，迪士尼不是所有的创新举措都能成功。有一些创新事后被证明完全是一场灾难。在构建利润乘数企业设计的过程中，艾斯纳经历了几次挫折。迪士尼第一次在录像带市场上的冒险就是发行《木偶奇遇记》这部电影，但效果并不理想，因为当时有录像机的美国家庭并不太多。更大的失败发生在坐落于巴黎附近的迪士尼欧洲公园开业之后。公司对欧洲游客的许多假设和盘算都出现了致命的错误，这些错误包括从定价到对游客旅行行为的估计等各方面。

迪士尼欧洲公园在开业的前几年里，其运营状况非常糟糕，客户的满意度也不高。经过多年的努力，这些错误才得以纠正。

尽管在过去有过无数次战略和战术失误，迪士尼公司仍旧不断地探索以新方式提高盈利能力的方法，这一做法还是值得称道的。当艾斯纳意识到可持续的价值增长取决于他建构的企业设计而非他自己后，他将利润乘数企业设计的理念灌输到了迪士尼的各层体系中。

在担任迪士尼公司综合和特别项目副总裁期间，艾斯纳的这一理念确保了迪士尼从其知识产权产品中获得最大价值。有了这种理念以及伴随这种理念而产生的思维模式，艾斯纳使公司在未来持续增强盈利能力的可能性大大增加。

下一步创新

1985 年前，迪士尼面临的最大挑战是克服目标快要实现时所出现的停滞。几年之内，艾斯纳创立了盈利电影制作模式，迪士尼公司也因此战胜了长期以来位居市场领先地位的派拉蒙电影公司。随着电影制作成本的增加，利润区也发生了转移。要继续保持盈利，迪士尼就需要不断地生产出卖座大片。因此，艾斯纳创造了卖座大片企业设计。之后，20 世纪 80 年代末、90 年代初期，艾斯纳又再次对迪士尼公司进行了改革，这次他基于卖座大片企业设计创造出了利润乘数企业设计。当娱乐行业内的竞争日益加剧时，艾斯纳想方设法地使迪士尼公司成功进入了利润区（见表 10–3 和图 10–3）。

表 10–3　迪士尼的企业设计创新

要素	1984 年	1990 年	1996 年
客户选择	儿童	儿童 成人	儿童 成人 家庭
价值获取	电影销售 许可经营	卖座大片 主题公园门票、酒店 零售	卖座大片 利润乘数模式
产品差异化/战略控制	版权	版权	版权 分销 品牌
业务范围	电影制作 主题公园 消费产品特许经营	主题公园 卖座大片 消费产品的零售 录像带	卖座大片 整个迪士尼体系 主题公园 零售 电视 体育团队 其他形式

现在，利润区又发生了变化。迪士尼公司面临着维亚康姆、时代华纳、鲁伯特·默多克的福克斯新闻公司等众多强大的竞争对手。这些公司

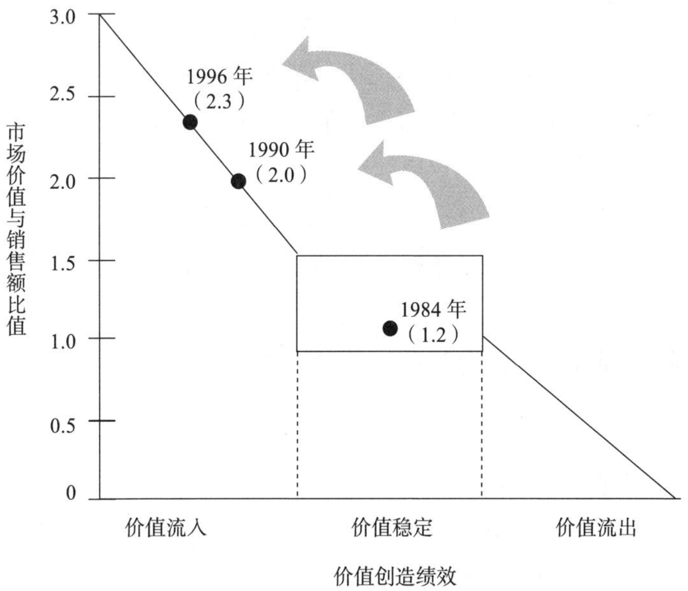

图 10–3 迪士尼的企业设计创新

都开始模仿迪士尼的利润乘数企业设计。例如，维亚康姆大力宣传其热门电影《独领风骚》，它的一个部门竭力为《瘪四与大头蛋》这部电影宣传造势。维亚康姆采用的方式与艾斯纳卖座大片企业设计中早期的营销和发行策略非常相似。维亚康姆也开始使用西蒙与舒斯特公司出版的教材，收看尼克劳迪恩频道的节目，而且创建了一个教育网络。

迪士尼还面临一个更微妙的内部威胁，那就是成功本身。由于公司的业务变得越来越广泛和复杂，迪士尼也面临与IBM、通用汽车公司一样的问题：公司需要变得八面玲珑，面面俱到，服务所有人吗？迪士尼的客户选择和业务范围是否过于广泛？另外，随着迪士尼的业务模式变得更加复杂，它必须应对新的挑战。例如，尽管对ABC都市频道的收购显著地增加了公司的分销渠道，但这样是否能使公司业务变得更加复杂？公司还面临新的短期压力。迪士尼收购ABC时，ABC在业界排名第二，然而收购结束时，它的排名跌到了第三。

这股新形成的势不可当的力量——最大、最盈利、依靠最强大的智慧建立起来的娱乐业的企业设计能使企业保持必要的灵活性，从而领先于竞争对手吗？在一个价值变迁速度非常高的行业里，迪士尼能够一直保持领先地位吗？我们拭目以待。

艾斯纳本人曾说过："每隔 7 年，企业就需要改变自己。"果真如此的话，迪士尼已经为下一次改革做好了准备。

制定利润乘数企业设计——问题清单

- ☑ 在我所处的行业中：
  - 谁创造价值？
  - 谁获取价值？
- ☑ 如果我创造价值而其他人获取价值，那么我该如何改变这种情况？
- ☑ 在我所处的行业中，哪些是基础资产，即人们未充分利用的资产？
- ☑ 通过哪些途径可以释放价值或重新获取价值？
  - 新产品
  - 新组合
  - 新样式
  - 新客户群
  - 新分销渠道
  - 新地理位置
- ☑ 在以上这些途径中，有哪些是我已经知道如何操作，但尚未实施的？

☑ 在以上这些途径中，有哪些是我的公司需要了解的释放或增加价值的新途径？

☑ 在所有业务中，我是否已经建立了一种相互促进、提高盈利的关系？

第 11 章

美国热电公司创始人乔治·哈特索珀罗斯：分拆型企业设计

- 随着公司的壮大，我能否不断激励并且留住杰出的人才？
- 是否有必要以股票的价格来衡量公司的核心业务？
- 公司的股票价格是否被低估了？
- 公司的规模是否影响你领先客户的能力？

1990 年，威尔·汤普森正准备换工作。在此之前，他的职业生涯还是相当成功的。大学毕业后，他在一家大型会计师事务所工作了几年，后来他去了一家顶级商学院学习，并获得了MBA学位。自此以后，他一直在一家大型装备制造公司工作。作为这家公司升迁速度最快且受人尊敬的经理之一，他积累了丰富的经验。他收入颇丰，工作也很体面，但他并不快乐。他有强烈的创业意识和出色的创业技能。在过去 6 年中，他开创了两项业务，这是非常了不起的成绩，但是，有两件事情一直困扰着他：第一，公司制定决策的速度太慢了，满足不了实际需求；第二，受公司薪酬规模结构的制约，他的薪水已经达到了上限，已没有增长的空间。

因此他开始寻找新工作。他已经收到了几家公司的邀请，但这些公司的规模太大、行动迟缓，他不喜欢这样的公司。他曾想过在硅谷创办自己的公司，但是他不确信自己愿意承担那么大的风险或投入那么多的时间。他非常清楚应该如何创建和运营一家公司，但是他知道要积累资源、使公司走向成功需要花好几年的时间。他想去一家规模足够大的公司，因为他不必面对不断寻找新资源的压力。同时，这家公司的规模也不能太大，这样它才能不失去创业精神。

他对这件事情想得越多，对周围公司的关注也就越多。思来想去，唯一符合他各项要求的只有一家公司——美国热电公司。如果他去美国热电公司工作，那么他既能享受小规模公司的好处，也可以享受跨国公司的优势，看上去这家公司完全能满足他的要求。于是，威尔决定去美国热电公司考察一番，看看它是否是最适合自己的公司，是否能让他发展自己的事业，是否能让他获得股权回报的收益。

截至 1982 年，美国热电公司采用同一个企业设计已经有 30 年的时间了。这一企业设计一直为公司及其创始人乔治·哈特索珀罗斯提供着不错的服务。公司在马萨诸塞州成立了沃尔瑟姆研发部。由于公司能够不断地从该部门得到改进产品的新理念，公司的销量得以以年均近 30% 的速度增长。然而，哈特索珀罗斯也在捕捉自己周围的变革信号，尤其是那些持续暗示需要改变企业设计的信号。

首先，尽管政府在环境保护方面的支出——这是美国热电公司收入的主要来源——在整个 20 世纪 70 年代一直稳定增长，而且年均增长率达到 16%，但 1982 年，政府在这方面的开支下降了 4%。同时，美国的实际GDP（国内生产总值）也在下降，这预示着经济衰退和激烈的竞争即将来临。

哈特索珀罗斯说：“经济衰退确实伤害到了我们大部分客户，我们也受到了不利影响。汽车公司、装备制造商等依赖美国热电公司提供节能技术的资源密集型企业现在买不起我们的产品了。我们失去了大量客户。”

政府支出减少，再加上公众对环境问题的关注日益减弱，预示着美国热电公司未来的客户与之前提供服务的客户会有所不同。市场的变化要求美国热电公司改变自己的客户选择和产品范围。

哈特索珀罗斯还认为，美国热电公司目前采用的企业设计并没有得到市场的正确评价。

他说：“1982 年，美国热电公司的市值是 6 000 万美元。它表明公司市值大幅下跌，因为公司市值最高时达到 1.8 亿美元。据我们计算，如果公司的每项业务都能上市，那么公司的市值应该接近 2 亿美元。”

哈特索珀罗斯和公司其他高层管理者开始努力思索如何改革现有的企业设计，为股东创造更多价值。

他们也考虑到了公司的员工。

在公司发展初期，每个人都很兴奋，他们努力工作，迫切希望看到公司的成功。1967 年美国热电公司上市时，哈特索珀罗斯用股票期权来激励员工。但随着公司越来越依赖技术，再加上公司规模不断扩大，这种激励效果越来越弱。在大公司里，用股票期权奖励部门经理的做法变得越来越与单个部门或者投资活动的成功无关。

哈特索珀罗斯说：“将母公司的股票期权送给每一位管理者意味着不管业务是否成功，管理者获得的奖励都是一样的。因为这些期权与业绩没什么联系。”

很明显，哈特索珀罗斯需要找到更好的方法来激励有才华的员工。

同时，随着公司规模的日益扩大，公司与客户的关系也疏远了。20 世纪 50 年代哈特索珀罗斯初创公司时，他亲自参与产品的开发，并亲自出马与客户建立联系。1982 年，他发现亲自管理日常事务同时兼顾客户关系变得越来越困难了。了解客户需求是至关重要的，但是他的时间必须用来经营、管理美国热电公司这个庞大的组织，他需要把“了解客户”的理念灌输给员工。

美国热电公司遇到的另一个障碍是高昂的国内融资成本。美国热电公司从公众手里能募集到的资金日益减少，但公司许多潜力巨大的新技术在进入市场之前需要很多年的资金投入。哈特索珀罗斯原本希望进行债务融资，因为这样做可以减免税收。但后来他认为，在自己承担的技术风险和经营风险一定的情况下，如果公司的现金流不确定，再承担更多的债务融资风险是一个愚蠢之举。

综合考虑各种因素之后，哈特索珀罗斯认为必须对美国热电公司的企业设计进行改革。

他说："我们现在拥有的东西比过去多得多。我们的某些业务，比如能源保护，我们正在努力想办法加快发展这项业务。我们需要管理公司的新方法。我们的思路是，将分支机构分别上市，让它们为自身的发展筹集资金。这就是分拆战略的结构。"

因此，1982 年，哈特索珀罗斯开始将美国热电公司分拆成不同的业务部门。重要的一点是，哈特索珀罗斯在美国热电公司采用的分拆战略不同于其他许多大型公司采用的分离战略。美国热电公司采用的分拆战略与分离战略理念恰恰相反。

二者之间存在何种区别？

首先，哈特索珀罗斯分拆出了美国热电公司的核心业务，并将这部分最有价值的业务率先推向股市。大多数公司分离的只是外围业务，它们往往将核心业务保留下来。但哈特索珀罗斯知道，为了增加美国热电公司的价值，分拆出基本业务是非常必要的。

其次，哈特索珀罗斯决定不出售美国热电公司对子公司拥有的股权。他解释道："改革初期我们就决定永不卖掉我们的股份。美国热电公司从来没有出售过子公司的股份。我们与实施分离战略的公司正好相反。多数其他公司会将子公司分离，然后将子公司获得的收入用于其核心业务。他们会说：'我们希望集中精力搞核心业务，通过出售外围业务可以募集资金。'而我们希望每一个附属机构进行独立评估，并为它们自己募集资金。"

通过这种方式，美国热电公司仍然可以与每家子公司保持非常紧密的联系。

通过分拆美国热电公司的业务，哈特索珀罗斯使投资者将每一家子公司视为特定市场上的“完全参与者”，为市场提供投资人了解的产品。哈特索珀罗斯解释说：“在这个国家，以合理的价格获得资本的唯一方式就是关注特定投资者的投资倾向。投资者对大型企业集团不感兴趣，因为他们不清楚这样的企业在做什么。我们重新整合了股权，这样投资者可以购买任何有前景的技术和让他们眼前一亮的业务。”

美国热电公司企业设计的变革显著改变了分析师对该公司的看法。

英国国民西敏证券的分析师保罗 · R. 奈特说：“美国热电公司的企业文化看起来不像是一家拥有 1.7 万名员工的企业所具有的文化。许多大公司都有好几个级别的管理者，政治手段可能是个人成功的一大因素。但美国热电公司采用分权式结构，并且鼓励员工管理公司，树立起主人翁的意识，这使公司形成一种非常开放、无权术纷争的文化。我们的经验是母公司和子公司的各级管理者是可以处理机构投资者的问题的，所有员工都可以与股东直接对话。”

建立这种类型的组织结构对于一家高科技公司而言是非常重要的。20 世纪 90 年代，技术股股价一飞冲天。类似网景这样的公司，在还没有获得一分钱的利润之前就已经创造了几十亿的价值。产品生命周期大大缩短，但这些股票的巨大升值潜力，吸引着数以亿计的资金流入这一领域。

早在 1982 年，哈特索珀罗斯就想采取这样的行动。他知道自己必须为投资者开辟一条更简单的途径，使他们了解美国热电公司的各种技术和各个市场。事实证明，作为美国热电公司的一种价值获取机制，这种新结构是非常成功的，它为美国热电公司的技术进步带来了必要的资金支持。

另外，美国热电公司的新企业设计（见图 11–1）大大激励了公司员工。这一模式使员工有了一种主人翁意识，从而使他们更加积极地投身到自己的工作中。他们的薪酬直接与部门业绩挂钩。他们知道努力工作的直接好处，对糟糕的工作表现，他们再也不会找任何借口。

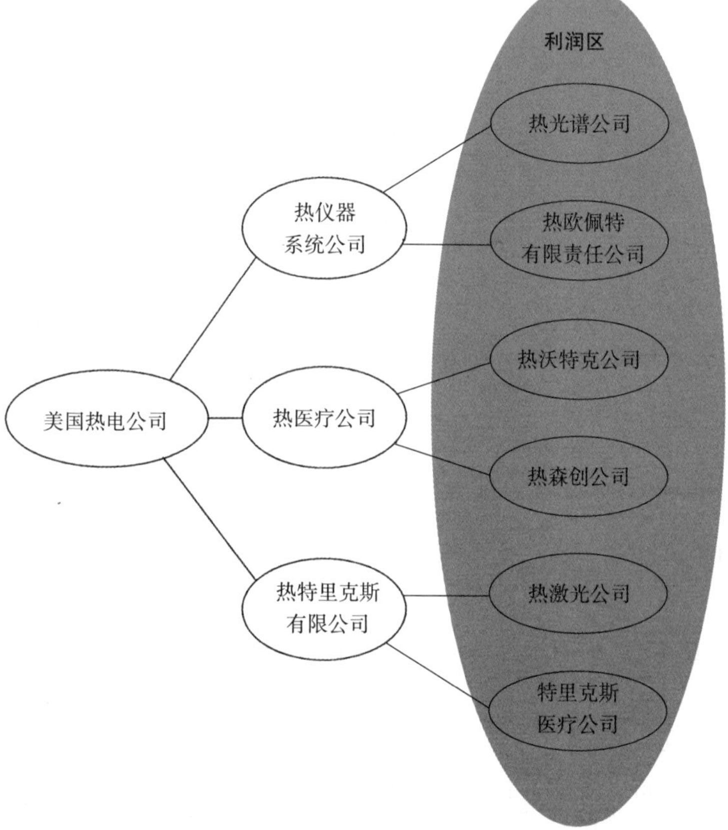

图 11–1　美国热电公司的分拆型企业设计

哈特索珀罗斯说："公众给予了强大的监督力度，这有助于我们管理这些部门。公众监督之所以能起到这样的作用，是因为公众可以向管理层畅所欲言。当管理层说'股价下跌了，但不知道为什么会这样'时，你可以这样回答：'不，股价下跌的确有它的道理，因为公众担忧这个部门的盈利能力。'这种制度发挥了出色的作用。"

这种企业设计可以有效地识别和奖励员工出色的表现。

美国热电公司企业设计的这种分权化特征，增强了公司与客户之间的联系。大多数公司采用的企业设计会使公司在发展过程中削弱与客户的联系，但美国热电公司的企业设计刚好相反。通常情况下，随着公司规模的扩大，客户的重要性会越来越低。公司既不能也不愿意倾听消费者的呼声，更不用说对他们的呼声做出响应或者调整自己去适应他们的需求了。而且，大型公司拥有的只是大量的工作人员，相对于客户，这些人员的数量的确过多了。当哈特索珀罗斯最初考虑分拆美国热电公司的业务时，他发现具有金字塔结构的大型组织会使公司与客户的联系程度降到最低。因此，他为美国热电公司量身打造的企业设计避免了出现这种情况。

哈特索珀罗斯策划的分拆型企业设计使公司与客户有了最广泛的接触。管理者必须亲自与客户进行面对面的沟通，从而为客户制定解决问题的方案。在此过程中，他们要像海绵一样吸收客户的信息。

例如，热激光公司是美国热电公司下属的一家子公司，该公司找到了一种应用于整容业和工业领域的低密度激光法。通过保持与高层次客户的互动，并且提供符合客户需求的一系列服务，热激光公司成为美国热电公司里最闪耀的明星公司之一。作为皮肤护理和其他个人护理产品的制造商，热激光公司在推广其全新的柔光技术方面投入了大量精力。它采用的方法是在医学会议上直接向医生宣传公司的产品。此外，热激光公司还运营了理疗整容连锁店，在这些连锁店里，专家们可以运用激光技术护理头发、祛除文身或者为皮肤除皱等。同时，该公司还建立了一个覆盖全美的外科医生网络，这些医生会租用公司的激光器械，这也将成为热激光公司一项非常赚钱的业务。

现在，美国热电公司的产品已经遍布诸多领域。在环境传感仪器方面，公司处于领先地位，比如空气污染和核辐射检测器等。同时，在回收和生物学设备领域，美国热电公司也是遥遥领先。

工业公司聘请美国热电公司帮助提高它的能源利用效率，检测生产过程中的污染物排放量，以使公司的污染水平保持在规定标准之下。

美国热电公司的多种产品都具有一个共同特征，那就是它们都是运用热力学定律开发出来的。开发这些产品都是为了提高某些系统的效率或监测这些系统的活动。

随着市场资本化的投资超过80亿美元，销售额达到29亿美元，美国热电公司的市值与销售额的比值超过了2.5∶1，如此高的比值是其与众不同的企业设计产生的结果。美国热电公司向那些能够从其产品中获益的客户推销产品，这些客户可以使用它的产品提高能源利用效率，也可以改进工作流程。通过销售这些产品、提供服务或者支持这些产品，美国热电公司从中获取了价值。

美国热电公司从一家开发和制造产品的技术型公司，转变成一家风险投资公司，它将有潜力的技术项目分拆成几个独立的单元，并且向它们提供资金、技术和其他业务资源。

早期发现利润区

1927年，乔治·哈特索珀罗斯出生在希腊。在孩提时代，他就对机器和科学深深地迷恋。他的成长时代正值“二战”期间。他把大部分时间都花在了图书馆里，博览各类人文地理书籍。他对美国的创业精神很着迷，特别崇拜美国的发明家，如托马斯·爱迪生。

德国纳粹占领希腊期间，哈特索珀罗斯历尽磨难。但是他的工作没有受到战争的影响，相反，他想方设法寻找通过科学技术帮助祖国赢得战争的机会。例如，20世纪40年代，德国人控制了无线电台，因此欧洲人只能接收到纳粹的宣传类节目。哈特索珀罗斯在他的地下室里建造了无线电发射机和接收机，将它们秘密卖给了希腊地下抵抗组织。哈特索珀罗斯做这件事是冒着被送进集中营的巨大风险的。他的无线电广播很成功，最终成为激发创立美国热电公司的源头。哈特索珀罗斯意识到，当这一巨大的需求不期而至时，对于某些人而言，这就意味着开创新事业的大好机遇。

“二战”结束后，哈特索珀罗斯在雅典理工学院开始了他的正式求学生涯。他集中精力钻研热力学，提高了他在这门科学上的专业水平。然而，所有现实都使他面临更多的问题。1948 年，哈特索珀罗斯来到美国的麻省理工学院继续深造。他在这里先后获得了机械工程学士、硕士和博士学位，从此与这所学校结下了不解之缘。

在校期间的学术生活锻炼了他的技术能力，但他似乎还缺少一点儿东西。哈特索珀罗斯喜欢竞争，热衷于冒险，他知道商界能够让他将自己对科学和对冒险的热爱结合起来。

1955 年，哈特索珀罗斯联合一位刚从哈佛大学毕业的朋友彼得·诺米科斯准备大干一番事业。当时哈特索珀罗斯一直在研究热力转换器，这是一种不需要任何机械结构就可以将热力转换成电力的装置，并以此撰写了他的博士论文。他们俩讨论了他们的创业方式，然后决定向诺米科斯的父亲求助，恳请他提供 5 万美元的启动基金。让他们惊讶的是，这位父亲毫不犹豫地给了他们这笔钱，他们便马上行动起来。他们当时并不知道（后来才知道）诺米科斯的父亲和哈特索珀罗斯的舅舅科斯塔斯·普拉特西斯之间的对话。诺米科斯的父亲说：“听着，科斯塔斯，我要给他们 5 万元钱，他们肯定会赔个精光。然后乔治会回到麻省理工学院继续教书，我的儿子也会集中精力打理我们的家族企业。这对他们都有好处，花一点儿钱就能买到这么具有启发意义的教训，确实很值得。”

但哈特索珀罗斯得到的“教训”跟诺米科斯父亲预想的完全不一样。他成功地制造出了一台热力转换器。此后，他发现这台机器除了用于太空计划外，几乎没什么商业价值。他所做的只是为美国航空航天局开发了一个产品而已。他开始意识到，自己在麻省理工学院从事科学工作已经太久了，如果想要取得商业上的成功，必须站在客户的角度来考虑问题，必须秉持以客户为中心的理念。在为客户开发技术之前，他必须弄清楚客户尚未得到满足的需求是什么。

许多大公司都在研发上投入了大量资金，并且产生了令人兴奋的新技术。由于这些公司规模大，它们需要为新技术的营销和上市举办诸多活动，所以将技术推向市场并不困难。不幸的是，也正是由于规模大，这些公司往往不能开发出满足每位客户需求的技术。相反，它们的注意力转移到了产品身上。技术产品会没有销路，公司也会浪费大量资源。但公司尚能够生存下去。

小公司承受不起这样的失败。一旦它们将有限的资源投入到技术改革中，那么这项技术必须成功，否则公司就会因为无力再获得其他资源而倒闭。在职业生涯的早期，哈特索珀罗斯就认识到了这一点，他下定决心要使自己和美国热电公司始终奉行以客户为中心的理念。

哈特索珀罗斯说："1956 年创立公司时，我信奉的核心理念是找到新的客户需求，并运用技术尽力满足这些需求。"

随着哈特索珀罗斯将美国热电公司的注意力转移到客户需求方面，他也为公司签订了科研项目合同。通过做这些项目，美国热电公司开发了许多技术，这些技术现在都转化成了产品。此外，随着几个先期项目取得成功，美国热电公司收购了一些具有强大生产能力和营销渠道的公司。

20 世纪 60 年代早期，哈特索珀罗斯带领美国热电公司进军美国的太空计划。

他说："当时苏联宇航员登月不久，美国国内弥漫着浓厚的失望情绪，大家都认为我们落后于苏联了。当时的总统候选人杰克·肯尼迪提出了太空计划，这是振奋国民信心的计划……（在美国热电公司内部）我们开始将主要精力放在解决太空计划的问题上。因为当时我们的专长是能量转换，所以我们能够做的有很多。"

然而，这种势头是短暂的。到 20 世纪 60 年代晚期，哈特索珀罗斯发现美国对太空计划的参与越来越少。他打算再次改变美国热电公司的业务重点。

他说："我们已经看出，美国的太空计划将会停止。我感到需要马上运用相同的原则（如我们以前所做的那样）进入新的事业领域。我们做了很多尝试……有一些尝试很快就进行不下去了，而另外一些尝试则非常成功。"

哈特索珀罗斯谨守以客户为中心的理念，这使美国热电公司的业务一直运行良好。随着客户的技术需求发生变化，美国热电公司的业务也发生了改变。

1970 年实施的《空气净化法》限定了汽车尾气排放中的氮氧化物含量，但问题在于当时没有仪器可以测量这种污染物的含量。福特汽车公司向领先的仪器制造商贝克曼公司求助，希望该公司能够开发出这样一种产品。但是，贝克曼公司坚称需要两年的时间。哈特索珀罗斯拜访了福特公司的管理者，并许诺："交给我们，我们将在 3 个月内生产出这种仪器。"尽管福特公司的人不大相信他的承诺，但还是与他签订了合同。

哈特索珀罗斯说："那段时间，我们取得的最大成功就是在 1970 年谈成了这笔检测仪器的生意。《空气净化法》要求汽车制造公司必须精确地测量氮氧化物的含量，而当时市场上没有这样的测量仪器，因此，我们就把这一问题的解决看作一次机遇。"

在不到 90 天的时间里，哈特索珀罗斯就交出了第一台氮氧化物分析仪。尽管它外表很粗糙，但这台仪器很实用。不久后，美国国家环境保护局指定美国热电公司的技术作为测量所有汽车尾气排放物的标准。世界各地的汽车制造商开始与美国热电公司联系，订单纷至沓来。

通过搜寻和利用市场上的机遇，哈特索珀罗斯创立了美国热电公司。20 世纪 60 年代，美国热电公司为太空计划和医疗行业提供技术，20 世纪 70 年代它为环保业提供技术。但是，70 年代末，哈特索珀罗斯发现公司的资金支持出现了问题。随着利率的升高，融资的成本也水涨船高。商业环境正在发生变化，哈特索珀罗斯深知，美国热电公司必须抢先一步实施变革。

现代分拆型企业设计

哈特索珀罗斯的分拆型企业设计，几乎改变了美国热电公司的企业设计的每一个要素。美国热电公司仍然为老客户提供技术产品服务，但是，它现在有了两大新的客户群体：投资者和企业家。

美国热电公司的企业设计为投资者提供的是一系列投资选择。投资者不一定要将资金投入美国热电公司这一只股票，他们可以投资于美国热电公司的任何一个他们认为最有利可图的部门。哈特索珀罗斯尽心尽力地为这一客户群体服务，并且竭力确保他们的投资得到很好的回报。

他说："我们要对投资美国热电公司的股东负责。我们向他们承诺，所有美国热电公司的下属公司最终都会成功，尽管某些时候它们的市值可能会出现下降。我们正在尽可能地让公司重新站稳脚跟，这意味着我们要彻底改变它的战略方向。"

为了能给投资者提供持续的价值，哈特索珀罗斯从美国热电公司的诸多方案中精挑细选了几个方案作为上市的备选。他只想让公司在公众心目中留下稳定、潜力巨大的印象，这样能为投资创造出安全和盈利的良好声誉。为了强化这一政策的实施，哈特索珀罗斯特别关注三个方面：强大的商业计划、优秀的管理团队、易接受的市场。他说："我们的历史记录非常出色，因此，当我们分拆某些业务时，投资者马上会接受。"

通过提供创业资源，之后在自己的研发中心运营公司，美国热电公司为创业者提供了机会，使他们能够把想法和技术推向市场。美国热电公司的研发机构不像传统的研发机构，它的功能实际上是开发新业务。

哈特索珀罗斯说："我们称它为研发中心，但是它并不为公司各个部门做研发工作。它是新业务的孵化器。"

这样的运作模式非常有效，以至美国热电公司不得不接纳更多的创业者作为自己的客户。每一次有新业务出现时，研发部门都会有工作人员调离。

哈特索珀罗斯说："曾在研发中心工作过的很多人都离开这里，到分拆后的业务部门了。当热仪器系统公司被分拆出去的时候，所有的研发人员都跟着过去了。之后是热医疗公司，接着是其他公司。不久，我们的研发部门就人去楼空了。"

作为一种补救措施，哈特索珀罗斯收购了卡尔曼研究公司。这是一家研发公司，它替代了美国热电公司原来的研发部门，专门从事各项研发工作。

美国热电公司的核心研发部门关注的是新业务的发展，这一点并没有阻碍研发机构分拆出去的业务部门成为技术上的领导者。从无数的新业务中获得的利润增长使公司规模不断壮大，而且为公司提供了资源，这些都增强了新分拆出去的业务部门的研发能力。

例如，1995 年美国热电公司分拆出去的公司将约 4.5% 的销售额（1 亿多美元）重新投入到研发业务上。另外，美国热电公司在谈判合同时，会要求客户为既定的研发产品提供资金支持。能签订这样的合同，全都是因为公司以客户为中心的企业设计满足了客户的需求。在与公用事业公司合作时，这样的协议也促成了双赢。

哈特索珀罗斯说："它们的兴趣是销售燃气，而我们的兴趣是制造产品。我们告诉它们，如果公用事业公司能够为我们的研发提供资金支持，那么我们的研发部门将全心全意地制造出使用燃气的产品。"美国热电公司的雄厚技术实力以及它具有的平易近人的管理风格，使它在人们眼里成为一个非常有吸引力的项目合作伙伴。

美国热电公司的分拆型企业设计也为价值获取创造了强大的机制。美国热电公司既通过传统途径（产品和服务销售）获取价值，也通过新的途径（投资者）获取价值。由于能够出售分拆业务的股票，与竞争对手相比，美国热电公司能够以较低成本获得融资。公司利用从股票销售中获得的利润向其他业务投资。只要新技术开发能够支持新一轮的首次公开募股（IPO），公司就是一台永不停歇的价值创造机器。借助持续的投资，这台机器会一直运转下去。

尽管分拆业务是其企业设计创新的重要方面，但是它仅仅是美国热电公司发展历史中的一部分。哈特索珀罗斯喜欢小公司的优势，但他意识到大公司也具有诸多优势。为了利用这些优势并从中获利，哈特索珀罗斯需要集中行动，从而让美国热电公司这个庞大的家族企业凝聚在一起。

哈特索珀罗斯对人力资源、公共关系、银行业务、投资者关系、战略规划、法律服务以及其他行政职能进行了集约化管理。

哈特索珀罗斯说："集中管理这些事情会使美国热电公司的业务变得非常精练。每一个分拆出去的业务部门都可以集中精力做它们最擅长的事情，比如开发产品、培养客户和改进生产等。"

像ABB集团的全球专家网络企业设计（见第12章）一样，美国热电公司的企业设计允许其分拆出去的业务部门专门从事一定的商务活动，以提高它们为客户创造价值的能力。公司集约化管理的活动有助于所有的分支部门共享资源，分支机构也可以从母公司获得资金支持、技术成果和法律建议。

哈特索珀罗斯还做了大量工作，使分拆出去的公司相互之间积极交流思想。

他说："我们建立了一个机构叫热力学院，该学院的宗旨是将所有人团结在一起。开会时，我们会花3天的时间考虑每家成员公司提出的想法，并且共商下一年的计划。我们还会多次召开首席执行官会议、财务官会议以及分支机构负责人会议。"

这些会议为分拆业务部门之间交流思想并互相汲取经验提供了机会。反过来讲，美国热电公司从其分支机构的活动、投资和资源中也获得了最大化的价值。

分拆型企业设计的成功

哈特索珀罗斯创新美国热电公司的企业设计带来了显著的价值增长。1982 年，美国热电公司的市值达到 6 000 万美元。后来，美国热电公司的市值飙升到 80 亿美元。1993—1996 年，美国热电公司的市值增长了近 2 倍（见图 11–2）。

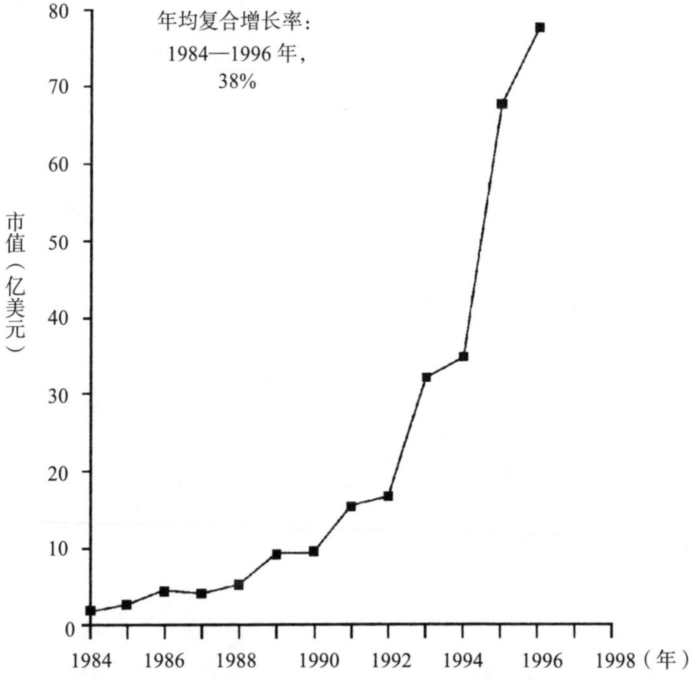

图 11–2　美国热电公司的市值增长

美国热电公司也为客户创造了巨大的价值。美国热电公司获得了一系列产品认证，包括美国蓝十字蓝盾协会的认证以及福特公司的 Q1 质量认证。美国热电公司下属的热电力公司开发的 TecoDrive 4300 天然气引擎作为一款超低排放设备，第一个得到了美国国家环境保护局的认证。这一标准是美国国内最严格的标准，并计划于 1998 年在加利福尼亚州实施。

1991—1996 年，美国热电公司的销售额年均增幅为 29%，许多子公司都成了它们所在领域的佼佼者。其中一家核心附属企业——热仪器系统公司在销售额达 120 亿美元的分析仪器市场上名列榜首。这家公司打败了像惠普、珀金埃尔默这样的竞争对手。有人预测，该公司今后成立的子公司将会在快速增长的市场上赢得可喜的市场占有率。

哈特索珀罗斯在美国热电公司建立了一种以客户为中心、激励员工、保持股票准确高价定位的企业设计。美国热电公司下属的每家子公司的规模都不大，因此可以随时应对客户需求的变化。同时，这些公司的规模也足够进行上市融资。美国热电公司的企业设计已使其稳稳占据利润区（见表 11–1），但更重要的是，美国热电公司的独特模式确保公司随着客户和经济环境的变化而变化，让公司有能力识别未来的利润区，并在利润区内经营（见图 11–3）。

表 11–1　美国热电公司的企业设计

要素	1956—1982 年	1997 年
客户选择	美国政府 公用事业公司 环保组织 工业企业	投资者 企业家 污染物排放者 医疗机构
价值获取	多样的制成品服务	产品销售 / 服务 出售股份 项目融资及管理
产品差异化 / 战略控制	专利技术 研发能力	上市融资的经验 拥有客户关系 良好的历史记录
业务范围	环保研究 检测污染物排放量的产品 / 节能效果更好	研发合同 产品销售 / 服务

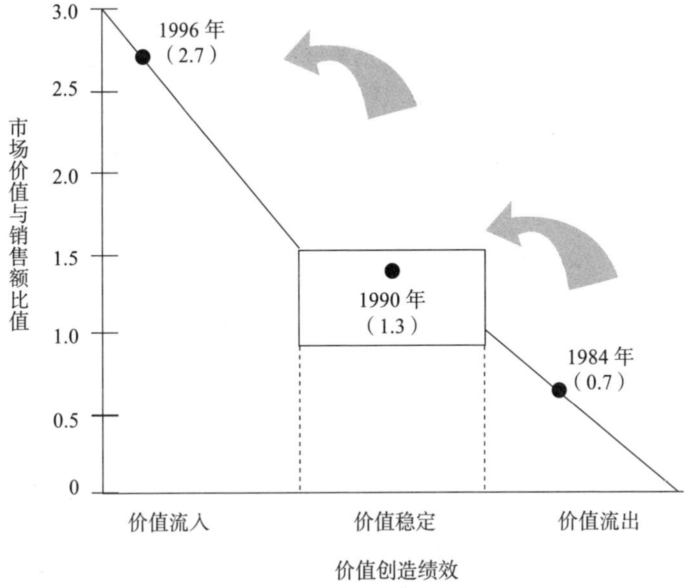

图 11–3　美国热电公司的企业设计创新

建立分拆型企业设计——问题清单

☑ 我是否在寻找一切机会建立子公司，并使之成为一种准独立的组织？

☑ 我是否在组建我的子公司，并使它们做到以下几点：

- 与客户直接联系？
- 自负盈亏？
- 如果下属公司运行良好，其管理人员和普通员工的收入就能大幅提高？

☑ 通过让子公司利用母公司的核心资源，例如法律、行政管理、税收和技术方面的资源，我是否应提供给这些公司较为不公平的特殊支持？

☑ 我是否应鼓励那些规模不大但扩张趋势明显的子公司，寻找机会继续分拆自己的业务？

第12章

ABB集团前首席执行官珀西·巴尼维克：全球专家网络企业设计

• 我的行业是否具有以下特征：创新不足，难以满足客户需求，供应商得不到较高的利润？

• 我的行业中是否存在大量小企业，它们的企业设计是否相同？

• 我的行业是否通过高度专业化来促进利润增长？

• 全球扩张是否限制了我的公司与客户保持联系的能力？

• 我的行业中是否存在通过下列方式获取价值的机遇——解决方案、融资、价值共享以及长期的系统维护协议？

弗朗兹·伯梅尔在当地电力公司的主厂房里看着ABB集团下属公司的工程队安装新设备。伯梅尔心想，过去一年里，德国机械制造有限公司（GMI，一家虚构的公司，但代表了当地一家工程公司）已经改头换面，与进入ABB集团之前相比，该公司发生了巨大的变化。他记得，以前GMI拖延两三个月时间都执行不了合同，甚至在合同延期之后，该公司交付的机器也达不到质量要求。

作为采购部的主管，伯梅尔确实想过更换供应商，从国外采购机器，但从国外购买，机器的维修保养是个很麻烦的问题。当GMI提出要减少供货数量时，伯梅尔忍不住了，他告诉GMI公司的人自己无论如何也忍受不了从多家供应商购买产品的做法。如果他要从某地方购买任何一台设备，他就会从那里顺便购买所有设备。这一威胁打消了GMI公司减少供货量的念头，而且，在下一笔交易中，伯梅尔得到了更优惠的价格。但尽管如此，伯梅尔对GMI的印象差了很多。

自从GMI加入ABB集团网络后，一切都改变了。GMI对设施进行了升级改造，从而更专注于生产涡轮机，这是该公司的专长。当伯梅尔问怎样才能得到其他设备时，GMI公司的销售代表向他保证，ABB集团下的其他企业专门生产他所需要的各种型号的机器，并且能提供他所需要的其他一切服务。

这位销售代表所言不虚。当伯梅尔下了订单之后，这位销售代表主动把交货时间定为4周，而不是伯梅尔预计的3个月。另外，这次他买的机器与过去GMI公司生产的机器相比既便宜，质量又好。目前，由ABB集团员工组成的安装分队正在这家公共事业公司的工厂里安装调试新机器。

这些改变让伯梅尔感到很高兴。他获得了更好的设备、更快的交付速度和更优惠的价格。ABB集团的服务人员随叫随到，非常方便。并且，公用事业公司也履行了其支持当地经济的承诺。

20世纪80年代初期，世界电力工业发展停滞不前。伯梅尔与GMI公司的合作依然保持现状。各地的设备公司都因产品质量差和财务状告糟糕而处于不利的境地。尽管客户非常失望，但他们也已经习惯了这些平庸的公司。幸运的是，ABB集团的老板珀西·巴尼维克打算推出创新举措，从而既改进设备公司的经营状况，又改善像弗朗兹·伯梅尔这样的客户的生活。

巴尼维克仔细审视位于世界各地的类似“GMI”的公司，发现了它们处于困境的原因。他认为，研究、管理以及制造中的重复活动是电力行业效率低下的根源。该行业内的每家公司都试图满足所有客户各个方面的产品需求，这意味着ABB集团及其当地竞争对手的业务部门内部，几乎没有谁能够专注于它们擅长的业务，也没有谁能从它们最好的产品中获得可观的利润。实际上，每家公司或者每个部门都是一个“多面手”，都不愿意集中精力专门从事某项活动。“多面手”的模式带给弗朗兹·伯梅尔这样的客户的是高成本和低质量的产品。

GMI公司的首席执行官聪明过人、雄心勃勃，在这一行里有丰富的从业经验。在GMI公司内部，他一步一步地提升到了目前的职位。但他似乎没有办法使公司脱离低增长、低利润的困境。多年来，这一行业从未出现过如此低的利润。因此，他继续将资金投向GMI公司的研发部门，同时，他还降低了总成本。他慢慢地抢占了竞争对手的市场占有率，但仅占极少的比重。在获得市场占有率的同时，公司的利润却在降低。更糟糕的是，他必须制造客户想要的所有产品，可这么做会让他赔钱。但是，他又不得不生产这些产品，因为如果他停止生产，他的客户就会转向其他制造商。由于这种恶性循环，这名首席执行官眼睁睁地看着公司的利润一点儿、一点儿地被吞噬。

过去，公司主要向本地的客户出售产品。现在，他认为，如果销售区域扩大，公司就能够赢利。当然，他必须找到新的分销渠道，才能让产品打入市场，但是规模经济能否补偿损失？他投入了更多资金试图将产品销售到核心地区之外的其他地区。由于他在GMI公司的研发部门投入了大量资金，因此与竞争对手相比，GMI公司的技术水平相对要高一些。但是，为了吸引新客户，他不得不进一步降价。几年之后，他发现公司有了一些新客户，但是距离自己期望的数量还是要少一些。大多数设备制造公司的客户喜欢从本地供应商那里买机器，因为它们认为从当地购买会促进当地经济发展。其中有许多客户与目前的供应商早已合作购买了两三代产品。如果存在服务方面的问题，GMI公司不能马上做出反应。设备每一次出问题，都意味着收入的损失。客户希望制造公司能够在第一时间提供服务和维修设备。GMI公司的产品质量比其他公司略高，价格略低，但它无法提供良好、及时的服务，客户为什么因此就要更换供应商？GMI公司的首席执行官列出了各种理由，但它们都没有足够的说服力。

到1985年，GMI公司已经与许多5年前的竞争对手拉开了距离。在这场持久战中，GMI公司是赢家，但是他们为此付出的代价是沉重的。这位首席执行官发现，由于对研发部门追加了投资，为了吸引更多的客户又增加了销售成本，以及向远距离的客户销售产品增加了分销成本等，公司的总成本水涨船高。另外，他对GMI公司在这段时间里的降价幅度也深感吃惊。尽管每次降价幅度看起来都很小，但累积下来的降幅很大。与他刚担任首席执行官时相比，现在的产品价格下降了很多。与5年前相比，GMI公司赚的钱少多了。尽管他付出了努力，但他仍感觉公司已经陷入了无利润区。

1985年，他面临着一个重大选择——要么关掉自己的工厂，要么尽量挽回低增长的颓势，运用与过去相同的策略继续从竞争对手那里抢夺市场占有率。当然，后一种选择会更严重地影响利润，但如果他能够比竞争对手更好地坚持下去，那么，可能，仅仅是可能，他能够将GMI公司重新转变为一家盈利的企业。他知道，一旦GMI公司获得领先地位，它就能赚到钱。因此，他选择再继续坚持下去。

像GMI这样曾经强大的公司在欧洲随处可见。巴尼维克看到了这一趋势，他开始考虑使用以客户和利润为中心的有效战略来处理这一问题。这样的战略既要为客户创造价值，又要为无利润区日益扩大的制造企业创造价值。在阿西亚公司和布朗勃法瑞公司合并组成ABB集团之后，巴尼维克开始着手制定ABB集团的下一个企业设计，即全球专家网络。

全球专家网络

巴尼维克的解决方案很简单。与传统的规模不大、相互之间无联系的“通才”模式相反，ABB集团通过收购世界各地的小型、重型装备制造公司建立了一个全球专家网络。他帮助这些公司走出无利润区，恢复它们的盈利能力，使它们重新为客户创造价值。通过重新确定下属机构的业务范围，他使这些下属机构实现了专业化，能够做它们最擅长的业务，并且能够做得更好。单个公司不必再生产客户需要的多种产品了，ABB集团网络下的其他成员能够提供客户需要的大部分产品和服务。因此，每个网络成员都能够专注于其最擅长的产品，放弃不赢利的业务，从而在自己的领域里获得最强大的经济地位（最低的成本、最高的质量、最快的反应）。当本地的ABB集团成员公司不生产客户所需要的产品时，客户可以从ABB集团的其他公司那里购买。

通过降低生产成本，ABB集团专业化模式不仅恢复了企业的盈利能力，而且使ABB集团的下属公司以新的方式实现了差异化。它们能够以较低的成本购买零部件和工业制成品，提供快速和可靠的服务，为当地带来就业机会，提供最好的产品，拥有良好的品牌，并从品牌中受益。让我们再次以具有代表性的GMI公司为例进行说明。

1990年，GMI公司的首席执行官已经击败了竞争对手，赢得了这场旷日持久的消耗战的胜利。他大幅提高了公司的市场占有率，并且改进了公司产品的技术。他将产品出售给一些新的大客户。在电力设备制造行业中，他的公司即使算不上全美范围的大公司，也称得上是地区性的大公司了。而且最突出的一点是，他已经使GMI公司在无利润区内坚持经营了很多年。当然，GMI公司的盈利能力是非常弱的，但是与过去几十年中退出这一领域的许多竞争对手不同，GMI公司至少还获得了微薄的利润。

然而，这名首席执行官并不满意，他看不到利润持续增长的可能性。他知道他可以继续做过去自己所做的事情，包括改进GMI公司的产品、出售更多产品、降低价格、将产品出售给更多客户、通过大量的营销活动推广GMI公司的品牌等，但他知道，这样的战略会让GMI公司无利可图。而且坦率地讲，他有些疲倦了。对他而言，担任首席执行官一职并非易事。利润年复一年地下降，这给他的心理造成了沉重的负担。他该怎么做?

ABB集团为他提供了一种可能的选择：加入ABB集团的全球专家网络。巴尼维克愿意为GMI公司向这名首席执行官支付一个公平的价格。而且巴尼维克承诺，几个月之内，这名首席执行官就会看到公司重新获得高利润。首席执行官心动了。但是GMI公司的客户怎么办？如何对待那些在GMI公司加入ABB集团之前的老客户？巴尼维克承诺，GMI公司会继续与它们保持合作，并且向它们提供更高质量的服务，并大幅提高公司的技术水平。更重要的是，GMI公司将得到其他区域市场上的新客户群，它不需要投入大量的分销成本就可以使产品进入这些市场，而且它可以使用ABB集团的品牌来为新的或者已有的客户提供服务。这些利益激起了这名首席执行官的兴趣，他同意出售自己的公司，让GMI公司成为这一全球专家网络的一员。

第二年，GMI公司开始实现盈利，巴尼维克的承诺开始兑现了。与被收购之前相比，GMI公司的客户感到更加满意，员工也开始往家拿奖金了，GMI公司已经充分做好了未来价值增长的准备。看到这些，GMI公司的首席执行官备感欣慰。

在加入ABB集团全球专家网络后的几个月内，他发现GMI公司的市场地位和收入状况有了显著改善（见表12–1）。由于网络的采购优势，他能够以非常低的价格买到零部件。在某些类别的产品上，GMI公司的原材料采购成本降低了15%~20%，甚至更多。这名首席执行官还可以利用ABB集团的全球分销网络将GMI公司的制造设备输送给客户。由于该网络中还有来自其他网络成员的产品，网络销售数量很大，所以经由该网络分销的成本降低了很多。就这样，这名首席执行官不必再担心外地的客户了，因为全球专家网络拉近了这些客户与GMI公司的距离。

表 12–1　GMI公司的收入状况：专业化的力量

因素	加入ABB集团之前占比（%）	加入ABB集团之后占比（%）	动因
原材料采购	35	30	采购经济
制造成本	35	30	专业化
研发	3	8	专业化
销售、一般的管理费用	25	20	分销、品牌、服务
利润	2	12	
	利润区		

与ABB集团全球专家网络的另一大优势——专业化相比，这两大成本的降低还算不上什么。GMI公司最大的成本降低来自终止不赢利产品的生产（或者将这些产品转给ABB集团的其他子公司），以及增加盈利产品的产量。这位首席执行官放弃了之前几乎60%的系列产品，这些产品要么是GMI公司的工程师无法有效把控，要么由于产量少，公司无法以较低的成本生产。现在，GMI公司专注生产剩下的40%的产品，正是这些产品在过去为公司创造了利润。对于GMI公司不再制造的产品，它会联系网络中生产这些产品的其他专业化公司。同时，通过ABB集团的分销网络，这些产品能够更快地被运送到客户手中。

GMI公司也能够更多地制造盈利产品。它可以将这些产品出售给ABB集团全球专家网络下任何一家成员客户公司。通过ABB集团全球专家网络，GMI公司的客户数量快速增长。过去，GMI公司是一家区域性的大公司，其为数不多的客户分散在西欧各地。而现在，该公司的产品远销到了亚洲、非洲、美国和拉丁美洲。

这些远距离的客户知道GMI公司提供的产品质量上乘，不是因为别人推荐GMI公司，而是因为他们知道ABB集团的大名。ABB集团的品牌享誉世界，因此GMI公司可以很好地利用这一品牌资源。

GMI公司也能够改进其专业的产品技术。从整体来看，与GMI公司单枪匹马地从事研发相比，ABB集团全球专家网络能够从事更多的研发活动。ABB集团交付给GMI公司和客户的是更高质量、更持久耐用的产品。这在几年前看来是不可思议的，所以GMI公司的客户对此非常满意。与之前相比，他们能以更优惠的价格、更快速地得到更好的技术。反过来，这些客户又给GMI公司的首席执行官带来更多的生意。

更进一步讲，作为对业务量增加的回报，GMI公司的服务也更加快捷和更值得信赖。之前GMI公司还受地域条件的限制，现在它可以向其他网络成员寻求帮助，这样GMI公司的客户就可以得到及时的服务。

在ABB集团品牌的影响下，GMI公司的首席执行官更容易吸引区域内最优秀的人才加入到自己的公司。以前，跳槽到别的公司工作的员工会有更多机遇，现在这些员工又回来了。他们认为，在ABB集团子公司工作是一种可靠的选择，因为通过ABB集团全球专家网络，他们可以到世界各地工作。另外，ABB集团旗下有许多杰出的工程师、部门经理和高层管理者，他们给GMI公司带去了之前作为一家孤立的公司所无法获得的专业技能。

截至1995年，GMI公司的盈利能力强大到连首席执行官本人都难以置信，他的客户已遍及全球。与之前相比，他制作的产品种类没什么不同，但销量增加了。更让人欣慰的是，得益于专业化和ABB集团研发能力的综合影响，GMI公司所有产品的技术水平在行业内都是最先进的。而且由于在分销、营销、研发、原材料采购方面的成本被降到了最低，GMI公司可以从这些产品的销售中获得很高的利润。另外，有了ABB集团品牌做后盾，GMI公司现在可以利用这一品牌广纳贤才并吸引其他国际客户。GMI公司的首席执行官为自己曾经担忧的问题找到了解决方法，他采用的企业设计已经使公司稳稳地占据利润区。

ABB集团的全球专家网络企业设计为旗下的每一家公司都提供了诸多经济优势。这些优势将有利于ABB集团的成功，但是如果该网络无法为客户创造价值，那么这些优势会变得毫无意义。ABB集团企业设计成功背后的真正原因是，识别客户的偏好并且提供与之相匹配的解决方案的能力。

巴尼维克找到了一种综合利用当地企业设计优势和全球企业设计优势的方法。他知道仅凭全球企业设计，ABB集团无法建立当地的客户基础、提供当地的工作机会或者为客户提供快速可靠的服务。但是他深知：第一，所有的当地企业设计都无法像全球专家网络模式那样大幅度地降低成本；第二，全球企业设计能够提供最好的研发和品牌，这是当地企业设计所无法媲美的。因此，他精心制定的企业设计综合了两方面的优势（见表 12–2）。

表 12-2 ABB集团全球企业设计的优势

客户需求	当地制造商的企业设计	全球制造商的企业设计	ABB集团的全球专家网络
采购便利	√		√
服务快速、可靠	√		√
提供当地工作机会	√		√
低成本		√	√
最好的产品（高质量、最好的技术）		√	√
品牌知名度		√	√

然而，客户的需求不是一成不变的。巴尼维克也知道，要想持续地为客户创造价值，他的企业设计必须随客户需求的变化而变化。随着大

多数公司规模的不断壮大，不断调整自己以适应客户的需求变得越发困难起来。负责管理公司的高层管理人员与客户的直接接触越来越少。为了确保ABB集团能一直以客户为中心，巴尼维克制定的企业设计能够使决策者一直与客户保持直接联系。巴尼维克进一步将ABB集团的网络成员划分成更小的利润中心。ABB集团专家全球网络下约有1 000家公司和5 000个利润中心，它们分布在全球各地。通过让中层管理者运营利润中心并自负盈亏，巴尼维克能够确保公司时刻关注客户动态，并使公司及时做出反应。

缔造以客户为中心的组织

ABB集团的利润中心直接与客户交流，了解他们的需求，并将其他ABB集团利润中心的产品和服务提供给客户。巴尼维克的企业设计大大增加了公司与客户的联系，明显突破了传统企业设计的限制。巴尼维克从内到外彻底地改变了公司，揭去了覆盖在公司分支机构上的传统企业组织的“保护层”。另外，巴尼维克本人也与客户保持着联系。他说：“ABB集团必须采用以客户为导向的方法。我们要努力地接近客户，我本人每年要与100多位客户进行沟通。”

这种以客户为中心的方法有助于巴尼维克发现客户其他需求，并相应地做出反应。巴尼维克发现，越来越多的ABB集团客户不仅需要昂贵的机器，而且需要一种购买机器的便捷方式。小型装备制造商由于缺乏资源，无法采用灵活的支付方式。由于没有充足的资金储备，为了应付成本支出，这些小公司不得不收取全额货款，这样它们的客户就要被迫向银行融资。ABB集团决定通过扩大自己的业务范围，以信贷或组织投资的方式给客户提供资金，将自己的产品和服务进一步差异化。

ABB集团金融服务部门的起源可追溯至1983年，巴尼维克时任阿西亚公司（ASEA）的首席执行官。当时，巴尼维克从美国运通公司聘请了一位高层管理人员，请他组建ASEA的融资部门。起初，这个部门没有给ASEA带来显著的收益。后来，ABB集团开始将该部门作为一种价值获取机制来运营。1994 年，ABB集团直接委任了 15 个项目的财务顾问，但公司自身并没有参与这些项目的投资。一些分析师认为，对于ABB集团而言，金融服务部门是与众不同的。例如在印度，ABB集团的主要竞争对手BHEL是一家提供全套电厂装备和服务的公司。实际上，这家公司向客户提供的产品要比ABB集团多。除了业务范围广之外，BHEL的成本也比较低。由于具有这样的优势，BHEL在不少项目上都胜过ABB集团，尤其是在需要多边机构融资、成本低的项目上。然而，BHEL没有能力为自己的电力项目进行融资，但ABB集团可以，这正是许多客户最需要的一种能力。ABB集团的企业设计可以为身陷资金困境的客户提供融资。

ABB集团的价值共享合同为客户提供了第二种承担得起的购买方式。在价值共享合同中，ABB集团同意以较低的价格将装备出售给客户，但它要求从装备所创造的新价值中分得一杯羹。对ABB集团及其客户而言，这样的合同条款是非常有价值的。其原因是：首先，价值共享合同使ABB集团能够与客户直接进行沟通，而且可以借助协商谈判宣传ABB集团的优势，这样的沟通交流会为ABB集团打开一系列项目的大门，不然ABB集团很难接触到这些项目；其次，价值共享合同为客户和ABB集团创造了价值，这样的价值是客户和ABB集团单独行动时无法产生的，通过与客户齐心协力地研究解决方案，ABB集团增强了其产品和服务的积极影响；最后，价值共享合同在供应商和客户之间建立了更牢固的联系，这种联系不仅体现在商业交往中，而且体现在长期的项目推进过程中，这使得两者之间的关系较之传统的产品和服务交换更加密切。

价值共享合同的一个例子是“ABB集团—福特奥克维尔喷涂”系统项目。福特汽车公司在加拿大奥克维尔的组装厂需要安装一套喷涂设备，这在当时算得上汽车行业有史以来最大的项目之一：此设备占地面积73万平方英尺，投入使用后每小时可以完成对75辆车的喷漆，福特公司计划为该项目投入3亿美元的资金。福特公司最看重的是高质量、低价格、低风险和快速交货。

为了达成这笔交易，ABB集团与福特公司紧密合作，积极探讨适宜的合作方式，最后通过价值共享合同条款，ABB集团赢得了这笔订单。这一合同有两个最重要的特点：第一，预付价格较低（这为第二个特点奠定了基础）；第二，交货价更低，前提条件是ABB集团和福特共享成本降低，且设计合作要产生价值（福特公司和ABB集团都要为工厂的设计出力）。价值共享合同为ABB集团创造了获得额外利润的机会，同时确保了客户的满意度。这个客户今后还要依靠ABB集团提供工业设备。

在必要的时候，ABB集团也可以提供全球专家网络之外的整体解决方案。ABB集团的企业设计是，首先与客户签订合同，然后寻找履行合同的资源。如果客户需要其他服务，即使ABB集团不具备独立完成这些服务项目的能力，ABB集团也会设法与客户签署合同。如果履行合同需要其他方面的能力，ABB集团将会寻找合作伙伴一起完成合同规定的工作，这些业务伙伴实际上都是ABB集团网络之外的专业化公司。ABB集团所采用的模式大大拓展了公司的业务范围，增加了公司能为客户创造价值的项目数量。例如，1995年ABB集团组织了一个联盟，在哥伦比亚的巴兰基亚建立了一座750兆瓦的交流火电厂。这笔合同的总金额为4.3亿美元，ABB集团将项目工程的40%交给其合作伙伴完成，而这些合作伙伴都是ABB集团网络外的专家。

作为融资、价值共享、整体解决方案和全球工业装备市场各方面的参与者，ABB集团从ASEA开始，走过了漫长的道路。它将当地企业设计与全球企业设计的优势融合在了一起，为客户创造了巨大价值。

时间、客户和利润：与珀西·巴尼维克的对话

珀西·巴尼维克专门找时间讲述了能够驱动ABB集团创新与增长的内在逻辑。在讲述过程中，他对ABB集团独特的企业设计这一主题充满了激情。尽管ABB集团的企业设计仍处于不断改进中，但在如此短的时间里，它取得了相当大的成功。1988 年，ABB集团的扩张势头超出了每个人的想象。

巴尼维克强调："时间是第一要素。我们所竞争的行业就像一条缓慢流动的小河，任何事情都可能没完没了地做下去，这种情况必须得到改变。在 6 个月内能完成的任何事情都可以在 6 周内完成，而且可以完成得更好。"

如果巴尼维克没有运用这一逻辑压缩时间，用 8 年时间可以完成的事情恐怕得花去他 20 多年的时间。这种企业设计永远无法跟上关键变化的节奏，也难以创造出任何价值。

在建立全球专家网络企业设计的过程中，快速行动尤其重要。公司要进行数以百计的并购活动，每一次并购可能都需要几个月而不是几周的时间。

而且，在ABB集团的企业设计创新中，人们没有过多地讨论公司所秉持的以客户为中心的理念。正是在这种理念的指导下，ABB集团的企业设计才得以不断向前推进。

巴尼维克说："我一年内大约要与 100 家客户进行沟通。你如果不与卖方和决策制定者直接联系，就无法缔造一家成功的企业。事情变化得很快，每天都会有重要的事情发生。不了解相关信息就去经营企业，无异于夜晚关着车灯行驶。谁敢冒这么大的风险呢？

"当然，客户不总会明确地表达出需求。有时候客户会说出来，但有时候他们不会。没关系，在直接的沟通中，你会得到一些线索，根据这些线索，你可以推断出客户的需求是什么。这是当前供应商面临的第一

大挑战。

“我们建立这样的网络结构也是出于对客户的考虑。客户想在本地完成交易（我们的一些成员已经为一些客户服务 100 多年了），客户想要本地的就业机会和本地的服务。然而与此同时，客户也想要最好的技术、最高的质量和最低的成本。没有全球性的网络，这一切难以实现。要实现所有的目标，必须同时利用好本地优势和全球优势。

“然而，客户只是其中一个问题。还有另一个问题，那就是利润增长。实现利润增长变得越来越困难了。

“你总要谋划好下一步的行动。这一点，在德国或瑞士与在波兰、乌克兰或印度截然不同。

“在波兰或者乌克兰，劳动成本很低，不仅工人的成本低，而且高技能的工程师也是如此。通过在整个系统内进行销售，我们可以利用这种低成本优势。波兰企业可能永远无法向佛罗里达电力和照明公司销售产品，但是ABB集团可以，就算是出售波兰制造的产品也一样。但我们要确保产品在那里的生产质量，我们要为产品提供支持。

“在西欧，游戏规则完全不同。在瑞士的工厂里，从事直接生产的工人非常少，以至为了拍摄一张工厂装置的照片需要把维修人员都召集起来。这些维修人员技术水平世界一流，劳动成本也不高。他们基于不同的工作经历来到了维修岗位。

“找到新的方法创造价值增长也是如此。例如，我们在德国或美国的公司不能仅靠产品实现增长，因为这里的市场已经很成熟，增长基本处于停滞状态。对于这些公司而言，要增加利润，必须开发出系统和解决方案的销售渠道。例如，我们拜访了一家公用事业公司，对他们说：‘我们将运用我们的技术和能力对你们的工厂进行现代化改造，提高它的效率。至于如何收取这部分服务费用，贵公司可以将部分费用以提高效率所带来的收益的形式进行支付。’

“未来的利润增长途径与过去也是不同的。我们不能再采用传统的收购方式壮大网络。在东欧，我们合乎逻辑的经济发展模式已经运作多年。我们在波兰创立并推行了这种模式。波兰人说俄语，我们可以通过他们向俄罗斯、乌克兰和其他以前的苏联成员国发展业务。”

透过巴尼维克那双神采奕奕的眼睛，我们能感受到他积极的心态和博大的情怀。在选择和制定未来企业设计时，他能够主动利用好时间这一基本要素。在战略思维过程中，他能够从客户出发思考问题，从而确保网络人才和资源总是集中于满足客户需求的事务。此外，他还能够发现新的创造利润的方式。

这种企业设计也面临着挑战：规模不一、内部冲突、不协调、需要不断发现内部平衡点等。但是，对于一个前景不太光明的行业而言，这样的企业设计是一个重要的创新。ABB集团习惯了高速和变化，这一点很重要，因为未来两年很有可能需要企业设计的创新。市场的动态变化将不可避免地改变形成企业设计的动因：对于客户而言，什么才是最重要的？未来的利润区在哪里？

未来的机遇空间

在ABB集团所涉及的所有行业里，争夺客户和战略控制点的竞争都是非常激烈的。巴尼维克将ABB集团的竞争划分为三个层次：技术创新，流程设计，全球专家网络。ABB集团的技术创新并没有给企业带来巨大的竞争优势，巴尼维克自己也承认这一点。竞争对手可以购买、模仿，甚至剽窃新技术。无论如何，在12个月到18个月的时间内，竞争对手可以赶上ABB集团的技术。

然而，ABB集团在对工业、运输和电力系统的理解方面仍然领先于竞争对手。模仿流程设计可不像模仿一套既定的生产技术那么简单，相反，它要求具备非同寻常的知识体系，需要对客户的整体系统及其动态变化有深入的了解。它要求与客户建立一种独特的联系，就好像ABB集团与福特的价值共享合同中的关系一样。在与福特的这次合作中，ABB集团详细地了解了客户的系统经济策略和决策制定过程。因此，通过卓越的流程创造一个战略控制点，这既需要深入了解客户的经济策略，也需要与客户建立牢固的关系。巴尼维克深知，竞争对手要从ABB集团手里夺走这一战略控制点并非易事。

然而，ABB集团最大的竞争优势是它的企业设计，即全球专家网络。没有竞争对手可以轻易地复制这种设计，西门子、三菱重工、阿尔斯通（原名通用电气阿尔斯通），甚至通用电气都无法轻易地模仿这种设计。巴尼维克自豪地说："我们独特的结构是竞争对手最难模仿的。"在提供成套设备业务方面，从全球1 000多家公司获取资源的能力是ABB集团一个关键的战略控制点。

ABB集团与客户的需求保持同步改变的能力是它成功的关键。持续的成功意味着要观察和适应客户需求的不断变化。运用其独特的全球专家网络企业设计，ABB集团可能会很好地做到这一点（见表12–3）。

表12–3 ABB集团的企业设计创新

要素	1981年	1996年
客户选择	当地买家	网络成员（收购的工程企业） 当地买家 寻求解决方案的买家
价值获取	产品销售	产品销售 价值共享 长期维修合同 融资 解决方案

（续表）

要素	1981 年	1996 年
产品差异化/战略控制	价格 技术	专业化 当地供应 全球专家网络 客户关系 技术 品牌
业务范围	产品	国际业务 产品 服务 解决方案 融资 与业务伙伴合作

创建全球专家网络企业设计——问题清单

☑ 我是否将收购的公司视为重要的伙伴？

☑ 我是否让这些收购来的公司专门从事它们最擅长的业务？

☑ 我是否通过降低采购成本、研发、全球分销和全球品牌等各种途径为这些企业提供尽可能多的支持？

☑ 我是否让网络成员继续为当地的客户服务？

☑ 我是否已经构建了新的价值获取模式（解决方案、价值共享和融资等），以进一步提高专业技术的回报？

☑ 我是否建立了一个外部业务伙伴网络，运用这一网络可以为我的客户提供所有的产品或解决方案？

第 13 章

微软公司创始人比尔·盖茨：行业标准企业设计

- 在我从事的行业中，是否存在创建行业标准的机会？
- 为了建立行业标准企业设计，我们需要做些什么？
- 这种企业设计的价值如何？

微软公司创建了行业标准，这是这家公司最擅长做的事情，也是其企业设计要实现的目标。

那种在事实上已经成为标准的企业设计的确最有价值。这种企业设计能够带来高额的利润、高度的利润保护和递增的规模收益。

这一模式早已广为人知，以至许多公司都在讨论微软战略或微软手段。

然而有一点鲜为人知，尽管以标准为基础的企业设计最有价值，但它也是最难以创造的企业设计。这就是本章要探讨的内容。

自 1976 年以来，微软公司创始人威廉·亨利·盖茨三世就一直推动和主导公司历史上最引人注目的价值创造过程。两个整天泡在高中计算机实验室的电脑迷创立了微软公司，后来微软成长为一个市值高达 1 700

亿美元的大公司。在计算机行业中，从营业额来看，微软公司远远算不上最大的公司，但是它的市场价值是相当高的。通过建立、开发和拥有关键的计算机组件，微软公司引领计算机行业的发展。微软公司能够取得这样的地位源于其以标准为基础的企业设计。

标准远远超越了一件实物产品或一项技术的概念。标准是一个行业赖以建立的根本基础。行业中不断运动变化的部分共同发挥作用，并且互相影响和交流。铁路的发展需要标准的铁轨轨距，国际电话连接、传真和蜂窝电话需要标准的传输信号。标准的存在能够加速经济发展进程，为客户节省资金。在许多行业里，这些标准的建立可以让消费者相信产品的兼容性和技术的延续性，从而开拓市场。

然而，只创建标准不能保证企业能从中获取价值。IBM于1981年创造了主流的个人电脑，但是直到20世纪90年代中期，该公司的累积损失额仍然高达几十亿美元。松下电器公司的VHS式录像机系统击败了索尼公司的Betamax系统，但是松下电器公司没有因为该标准而得到引人注目的长期价值，电影制片厂和大批音像公司反而获利更大。贺氏公司（Hayes）为调制解调器建立了标准协议，但是1994年，公司陷入了财务危机，不得不想方设法避免被其他公司收购。由于仿制品和其他兼容的调制解调器能够以更低的成本发挥同样的功能，所以贺氏公司只能眼睁睁地看着价值从自己的调制解调器业务中流出。即使贺氏公司拥有标准——许多调制解调器都宣称“与贺氏兼容”，但它的企业设计已经满足不了客户的一大重要偏好，即价格要求，因此贺氏公司在竞争中败北。

在另一种极端情况下，我们如果围绕标准建立了正确的企业设计，那么标准能够开启巨大的价值增长机遇的大门。只要在客户选择、价值获取、差异化和业务范围方面做出正确的选择，企业就能够实施一定程度的战略控制，从而实现非同寻常的价值增长。一种标准的技术可能被复制或者模仿，但是竞争对手要模仿以标准为基础的企业设计是非常困难的。战略控制蕴藏在企业设计中，而不是技术创新中。

制定标准的经济效果是非常吸引人的。在技术行业里，开发新产品通常要求投入巨大的沉没成本，可是边际成本比较低。因此，利润取决于在固定投资上获得的最高回报。具有以标准为基础的企业设计的公司能够控制其产品、市场，并且具有三大价值获取优势：销量高，定价灵活，从产品升级中获得利润。在正确的企业设计促进下，一项技术标准会使一家公司稳固地处于利润区之内。

在 20 年的发展历程中，微软公司赢得了几次标准之战的胜利。在每次竞争中，盖茨都运用一套通用的战略建立了经典的、以标准为基础的企业设计。首先，他认识到，要将任何产品设定为行业标准，公司必须向所有的客户群体提供这样的产品，包括原始设备制造商、应用程序开发商、终端用户、分销商和其他使用该产品作为自己业务出发点的公司。

其次，盖茨关注价值获取问题。以标准为基础的经典企业设计能够带来巨大的利润，但是这样的经济效益不能立刻显现出来。在微软公司能够提供升级后的新产品之前，标准必须是安全并且具有巨大市场销量的。

再次，为了实现差异化，他必须就客户采纳或者改变选择给出一个有说服力的理由。盖茨知道，如果不能满足客户的需求和偏好，即使是世界上最精密复杂的技术也不会被采用。同时，在这些偏好中，最重要的是能够轻易地完成从竞争对手的产品到新标准的转换。

最后，他认为公司的业务范围必须扩大。公司的业务范围不能只局限于开发或者发现新技术。在创建标准的过程中，要说服推动整个行业的关键群体采用同一种产品，因此出色的营销要比出色的技术重要得多。当标准已经深入客户内心时，其威力就显现出来了（见表 13–1）。

表 13–1 微软公司以标准为基础的企业设计

要素	微软公司企业设计
客户选择	直接客户（原始设备制造商） 应用程序开发商 终端用户
价值获取	规模收益递增 价格灵活性 产品升级/新产品 核心应用程序
产品差异化/战略控制	创建标准 满足每一个主要客户群体的最重要的偏好 ——原始设备制造商：定制化 ——程序开发商：支持 ——用户：程序
业务范围	产品开发 许可经营 对开发商的营销 对用户的营销

构建以标准为基础的企业设计并非易事，但是盖茨巧妙地完成了三次，每次他都秉持以客户为中心和以利润为中心的理念。首先，制定每一项标准时，他都力求满足客户的基本需求，无论是交付时间快、价格低、使用简单，还是适用于不同的平台。其次，盖茨运用的第二大战略是消除客户转向使用微软产品时遇到的各种壁垒，包括财务、技术以及物流方面的壁垒。再次，他获得并确保软件开发商的支持，这些软件开发商已经接受了微软的标准，并且确保终端用户对整个系统都感到满意。最后，盖茨愿意以目前的现金流换取未来公司的领导地位和利润。微软公司每次推出新产品的定价都很低，这样可以吸引客户购买微软系统，使微软的产品得到普及，真正的巨额利润就会随之而来。

这些战略大大促进了微软公司的发展，而且为微软公司连续设定了三个标准。然而，标准必须是健全的，而且需要不断更新，否则它们会被新的参与者取代。这些新的参与者更了解客户偏好，也更能满足客户的需求。为了应对不断变化的客户需求，微软公司目前正竭力建立公司的两大新标准：一是互联网的标准，二是公司内部网络标准。在一个价值转移的世界中，过去的历史不能说明什么。每一个后续的新企业设计都只能基于自身而赢得胜利。每一次的改变都像是第一次，没有任何成功的保证。

因程序设计语言而制胜

1975 年，个人电脑行业尚未诞生，更不用说建立相关的标准了。那时，史蒂夫 · 乔布斯和史蒂夫 · 沃兹尼亚克还在车库里为苹果电脑的前身忙碌不停，在IBM装备精良的实验室里还没有产生电脑雏形。在新墨西哥州的阿尔伯克基，位于一个按摩院旁边的一家名不见经传且濒临破产的计算器制造商MITS对外宣布了一项计划，它要在英特尔 8080 芯片基础上制造计算机，这款计算机叫作牛郎星。然而，MITS的“计算机”缺乏程序设计语言、键盘和磁盘驱动器，而且是一种内存不足 4K的RAM（随机存储器）。

没有程序设计语言，牛郎星电脑只不过是个能发光的计算器而已。当时的盖茨正是哈佛大学二年级的学生，他和朋友保罗 · 艾伦在 1975 年 1 月的《大众电子》上看到了有关牛郎星电脑的介绍。他们确信自己能够编写代码，从而使这台机器有用武之地。编写代码并不是什么难事，问题是其他很多人也会编写这种代码，而且他们可能做得更好。要想通过编写代码赚钱，他们必须首先赢得MITS的这份合同。从一开始，微软的创始人就很现实，他们制定的战略是“先得到客户，再提供技术”。

这种方法让盖茨和艾伦做出了两个关键的产品开发决策，这两个决策目前仍然是微软战略的一部分，而正是这些战略决定着微软公司目前的企业设计。于是，他们马上采取行动，说服MITS签订合同。这意味着他们会直奔主题，集中精力在短时间内搞出一件虽然简陋、不完美，但能用的产品。以利润为中心的理念告诉他们，在一年之后制作出一个更漂亮的产品是没有任何用处的。因此，盖茨和艾伦大胆地借鉴了别人的创新。他们使用BASIC（一种指令代码）语言，在此基础之上为牛郎星电脑开发了“电脑BASIC”语言。为了提高速度，盖茨将微软公司的业务限定为改编而不是创造。结果，他们获得了MITS的合同。

微软的第一次成功是短暂的。尽管牛郎星电脑获得了越来越多的市场占有率，但是盖茨和艾伦不能再将MITS视为目标客户了，因为MITS拥有许可微软公司使用编程语言的权力。盖茨发现，MITS在乎的是它自己的利润，而不是把“电脑 BASIC”打造成一项标准。在一场复杂的法律纷争之后，微软公司重新获得了对技术的控制权，与MITS分道扬镳。

牛郎星电脑事件让盖茨认识到，强大的原始设备制造商是渠道合作中的一把双刃剑。如果原始设备制造商是自己的唯一客户，那么你能从它的业务中获得收入。但是，如果你依赖这些收入并且缺乏差异化，在谈判中没有将标准当作自己的筹码，那么客户会对你的业务具有非同一般的控制力。在牛郎星电脑事件中，MITS就控制了微软公司。“电脑BASIC”不可能变成一种标准，因为它受制于一个强大的原始设备制造商客户。

想象一下没有标准的软件世界会怎样？专有的、不兼容的产品将会激增。当盖茨和艾伦与MITS纠缠时，大型电脑和小型电脑市场上出现的正是这样的情形。软件有价值，但它不具备保护自己的实力。硬件才是王者。盖茨和艾伦在电脑业形成初期与MITS分道扬镳之后，便寻求能够摆脱硬件束缚的软件。

交叉平台战略

一开始，软件只是硬件的附属产品。微软早期的挑战是削弱硬件供应商对电脑行业的主导地位。通过制定能够在任何硬件平台上运行的软件标准，盖茨实现了这一目标。

当时，为优化硬件平台而定制软件是行业内的惯常做法，而盖茨则向这一行业惯例发起了挑战。说服苛刻的原始设备制造商采用微软的程序语言，这件事说起来容易，但做起来很难。微软公司奉行的走向市场战略取决于积极的销售和营销努力。作为首席销售员，盖茨提出了他那句有名的箴言，“我们得拿到生意、拿到生意、拿到生意”，要通过尽可能低的价格（以及尽可能好的未来市场前景）来促成生意。为了将客户采用微软产品的障碍降到最低程度，他把目标对准了一项关键的客户偏好——价格。他按固定费用销售产品，鼓励原始设备制造商在每一台出售的电脑上装入微软的程序语言。

向多个原始设备制造商同时出售并不仅仅是一个挣钱的策略。盖茨知道，一种程序语言标准必须扩展到市场上所有的硬件平台。他想让微软公司的程序语言无处不在。为了让他将来的标准获得更多的市场占有率，盖茨设计了新的程序语言。这样，在不同的平台上运行这些程序时，只需要几个微软代码模块就可以了。微软公司能够很容易地将它的程序语言转移到任何其他电脑硬件上。微软公司开发的每一种产品不只带来一种收入流，而且赋予了这些产品新的用途，创造出了多元收入流。

这样做的结果是，一款并不完美的产品问世了，它既有些笨重，又有些疯狂。它没有根据硬件进行优化设计，但它满足了客户的需求：原始设备制造商只是想要得到一种实用、快捷并且不贵的程序语言。

微软公司还满足了第二大客户群体——程序员的需求。通过在许多平台上使用微软公司的语言，微软公司建立了一种不受平台约束的标准，这样，程序员可以马上编写应用程序，让它们在各种硬件上运行。

这一标准提高了程序员的工作效率，因为他们可以将自己编写的代码用作其他用途。反过来，程序员又编写了一系列程序，这些程序促使终端用户接受并使用微软公司的“电脑 BASIC”语言。一种向上的良性循环产生了。

微软公司建立语言标准的努力大获成功。它与 48 家原始设备制造商签订了合同，这些制造商包括康懋达（Commordore）、德州仪器、苹果和天迪（Tandy）等公司。这样一来，微软公司便不必再受制于一家客户了。1978 年，微软公司的收入增长为 38.2 万美元，与上一年相比，提高了超过 600%。1979 年，微软公司的销售额突破了 100 万美元。程序语言标准使微软公司变成了无可争议的领先企业，这种领先优势一直保持到 20 世纪 80 年代中期。早期在程序语言方面的成功为微软公司创造和管理未来的行业标准打下了良好的基础。

赢得磁盘操作系统（DOS）

当微软公司享受早期成功的果实时，个人电脑这出大戏的下一幕已经开始，随之而来的是一个新利润区的形成。

IBM决定进入个人电脑市场，它的进入对于该行业而言有两大重要意义。第一，它的进入使得微型电脑“合法化”。如果连IBM都要制造微型电脑，那么微型电脑就不能再被视为“玩具”了。第二，IBM的进入可能意味着许多小型制造商要失去市场。对于微软这一程序语言行业的控制者和软件标准的制定者来说，IBM的进入是一种威胁。然而，在盖茨这样一个以客户为中心的思想者看来，IBM的进入能够促使微软公司将以标准为基础的企业设计提升到新水平。

终端用户对机械式地敲入一系列执行基本任务的命令越来越感到反感，他们的偏好转向了自动化。一种新兴的能够简化文件管理和打印操作的操作系统技术正好满足了这一需求。盖茨看到一个新的利润区正在形成。

1980 年 7 月，杰克 · 萨姆斯接到了IBM董事长弗兰克 · 卡里发出的一项任务：一年之内制造出个人电脑！（这项命令对个人电脑行业的未来发展方向产生了深远影响，实现这一目标意味着外包软件开发和微处理器业务的兴起，未来 20 年的价值创造模式由此得以确立。）萨姆斯制定了一个简单的战略，他联系到了两个重要软件领域的顶级开发公司：程序语言设计方面是微软，操作系统方面是数字研究公司，两家公司的领导人分别是比尔 · 盖茨和加里 · 基尔代尔。

有 5 万多个用户安装了数字研究公司的微处理器控制程序（CP/M），这种程序是 20 世纪 70 年代后期个人电脑的主要操作系统，增长势头非常强劲。基尔代尔已经开发出了IBM需要的下一代产品。但是，当萨姆斯与他接洽时，他却拒绝了IBM，理由是IBM的时间要求太紧。另一方面，盖茨却愿意对任何重要客户的要求做出积极的回应。他答应为IBM的新型个人电脑提供程序语言和操作系统。如果微软公司能够在一个看似不可能的时间内供货，它就会获得IBM提供的大好机遇。赢得IBM的合同实际上保证了公司产品在个人电脑市场上的大规模分销，意味着微软公司将进入IBM将要拥有的市场。微软公司将通过IBM销售它的程序语言和新的操作系统，并且成为新型个人电脑市场上真正的标准。

微软公司没有操作系统，这是它一直以来的障碍。然而先赢得客户再制造产品，这是公司奉行的一大理念。借鉴在程序语言竞争中的经验，微软马上采取行动，竭尽所能地应对每一个似乎完全不可能的承诺。盖茨和艾伦买到了一个微处理器控制程序的复制品，叫作Q–DOS（快意随操作系统），该系统以微处理器控制程序为基础。盖茨知道微软公司要满足三大客户：IBM、程序员、终端用户。IBM希望马上拥有一个操作系统，因此微软不得不购买和开发一个系统，而不是花时间从头编写一个系统程序。微软的其他客户（程序员和终端用户）需要能够支持许多应用程序的操作系统，Q–DOS则满足了这一需求——专门为微处理器控制程序设计的许多应用程序稍加改变就可以适用这种程序。因此微软公司应用并且拓展了现有的Q–DOS程序，并给它起了一个新的名字：MS–DOS。

微软公司建立行业标准的另一种做法是创造终端用户的拉动效应，以补充原始设备制造商的推动效应。微软将MS–DOS打造成一种“开放式”的系统。IBM和微软公布了MS–DOS的详细说明，鼓励开发商编写MS–DOS应用程序。第三方应用程序开发商都趁着IBM个人电脑大潮积极地开发DOS应用程序，创造了一个欣欣向荣的行业。绝大多数终端用户选择了“与IBM个人电脑兼容”的应用程序，这对MS–DOS产生了拉动效应，同时提高了用户转向使用其他操作系统的成本，从而保护了MS–DOS系统。

然而，巩固这一标准意味着将软件与硬件分离开来。当IBM享受到巨大的成功时（截至1984年IBM个人电脑的销售额高达40亿美元），盖茨很小心地避免了只与一家原始设备制造商合作的局面。他说服IBM允许第三方许可使用MS–DOS。由于对自己在个人电脑行业的领先地位心满意足，IBM同意了盖茨的建议。IBM不会想到，他们与微软公司签订的这一条款有多么深远的意义。

截至1982年7月，微软公司已经与20家美国原始设备制造商建立了牢固的业务联系，这些制造商包括领先的模仿者康柏公司、戴尔公司、Packard Bell（一家欧洲电脑公司），以及8家日本公司。整个20世纪80年代，MS–DOS创造出了巨大的利润。到1991年，微软公司的销售收入达到了2亿美元，毛利润高达80%。此时，微软公司已经创造了两套主要的软件标准，一套是程序语言标准，一套是操作系统标准。

一旦微软公司的成功有了保证，盖茨就开始挖掘他以标准为基础的企业设计的巨大盈利潜力。在微软公司的市场渗透阶段，为了得到客户，盖茨实施的都是低价策略。然而，一旦微软公司确立了领导地位，盖茨就开始从每一台新硬件机器上获得一份虚拟收入。他先从平价转为向单台电脑收费，之后就开始提价。就这样，盖茨在计算机行业中开创了一个非同寻常的利润区。

Windows操作系统

随着市场上新技术的频繁涌现和应用，不断地审视企业设计的盈利能力基础变得越来越重要。尽管微软公司的战略控制点MS–DOS已经非常普及，但是盖茨仍然不停地思考客户偏好的未来变化以及下一代标准。

1982 年，盖茨参加了世界计算机博览会的计算机行业大会，会上的所见所闻让他感到非常震惊。VisiCorp是当时世界上最出色的微型电脑应用程序软件公司（以世界上第一个电子表格软件VisiCalc而著称）。在这次大会上，这家公司展示了一款叫作VisiOn的产品。这是一个由鼠标操作的图形用户界面，可以在IBM公司的个人电脑上使用，同时它还是一套应用程序。当时，这款产品还不是很强大，但它是今天无处不在的Windows（窗口系统）和Office（办公系统）系列产品的前身。盖茨认为VisiOn有将应用程序和操作系统市场统一在一种标准之下的潜力。VisiCorp不仅拥有技术先进的产品，而且有吸引更多客户的良好声誉和营销能力。

在世界计算机博览会上，比尔 · 盖茨连着观看了三遍VisiOn产品的完整演示（展会上此款产品获得了雷鸣般的掌声）。VisiCorp展示的一切表明，它实际上正是MS–DOS的克星。微软努力建立的MS–DOS标准正处于危险之中。

盖茨马上实施了进攻战略。微软公司对VisiOn产品的反应为后来应对标准挑战的策略树立了典范。首先也是最重要的是，微软公司注重的是赢得客户心理上的认同，使这些用户不再使用VisiCorp的产品。即使没有产品，为了击败VisiOn，微软公司也不得不实现自己与VisiCorp的差异化，从而使VisiOn知难而退。1983 年 10 月，当VisiCorp公司对外宣布要出售VisiOn产品时，微软公司也为自己的产品上市做好了准备。这款产品是一个界面管理软件，名为“Windows”，当时它只是一个图形程序，用虚拟的视窗表示文件和程序。在 1983 年召开的世界计算机博览会上，为赢得客户的心理认同，微软公司搞了一次大规模的宣传活动。在拉斯维加斯机场上，欢迎与会代表的旗帜上写着微软的标语，出租车上贴满了Windows的广告，餐厅鸡尾酒会的餐巾纸上也印着“请关注微软的Windows”的字样。

这些策略实施的目的是打乱竞争对手的阵脚而不是扩大销售，因为Windows产品还没准备好上市。结果，盖茨的策略奏效了。世界计算机博览会闭幕不久之后，VisiOn产品上市。然而它已经无法逃脱Windows这一幽灵的笼罩，VisiOn产品卖不动了。人们都在等待Windows产品的上市（几乎没有人能猜到需要等多长时间）。尽管人们连这款产品的一个样本都没有看到，但《财富》杂志预言，Windows将会确立行业标准。

VisiOn就是一个典型的具有高超技术却因企业设计不当而失败的例子。它的失败向世人展示了客户是如何拒绝一种标准的。VisiCorp公司的企业设计会使终端用户转换负担特别高的成本。VisiOn是通过VisiCorp公司的零售渠道销售的，因此，终端用户不能在已经买来的电脑中预先安装它们。客户使用它的成本超过了1 000美元，对于零售渠道而言，这样的价格实在是太高了。如果不付出高昂的费用进行升级，那么这种产品就不能在现有的大多数硬件上运行。像Macintosh操作系统一样，它是一种“封闭的、专有的”系统，与日益增加的基于MS–DOS的软件不兼容。实际上，VisiCorp公司在遏制第三方软件开发的同时，也将自己的软件应用市场逼向死角。它向使用产品说明书的开发商索要大笔费用，而且要求开发商在编写代码时使用数字设备公司的VAX型计算机，当时没几个程序员能做到这一点。由于缺乏应用程序软件，终端用户重要的需求无法得到满足。另外，终端用户对这种产品缺乏足够的热情，最终导致了VisiCorp公司的惨败。

VisiOn失败的主要原因不在技术，而在企业设计。它满足了客户对直观的用户界面的需求，但是它没有考虑到用户其他方面的关键需求，如低转换成本、价格、便利性以及软件选择等。盖茨了解这些客户的偏好，并且承诺满足他们的要求。即使当时他拿不出解决方案，但是承诺本身给客户带来了更多希望，这一点要强于VisiOn带给客户的东西。因此，客户会坐等Windows上市。这是为Windows创造终端用户拉动效应的第一步。盖茨运用先发制人的营销和与原始设备制造商的战略性关系给了VisiCorp公司致命一击。

1984 年第三季度，在与一个有名无实的虚拟产品的竞争中，VisiCorp公司损失了 250 万美元。当年年底，在Windows首次亮相几个月之前，VisiCorp公司被莲花公司收购，收购价格虽然当时没有披露，但毋庸置疑它是一个很低的价格。可惜的是，Windows从来都没有机会与VisiOn真刀真枪地一决高下。

精心制定行业标准企业设计

Windows项目的成功得益于盖茨战略性企业设计的两大核心要素：最大化分销和完美地迎合客户偏好。1990 年，微软公司信守了自己的诺言，Windows 3.0 如期上市。就此，微软公司已经确定了以标准为基础的企业设计，这一设计也确保了公司价值创造优秀的表现。

首先，Windows具有非常强大的销售渠道。由于具有BASIC和MS–DOS两大系统，微软公司保持着与重要的原始设备制造商的联系。Windows上市时，盖茨利用了这些原始设备制造商的分销渠道，以此确保它们出售的每一台新机器上都预装了这一系统。其次，Windows满足了客户对简单操作的需求。仿照苹果公司流行的图形用户界面，盖茨使客户的操作变得异常简单，只要点击鼠标即可完成操作。

盖茨知道，Windows还必须满足客户的另一大偏好：广泛地选择应用程序。Windows放弃了文件管理程序DOS shell，并且与MS–DOS的应用程序保持兼容。但盖茨在软件方面做出了更大的努力。他希望拥有更强大的应用程序基础，这样可以更有力地促使用户使用Windows界面。通过为客户与电脑交流方式创造一种新的有效惯例，微软公司促进了用户使用Windows。首先，盖茨推出了微软公司开发的一套办公应用程序——Excel（表格处理程序）、Word（文字处理程序）和Powerpoint（演示文稿程序），这些程序借鉴了Macintosh系统，也兑现了微软公司的承诺，即图形界面易于操作，在功能上可以与领先的竞争对手抗衡。莲花公司和完美文字是两家领先的DOS应用程序开发商，它们刻意避开为Windows开发软件，转而集中精力为IBM的OS/2搞软件开发。它们害怕微软公司的增长势头，并且感受到了来自华盛顿州雷德蒙德市这股不断增强的实力的威胁。这正中盖茨的下怀。它们的联合抵制使应用软件市场门户大开，而且使微软公司的办公系列软件（包括Excel、Word和Powerpoint）在1991年成为Windows应用程序的撒手锏（见图13–1）。

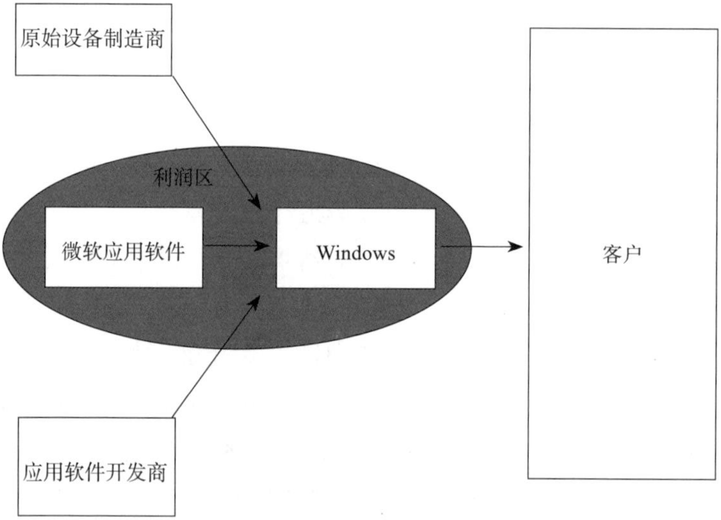

图13–1　微软公司行业标准企业设计

除了这三款核心办公应用软件之外，盖茨还鼓励其他公司开发客户喜欢的新软件。他鼓励微软公司的应用软件开发商开展促销活动。盖茨还成了微软团队中的首席“宣讲师”，他积极恳求独立的软件开发商为Windows开发软件。他耗资几十亿美元发展了一个行业，这个行业满足了客户对更多应用软件的偏好。在此过程中，他接触到一个储存了庞大技术和创业能量的宝库，由此引发了数亿美元的研发投资。而这些投资都是通过他人按照Windows的标准开发应用程序来进行的。

其中一个重点投资领域是在Windows操作系统中使用Macintosh应用软件。微软聘请了一位顾问，这位顾问对苹果公司富有创意的开发商所开展的营销活动颇有研究。微软公司模仿苹果公司开发人员的做法，包括召开一年一度的开发商大会，协助进行 β 测试，对产品进行简要通报，以及之后进行扩展和改进等。对开发商进行营销的目的是扩大选择，特别是在娱乐软件、统计、制图软件、开发工具和控制模块软件方面。

这一系列举措使Windows 3.0的应用软件大幅增长。1989年，与Windows兼容的软件不超过1 000款，而到1996年，这一数字已经超过3万。同时，软件开发公司的程序员也超过了5万人。

像其他领域的竞争一样（比如录像机行业中的网络电话公司Betamax与家用录像系统公司VHS的竞争），技术并不是决定因素，一种系统比另一种系统具有更多的功能也不是决定性的，决定性因素是人心向背。平均来看，Windows的客户使用三种同样的软件包——文字处理、图形制作和电子表格软件包，这些软件在竞争对手的操作系统上也可以使用。但是许多终端用户和信息系统管理人员选择Windows的目的，是能够使用其他29 997款软件，其中许多软件在Macintosh或OS/2或UNIX系统上不能使用。如果微软公司没有意识到满足客户多种选择的重要性，没有在先进的企业设计指导下推出Windows，恐怕客户也不会有如此多的选择和如此愉快的体验。一旦公司在某方向上的发展势头得到客户确定，要想改变方向就很困难了。现在，众多音像商店里还有多少Betamax制式的录像带呢？2000年，在电脑美国（CompUSA）的商店里还有多少Macintosh的软件呢？

为了推广Windows操作系统，盖茨有条不紊、煞费苦心地实施了一系列举措。20世纪80年代后期，盖茨遇到了一大挑战：如何将新技术引入大众市场？微软公司制定了与当时的客户偏好一致的企业设计。事后证明，这一企业设计是非常适宜的。

1990年5月22日举行的发布会波澜壮阔，堪称史无前例。100多家独立软件开发商发布了它们的Windows产品。50家原始设备制造商热情地宣布，Windows操作系统将被安装和运行在它们的所有产品上。微软公司在营销方面投入了1 200万美元，大大促进了Windows操作系统的销售。在一开始的几个月时间里，Windows每天的零售量是11 000套。在为了抗衡VisiOn而做出承诺的8年之后，在可与Macintosh匹敌的技术进入市场6年之后，真正的图形界面革命开始了，只不过这次是比尔·盖茨说了算。到1994年，全世界已安装的Windows操作系统超过了1亿套，这不仅超越了MS–DOS系统，而且开创了首次使用电脑用户的市场。1996年，Windows 95的销售收入超过了10亿美元。

应用软件：Windows革命

Windows快速变成了个人电脑的标准操作系统，盖茨也试图利用这一地位为微软的发展寻找下一个机会。他瞄准了桌面应用程序市场。虽然每台个人电脑只运行一个操作系统，但是应用程序市场是巨大的，通过进入这一引人注目的空间，盖茨开始利用Windows操作系统标准扩大公司的价值获取范围。

在桌面应用程序市场上，个人办公程序软件的供应商具有强势地位。Excel、Word以及Powerpoint的出现已经使个人电脑在业界有了用武之地。而且行业领先的软件，如莲花1–2–3、完美文字和哈佛制图等都是非常出色的产品，拥有大批忠诚客户。尽管这些成熟的供应商实力很强大，但是微软公司仍然将这一市场视为下一个重大机遇所在。

借鉴前几次标准之战的经验，微软公司制订了新的进攻计划。在为每一条产品线确定独立盈亏中心的过程中，盖茨将积极的、不惜一切代价赢得胜利的理念灌输到了整个组织中。他甚至亲自出马，领导参与了面向重要客户的销售工作。利用Windows 3.0的迅速普及，产品开发部门专注于降低使用新应用软件的转换成本。通过确保文件的兼容性和相似的命令结构，当用户的操作系统从MS–DOS转变为Windows时，原来的软件能够“升级到”Excel、Word或者Powerpoint。许多客户喜欢Windows格式，对完美文字和莲花缺乏Windows版本感到很沮丧，因此他们很容易转向使用微软的应用软件。与Windows操作系统一样，由于满足了客户的偏好——易于使用，微软公司使软件升级工作变得非常简单。同时，微软公司还开通了服务热线来帮助客户进行文件转化。

微软公司还实施了之前竞争中的定价办法。在保证以Windows操作系统为基础的软件具有兼容性和易于使用的同时，微软公司还改变了过去市场上流行的定价模式。在零售渠道，微软公司没有对每种应用软件单独定价，而是以较低的价格提供全套软件。每个应用软件495美元的定价不复存在。突然间，用户就能够以很低的价格买到套装“升级”软件了。对于大型的企业用户而言，微软公司开创了并行许可方式。这种方式是指，在同一个时间里只规定使用者的数量，而不强迫他们为每台电脑购买一套软件。企业用户非常喜欢这种模式。

在这种差异化和价值获取战略的共同作用下，一股使用微软应用软件的高潮形成了。过低的定价策略可能对利润不利，但微软公司认为，如果微软能够确立领导地位，那么其以标准为基础的企业设计能够巩固这一地位。由于微软公司拥有Windows操作系统和顶级应用软件标准，所以通过不断地升级和创新产品，将其视为阻止模仿者的差异化壁垒，微软公司就能够持续地在企业设计方面超越竞争对手。在此过程中，由于需要对人员进行再培训，改变系统，以进行文件转换，因此公司整体的转换成本会增加（见表13–2）。

表 13–2　微软公司的企业设计创新

要素	1975 年	1981 年	1990 年	1995 年
客户选择	程序员	程序员 个人电脑制造商	程序员 个人电脑制造商 Mac电脑用户 非Mac电脑用户	程序员 个人电脑制造商 Mac电脑用户 非Mac电脑用户 网络用户
价值获取	软件销售	软件销售 安装基础产品	安装基础产品	安装基础产品 规模收益递增
产品差异化/战略控制	创建标准	创建标准	创建标准 充分利用操作 系统性能程序	创建标准 品牌 与原始设备制造商和应用程序开发商的关系
业务范围	程序语言	桌面应用软件	桌面应用软件 捆绑式软件	桌面应用软件 捆绑式软件 通信 网络 交换

微软公司在桌面应用办公软件市场上一枝独秀。在该市场高达 70 亿美元规模中，微软公司独占了 60 亿美元。在应用软件市场，其办公产品软件的市场占有率高达 85%，而且随着产品每一次升级换代，这个数字还在增加。

微软公司的经济特征是规模收益递增。标准业务就像电话网络，使用的人越多，越有价值。随着微软公司的产品变得越来越普及，它们的总体价值也在增加。由于软件产品的边际成本可以忽略不计，因此产品的销量越多，获得的利润越多，该业务的市场价值也越大。微软公司长期以来奉行的以利润为中心的理念告诉我们：今天投资，明天获利，获利之后再投资、再获利，如此循环往复，这就是企业发展的成功之道。

目前的战场：企业计算机信息处理技术与电子化家庭生活

在桌面应用软件领域取得成功之后，微软公司将目光转向了未来 5 年内价值增长潜力巨大的两大利润区：大企业的网络信息处理技术，家庭内声音、图像和数据的一体化。此外，微软公司已经意识到一种能与其一较高下的竞争模式正在出现——互联网。为了确保在办公和家庭两个领域的领先地位，微软公司已经做出了有效反应。在这两个领域中，微软公司面临着新的竞争，它必须将业务扩展到原先的范围之外。

企业计算机信息处理技术：Windows NT

随着个人电脑成为企业内越来越强大的工具，个人电脑网络可能与计算机功能形成竞争的局面。微软公司意识到了这个机会（实际上，它花了很多心血创造了这个机会），并投巨资启动了 Windows NT 项目，将其作为标准工具，通过它让网络电脑与现有的系统展开竞争。

在网络信息处理技术标准之战的第一个回合中，微软公司与个人电脑网络操作系统的领先企业 Novell 公司展开了竞争。1991 年，微软公司凭借 Windows NT 进入这个市场时，微软产品的功能比不上 Novell 公司的 Netware（一个网络操作系统）。而且，在 Novell 公司的强大声誉之下，微软的产品销售步履维艰。1994 年，Novell 仍是该市场的王者，其产品的市场占有率高达 70%。

盖茨不会因为第一回合的失败就止步不前，他重复运用之前的模式来创建事实上的标准。当 Windows NT 3.5 于 1994 年上市时，微软公司运用了其屡试不爽的建立标准的手段来确保自己产品的成功。为了改变客户心理上对 Novell 公司的认同，微软公司发起了一场咄咄逼人的营销活动，这次活动使微软的 Windows NT 成了客户心目中一种可行的选择。Windows NT 3.5 满足了客户对速度快、管理容易和安装简便的需求偏好，通过以下方式降低了转换壁垒：第一，允许NT服务器访问Netware服务器；第二，为Netware用户转向使用NT提供公用程序；第三，大幅降价，在价格上击败Netware。1995 年，微软公司在服务器市场上已经占有 20%的份额，而Novell的市场占有率则跌至 43%。

在NT 4.0 中，微软公司增加了对客户偏好的关注，为系统的启动和管理提供了与Windows 95 风格类似的界面，而且提供了一个受保护的应用程序环境，从而提高了系统的可靠性。微软的这些改进不仅让Windows NT进一步将Netware甩在了身后，而且为微软进入更为广阔的企业网络信息处理技术市场打下了坚实的基础。现在，Windows NT已经成为一个稳固的平台，在这个平台上可以建立客户服务器的应用程序，它的价格和性能使它在各种规模公司的眼中颇具吸引力。通过与如思爱普（SAP）这样领先的公司应用软件开发商合作，以及通过开发像后台管理系统（Backoffice）这样的微软公司应用程序，微软公司向人们推出一种可行的针对传统系统的，既经济又有效的替代产品。

微软公司认识到，尽管企业信息处理技术是一个巨大的机遇，但这一领域的要求与桌面应用软件领域的要求是完全不同的。仅靠易于使用这一点不足以成就一种产品。企业的解决方案要求大量的现场技术支持，微软公司之前的企业设计是从来不需要这些的。盖茨没有以昂贵的代价从无到有建立基础设施（要完成这些基础设施的建设需要花 2—3 个季度的时间），相反，他先后说服数字设备公司和惠普公司对服务部门进行培训，从而能够更好地支持Windows NT。

电子化家庭生活

如果企业领域是微软看到和追求的一个大而确定的利润区，电子化家庭生活就是正在形成的另一个巨大的利润区。由于技术的发展和管制的解除，以往没什么联系的声音、图像和数据开始融合在一起。我们将如何看电视？我们将如何理财，如何购物？人与人之间将如何沟通，如何获得信息？随着新工具和新技术不断进入我们的生活，所有这一切都会发生改变。全世界数亿家庭在这些方面的开支会为具有合理企业设计的公司创造出一个巨大的利润区。

微软公司已经开始有条不紊地为在这一领域创建标准进行准备。首先，微软公司了解客户的偏好可能会发生何种变化，客户最喜欢的应用程序会发生何种变化。在个人电脑网络服务方面，包括分类广告、信息服务、商业零售以及本地资源管理等，微软公司已经创造并先期赢得了领先地位。

随着新一代的一体化设备取代电视、个人电脑，甚至同时取代前两者，微软公司已经开始将Windows CE操作系统确定为一种首选平台。后来，微软公司收购了WebTV（一家电视网络服务公司），并向康卡斯特投入了10亿美元，这些举措都表明盖茨希望在游戏尚未开始时就确立游戏规则。微软公司的目标不是在业已形成的市场上为一种标准而战，相反，它的目标是在一个市场最终形成时，已经为市场确定好了标准。

管理好模式的变化：互联网

互联网已经改变了计算机世界。随着网络在企业领域的快速普及，以及向家庭的稳步渗透，网络信息处理技术已经成为两个环境中的关键因素。微软公司对互联网的反应表明了盖茨领导下的企业具备强大的适应能力。

和应用程序市场一样，微软公司是互联网游戏的后来参与者。然而，一旦参与了游戏，微软公司就重新使用其在BASIC、MS–DOS和Windows企业设计中的经典手段。许多观察家认为，互联网会对微软公司的主导地位形成威胁。与往常一样，对互联网带来的不确定性，盖茨双管齐下，综合利用核心业务优势向新领地发起了全面攻势。尽管盖茨仍然把大量精力放在桌面应用软件领域，但是他认为，互联网可能超过桌面应用软件领域，从而变得更具战略重要性。因此，他要为这种可能性做好准备。

首先，从表面来看，互联网游戏似乎在微软公司参与之前就大局已定。到微软公司决定成为互联网的领导者时，网景公司早已经确立了显著的领先优势，该公司在浏览器市场上占据了80%的份额。但是，阅读了本章内容的人都知道，在应用程序领域微软公司对相似的挑战做出了何种反应。对网景公司，微软公司照样能够撼动其霸主地位。首先，和他对付VisiOn时所采用的手段一样，盖茨开始打心理战，从心理上赢得客户的认同。在珍珠港事件爆发54周年纪念大会上，他举行了一次重要的新闻发布会。在发布会上，他向全世界做出保证，微软公司已经为利用互联网技术做好了充分的准备。其次，他再次运用两大策略，即高效的分销和低廉的先期定价，它们曾帮助微软公司赢得了“图形界面之战”的胜利。他向采购商做出了这样的保证：微软的浏览器将被安装在大部分电脑上，而且微软有能力使自己的浏览器与最流行的应用程序Office完全兼容。这就使微软的浏览器有了与众不同的特征，从而促使大多数的Windows用户都使用它。

当微软将Windows 3.1升级为Windows 95时，系统文件包里已经包含了网络浏览器——Microsoft Explorer。微软公司发行其互联网浏览器的主要策略是，将有效的分销和较低的先期定价策略相结合。微软之前为了将Windows确立为标准的操作系统，也曾用过这样的策略。通过将Windows的升级换代当作发布Microsoft Explorer的平台，微软公司有了理想的分销系统以确保Microsoft Explorer程序在每一台装有Windows 95系统的电脑上都能使用。另外，通过将它与操作系统捆绑在一起销售，微软没有对消费者收取费用，这也利用了先期定价最低的战略。此外，盖茨与领先的在线服务供应商——美国在线（AOL）、电脑服务公司（CompuServe）及其他企业建立了牢固的合作关系，由此加速了对市场的渗透。

这样的做法十分有效，使用网景的用户开始转向使用Microsoft

Explorer。1997 年 3 月，网景浏览器的市场占有率跌至 70%（1996 年 9 月约为 80%）。而同一时期，微软公司的市场占有率从不到 10% 提高到了 28%。雪佛龙（Chevron）便是其中一例，它早期使用网景浏览器，后来转向使用 Microsoft Explorer。发生转变的决定原因是雪佛龙不仅使用 Windows 的操作系统，而且要依赖它今后的产品。

如之前的许多市场周期一样，盖茨正在快速地创造下一个行业标准。他运用规模优势，在网络项目上投入了大量资源：他安排 3 名程序员开发 Microsoft Explorer 1.0；在开发 Microsoft Explorer 2.0 版本时，他安排了 20 名程序员；到开发 Microsoft Explorer 4.0 时，他动用的程序员人数多达 700 名！认识到这种标准在企业和家庭市场上的重要性后，盖茨竭尽全力地抓住机会、迎接挑战。

在公司发展历史上，微软公司一直是非常优秀的创新者。然而，这些创新是企业设计创新，而不是技术创新。微软公司没有发明任何关键技术，它只是对现有的技术进行调整以适应市场需求。同时，它将技术内嵌于以标准为基础的企业设计中，这样的企业设计为微软公司创造了战略价值，也为股东创造了巨大价值。

与微软公司的成功形成鲜明对比的、恐怕要数苹果公司在 20 世纪八九十年代的失败了（见图 13–2）。苹果公司的产品以创新为显著特色。它认为便于使用是客户的一大偏好，这种偏好要比其他市场因素更重要。苹果公司的电脑因技术出色而成为市场上流行的标准。但不幸的是，这些技术被包含在了有缺陷的企业设计之中。苹果公司试图通过在所有方面都享有独占权利的方式创建标准，试图通过拥有所有关键因素而享有标准，这样的做法从根本上限制了其他市场参与者帮助苹果公司确立标准的可能性。

标准能够推动整个行业发展。微软公司很早就认识到向其他参与者（客户、竞争对手、经销商）进行投资，从而创造出确立标准动力的重要性。微软公司随时准备好支付创建标准的费用，因此它现在获得了回报。当然，微软公司现在担心和关注的是，如何为未来 5 年内的信息处理和集成创建行业新标准。

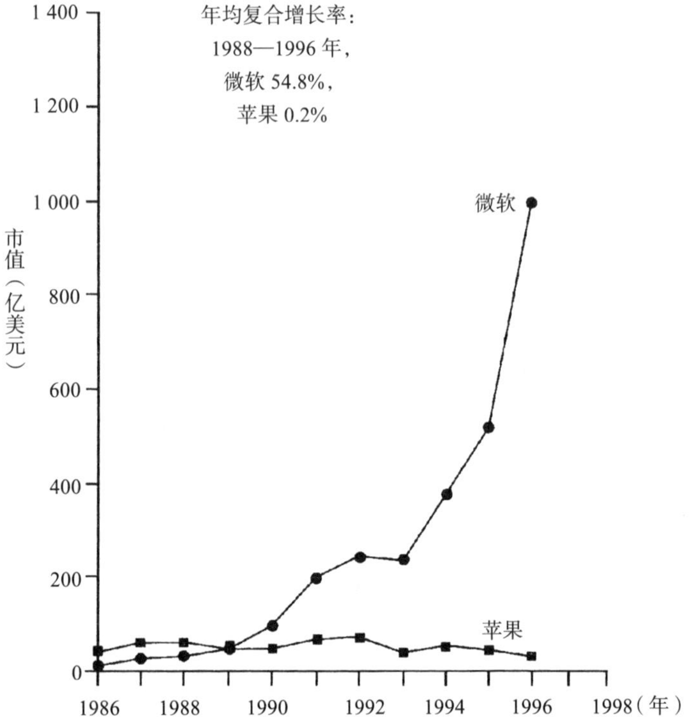

图 13–2 微软公司与苹果公司的市值增长

创建行业标准企业设计——问题清单

- ☑ 我是否与所有重要的原始设备制造商都有业务往来？
- ☑ 我是否在应用程序开发商上投入了最多资源，是否为了使我的技术给客户创造最大价值而提供了最大支持？

☑ 我是否为客户将价格和转换成本降到最低？

☑ 为了增加标准价值，我是否开发了一套核心应用程序和服务？

☑ 为不断地给客户增加价值，我是否制定了 2.0 版、3.0 版、4.0 版的蓝图？

- 终端用户
- 应用程序开发商
- 原始设备制造商

·第三部分· 利润区手册

第14章

企业设计创新如何创造出利润区

从企业设计创新来看，我们观察到的最显著的一点是，不同企业设计之间有很大不同。不同行业的企业有不同的企业设计创新，同一行业的企业设计也有很大不同。

可口可乐公司企业设计的成功逻辑与通用电气公司的企业设计截然不同。美国热电公司和嘉信理财公司的企业设计也有天壤之别。同样，微软公司和迪士尼公司也是如此。

创新事关客户和盈利能力，但从根本上取决于是否有创造力，取决于能否规划出一个独一无二的企业设计。

研究创新者以及他们如何发现或者创造本行业的利润区，最大的好处是能了解企业的创造性过程是如何发生的（每隔5年企业设计如何变化），需要遵循什么样的原则（在客户与利润方面），以及它的成果会有多大。

企业设计创新推动公司价值增长

在注重市场占有率的时代，公司会努力创造和维护可持续竞争优势。现在，除了专利和受保护的市场外，已经不存在这种长期的可持续竞争优势了，但存在长期的价值增长，即持续 10 年、20 年，甚至更长时间的价值增长。

创造持续的价值增长要求每隔 5 年就对企业设计进行调整。第二部分简要介绍的那些创新公司已经证明，这一要求不仅可能实现，而且会带来非同一般的结果。注意图 14–1 和图 14–2 中体现出的因果关系。可口可乐公司企业设计的变化（从装瓶商特许经营模式到美国装瓶商管理模式，再到国际价值链管理模式），尽管提高了公司的资产密集度，但它显著改善了其他方面的财务指标（销售利润率、预期利润增长率和战略控制或利润保护）。这些财务参数的变化提高了公司的估值，其市值与销售额的比值从 1980 年的 0.7 提高到 1996 年的 7.0（见图 14–2）。总体来看，这些因素为可口可乐公司创造了长期的价值增长，使它成为世界上最具价值的公司之一。

在每一个创新企业里，同样的因果机制都在发挥作用：企业设计创新推动了财务绩效的改进，而财务绩效的改进则提高了企业的估值，企业估值又推动了价值增长。这种价值增长和不断攀升的估值模式得到了创新企业的一贯坚持，以至人们会认为出现这样的结果是理所当然的。将这些创新企业的表现跟标准普尔 500 强企业做对比是非常有用的，将这些创新企业与 20 世纪 80 年代市场占有率的主要领先者的价值增长绩效做对比，也颇具意义（见图 14–3）。

无论我们如何排列这些数据，有效的企业设计创新得到的回报都是非常惊人的。

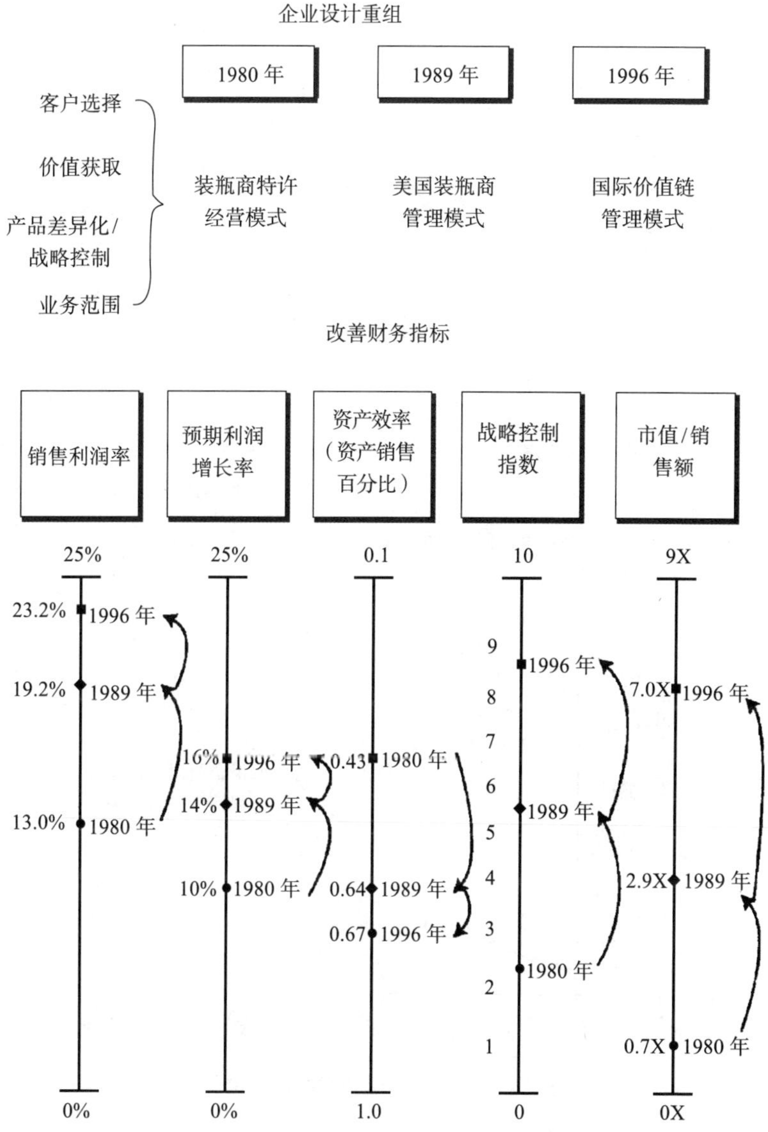

图 14–1　可口可乐公司的企业设计创新

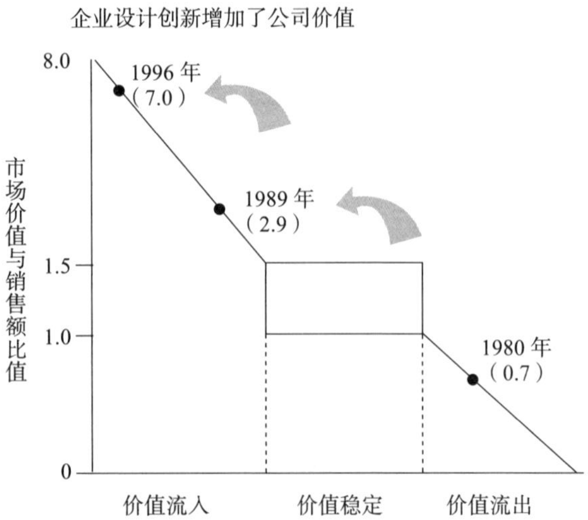

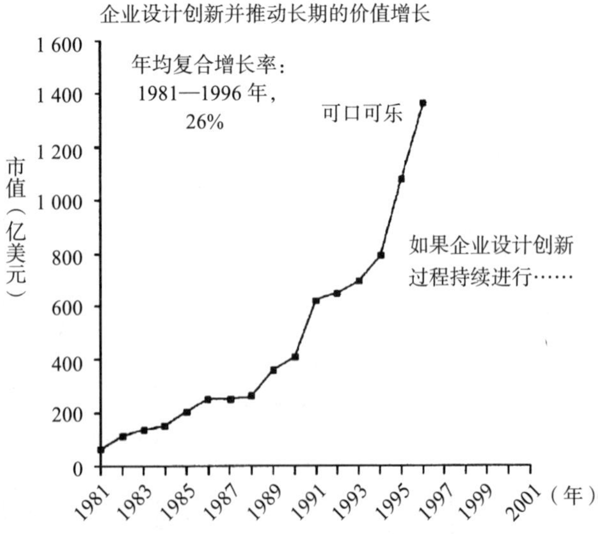

图 14–2　可口可乐公司的市值增长

资料来源：Compustat

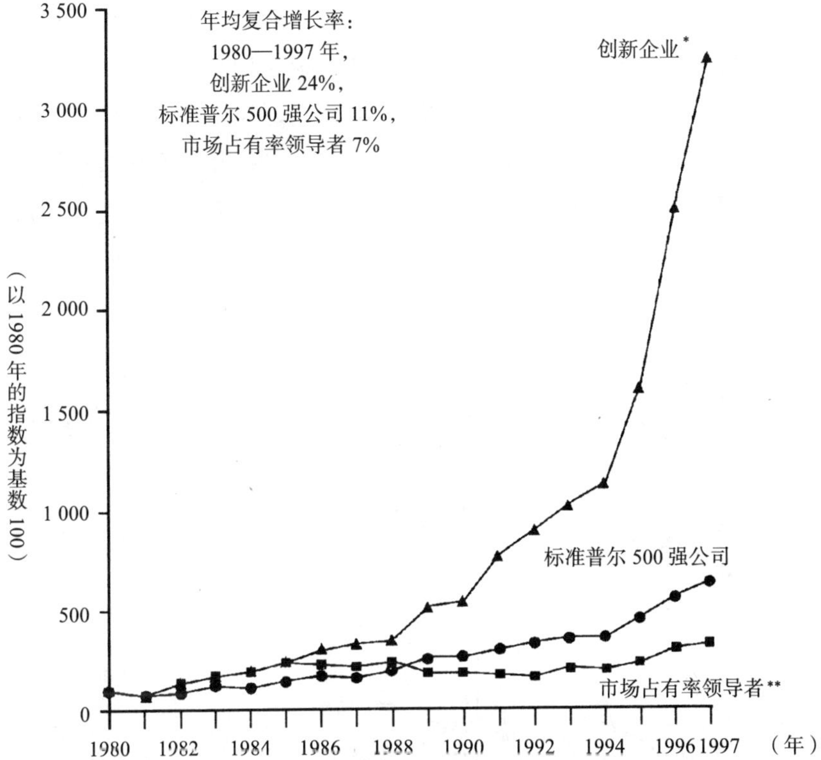

图 14–3 九大创新企业与标准普尔 500 强企业、市场占有率领导者的比较

注：* 不算微软和英特尔，创新企业的年均复合增长率为 20%

** 市场占有率领导者包括全美航空公司、伯利恒钢铁公司、数字设备公司、福特公司、通用电气公司、IBM 公司、西尔斯公司、美国联合航空公司和美国钢铁公司

提高利润空间的悖论

经典的战略理论告诉我们，利润总是在下降而不是上升。在商品化、竞争日益加剧、产品过时和消费者力量日益强大等诸多因素的综合影响下，利润率往往会呈下降趋势。

在过去几十年中，这些因素的影响力确实增强了。每个领域里的竞争者都增多了，竞争也变成了全球性现象。信息流动得更快，竞争性模仿也不断加速。而且，由于面对的选择和信息越来越多，消费者的实力也越来越强大。与之前相比，企业获得利润的压力更大，利润率下降的速度也更快。

但对于创新者来讲，情况不是这样。有效的企业设计创新具有的力量体现在它们所创造的利润变化模式中（见图 14–4）。这些创新者的利润没有降低，甚至不是四平八稳，而是一直增长。

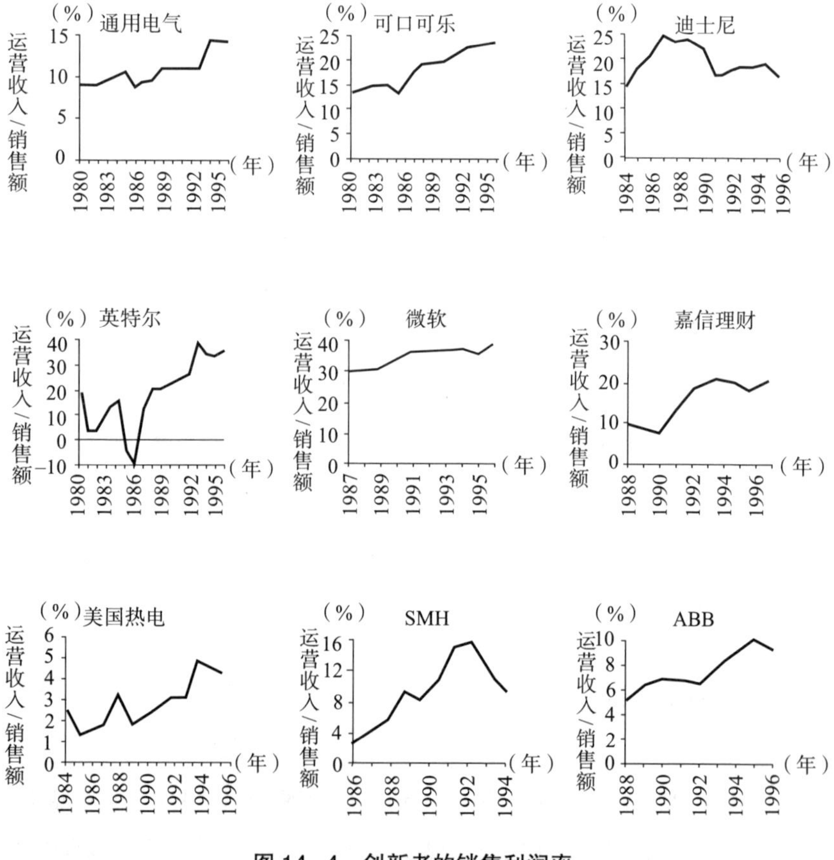

图 14–4　创新者的销售利润率

实现利润增长所依赖的收入组合的性质是非常重要的。通常情况下，重新制定企业设计时，公司都会提高重复性收入（与交易性收入相比较）的比值。比如嘉信理财公司收取的资产管理费、ABB集团的长期维护收入、通用电气公司的服务合同收入或者微软公司的升级收入等。在所有情况下，企业设计创新不仅能够满足客户的需求，而且能够为公司带来长期的利润增长。

重大错误

将创新者的价值增长业绩视为理所当然，这种认识是错误的。认为一帆风顺的业绩增长来自谨小慎微的本分经营，也是一种错误的认识。事实刚好相反。企业设计创新要求实施重大的、非渐进性的举措，在实施这些举措的过程中会不可避免地出现重大失误。

我们在第二部分中介绍的10家创新企业都曾经历过这样的重大失误。通用电气下属的基德皮博迪公司，英特尔推出的有缺陷的奔腾处理器，可口可乐公司的新可乐，嘉信理财对投资咨询师服务系统的运营梦魇，微软公司发布的每种产品的1.0版本，斯沃琪对电信产品的尝试，以及迪士尼公司在欧洲建立的迪士尼乐园等，都是失误的例子。

这样的例子有很多，可以列满好几页纸，并且它们可以成为另一本书的主题。关键的一点是，没有大失误就不会有大创造，创新者经历的失败要比普通人多得多。

目标锁定

然而，这些重大的失误可以归为两类。上面提到的这些是新思想或新企业设计失败的例子，属于第一类。第二类重大失误是固守过去的机会和企业设计，从不冒险进行变革。这类管理失误类似于“目标锁定”

失误。目标锁定是激光技术出现之前军事飞行中经常可以运用的技术。

在雷达制导的目标获取和摧毁技术出现之前，传统的攻击机飞行员都是俯冲投弹的好手。俯冲投弹的动作看似简单：飞行员驾机飞上2万英尺的高空，然后掉转机翼，开始向目标俯冲下去，接着，当飞机以500节[①]的速度呼啸着直冲地面时，飞行员通常会发现投弹目标，并将投弹瞄准器与目标连成一线，只要一直保持一条直线，飞机就会沿着这一角度像离弦的箭一样直冲目标。同时，每隔几秒钟飞机就会降低1 000英尺。俯冲投弹看起来简单，但事实并非如此，特别是有人向飞机射击时，危险性会更大。

一个俯冲投弹飞行员最大的风险是“目标锁定”。飞行员要一直盯着目标以确保下降角度精准，这样他们往往会忘记高度，驾驶着飞机直冲地面。我们对当前的目标有着完美的把握（我们的目标对准了吗？），但是我们忘记了更加普遍的现实。

目标锁定是一个常见的管理问题。为了专注于任务或者简化任务，管理层会选择流程、衡量指标以及目标。例如，市场占有率、价值增长率、成本优势、上市时机（或者退出市场的时机）都会被选定为目标。有关的数据会被记录下来并且绘制成图表。为了持续改进指标，中间过程会对错误进行修正，从而令整个系统得以协调。如果这些操作都能够顺利进行，那么这一流程将是非常有效的。当企业濒临失败边缘，每个人都意识到他们锁定的指标和目标错误时，企业就会破产。

为什么企业会破产？通常情况下，运用目标和衡量指标被视为有效的管理方法。管理层通常锁定以下目标：

- 当利润区转向服务领域时，目标是过去的市场占有率或者过去的企业设计；
- 在一个商品化、无利润的行业部门内实现收入增长；

---

① 1节≈1.85千米/小时。

- 当在价值链的其他环节创造出价值时，目标是降低单位制造成本；
- 将错误的产品快速推向市场；
- 未达到由客户偏好和系统经济模式确定的目标的服务；
- 在客户看来无法满足他们质量要求的质量控制统计图表。

简单来说，管理层试图完善的是过去的企业设计。机遇已经从他们身边溜走了，然而他们相信，只要再做好、做大一点儿，他们就能立于不败之地。他们实际上打的是一场早就应该打的仗。实际上，新的客户偏好和竞争对手的企业设计已将战场转移和重新定位了。此时，指导企业发展的旧指标、程序和文化通常都已经过时了。

当今世界，信息和市场瞬息万变，企业设计周期大大缩短。因此，避免目标锁定并带领公司抓住新机遇，可能是创新者扮演的一个最重要的角色。

目标锁定有助于我们了解许多市场占有率领先者将目标锁定为市场占有率而失败的原因。真正重要的是确定利润区在哪里，从而为此创造新的企业设计，并创造市场价值。在过去几年中，随着越来越多的公司意识到，不断变化的市场需要制定以利润和价值为目标的企业设计，而不是制定只以市场占有率为目标的企业设计。衡量公司成功与否的指标发生了很大变化。

同时，创新者对当前的模式并不满意。事实上，他们非常担忧。他们关心的是企业的“市值”阶段能够维持多久，下一个阶段会如何。由于他们都非常憎恶不必要的风险，因此他们不愿意再次经历长达 10 年之久的脱轨，但传统的市场占有率领先企业往往都有这样的经历。创新者关心的是下一次转变会是什么。

身处市场价值的某阶段，我们很难想象下一个阶段会是什么样子：是知识价值创造，员工忠诚，客户忠诚，还是客户忠诚加特殊的信息流？

我们现在还不知道。但是，正因为如此，我们才需要广开言路、集思广益，运用企业集体智慧发掘下一次衡量指标革命会是什么。我们必须避免目标锁定带来的极大风险，了解企业设计创新的根本要素可能是为不确定的未来所做的最好准备。

下一章是企业设计创新的实用指导手册，里面包含了一些问题和练习，其目的是向你的公司提出挑战，并使你的公司保持领先于客户不断变化的偏好，而不仅仅是与客户保持同步。同时，它们会帮助你的公司在行业中创造出利润区。下一章会告诉你如何使你的公司踏上一条价值持续增长的道路。

第 15 章

利润区手册

《发现利润区》一书详细介绍了一种新的企业设计方式。第一部分提出了以客户为中心和以利润为中心的思维方式的基本思想，描述了当代企业成功必备的新战略观念。第二部分运用实例说明企业领导人如何秉持这些理念获得成功。在第三部分的最后一章中，我们将总结本书的思想，使读者可以将它们运用于自己的公司。

由于制定优秀的企业设计是一种可以学习的技能，因此在这里我们以问题的形式给出指导意见。不要快速浏览完这部分内容，你要花上几个小时静静地思考。在这几个小时里你收获的将是你一年中最有价值的东西。你可以独自一人完成本章的内容，也可以和团队成员一起完成。如果能与其他管理者一起讨论，那么回答这些问题可能会更简单一些，并且使这些工具更具有使用价值。

将自己的企业推进利润区

我们整理的这一手册将帮助你把自己的企业推进利润区。完成这一过程需要依次处理以下这 12 个问题。

1. 我的客户是哪些人？
2. 客户的偏好如何变化？
3. 哪些人应当是我的客户？
4. 如何为客户增加价值？
5. 如何才能成为客户的首选？
6. 盈利模式是什么？
7. 目前的企业设计是怎样的？
8. 真正的竞争对手是谁？
9. 最难对付的竞争对手的企业设计是什么样的？
10. 下一个企业设计是什么样的？
11. 战略控制点是什么？
12. 公司价值如何？

通过做一系列练习，这本手册将帮助你回答上述每一个问题。

通过回答这些问题，你将会明白如何才能击败你的竞争对手，使自己的公司进入利润区。你将学到一些必要的技能，修正自己的企业设计，并使公司处于不断变化的利润区内。你将得到一套工具，运用它们可以降低犯错的概率，识别客户的偏好，发现你所处行业的利润区，设计合理的企业设计，保持公司对盈利能力的战略控制等。

根据你的企业的实际经历回答上述每个问题。你要运用被认可的技能方法，你要敢于运用自己的思想将这些工具的作用放大。满怀信心地坚持下去，你将一步步迈向利润区。

1. 我的客户是哪些人？

通读本书我们发现，了解客户是企业设计成功的第一大关键因素。不了解客户的企业，其经营也是盲目的。有效的企业设计要求了解客户群体的诸多方面。

许多管理者认为，他们了解自己的客户，因为他们每天都会在店铺里看到客户，在发票上看到客户的名字。然而，真正了解客户意味着可以将他们划分为不同的群体，能够精准地分析不同群体的特征。你可以根据年龄、地域、行业、建立业务联系的时间长短、购买理由、购买频率、购买标准或者其他统计特征对客户进行分类。你也可以将客户划分为不同的群体，例如根据他们的行为或者偏好归类。通过更加细致地分类，你会发现自己的客户群体之间存在很大差异，他们与你想象中的有很大不同。在下面的空行里，请列出你的主要客户群体。

主要客户群体：

1. ______________________________
2. ______________________________
3. ______________________________
4. ______________________________
5. ______________________________

让我们以可口可乐公司的主要客户群体为例进行说明。许多人可能会将消费者视为可口可乐公司的主要客户群体。实际上，该公司的主要客户群体情况如下：

可口可乐公司的主要客户群体：

1. 消费者
2. 饭店和自动售货机
3. 主要的装瓶商
4. 美国国内连锁店

关于客户，你最重要的责任是了解他们的偏好。你可能需要进行深入的市场分析才能了解客户最看重什么。但是，通过观察和逻辑思维，你也可以破译那些引导客户行为的偏好。无论在市场内还是市场外，客户都在不断地表达着他们的偏好。回答以下两组问题将有助于你了解客户的偏好。

了解本行业客户的偏好：

- 列出过去两年内行业内流行的三款产品或服务的名称。
  ——为什么客户喜欢它们？
  ——这些产品价值背后的原因是什么？
  ——它们是否节约资金，是否能减少麻烦，是否能提供安全保障？

了解其他行业客户的偏好：

- 从你这里购买产品的客户也从其他市场上购买产品和服务。重复列出上面几个问题，但要将行业变成一个无关的行业或者你的客户经常涉及的行业。在那个市场中，你的客户体现出什么样的偏好？

你的客户有两种需求，一种是明示出来的，另一种是没有明示出来或无声的需求。了解明示的需求不困难，通常情况下，这是行业内大多数企业都尽力满足的需求。困难的是识别客户的无声需求。要找到不断变化的利润区，你必须要做到这一点。

要发现客户的无声需求或者没有明确表达的需求，一种方法是考虑你的客户所处的整个经济系统。通常情况下，管理者只关注自己的公司与客户之间达成的交易。这种狭隘的视野让他们无法看到客户真正需要的东西。你的客户是否只把你看作他们生活或者业务领域中一个简单的存在？你是否也这样看待自己与客户的关系？这是否是你希望自己的企业呈现的形象或者关系？

系统经济学通过把所有相关的成本和收入纳入模型，就可以将特定产品或服务的所有方面进行量化。系统经济学不只考量盈利能力，它还涉及所有影响盈利能力的因素和变量。系统经济学研究可以表现为非常复杂的财务模型，也可以便捷地描述出盈利能力的大概轮廓。从系统经济学的角度来考虑你的客户，你将更好地了解他们的无声需求。

试着回答下列问题：

- 把自己想象成五家最重要客户公司的首席执行官。
  ——你的总目标是什么？
  ——你最关心的是什么？
  ——为了实现你的目标，供应商能够提供怎样的帮助？目前供应商的哪些地方妨碍你实现目标？

2. 客户的偏好如何变化？

客户的需求不是静止不变的。每个人及其周围的环境都在发生变化，新的客户偏好会不断产生。为迎合客户需求，企业的新机遇也会不断出现。表 15–1 列出了一些从客户偏好的变化中获益的企业。

表 15–1　从客户偏好的变化中获益的企业

序号	客户偏好变化	受益企业
1	产品功能 → 价格	欧特克（Autodesk）
2	产品/服务 → 解决方案	通用电气、迪士尼、ABB集团、惠普
3	可获得性 → 花色品种繁多	家得宝
4	产品功能 → 产品质量	丰田
5	最低价格 → 最低价格、节省时间	沃尔玛
6	最低价格 → 公平价格、节省时间	电话购车公司
7	最低价格 → 最低系统成本	通用电气
8	产品功能 → 快速交付	戴尔电脑
9	解决方案 → 外包	EDS
10	产品功能、关系→ 成本低、麻烦少	史泰博（Staples）

上述公司了解客户偏好的变化，并能够快速做出反应，因此它们都获得了极大成功。同时，我们可以想象一下咖啡行业客户偏好的变化（客户偏好由价格转向质量，这导致了咖啡供应商从食品零售店转向咖啡专卖店），是如何促使星巴克崛起、兴盛的。

将这一思路应用到你自己的市场中。根据上面列出的行业中成功的产品信息，填写下列空格：

本行业近年来客户偏好的变化

1993 年 客户偏好	1998 年 客户偏好
1. ________________	________________
2. ________________	________________
3. ________________	________________

再看看客户涉及的其他行业的情况。你能看出市场上的变化趋势吗？如果在某领域里客户正试图节省时间，他们是否希望你的领域也能节省时间？要预先为客户的偏好或需求变化做准备，你在现在或者不久的将来要具备什么样的优势？

本行业可预见的变化

1998 年 客户偏好	2002 年 客户偏好
1. ________________	________________
2. ________________	________________
3. ________________	________________

3. 哪些人应当是我的客户？

在我们了解了目前客户的情况、他们当前的偏好以及他们的偏好会如何变化之后，接下来你就应当思考该如何扩大你的客户群。有没有新的群体看重你的产品或服务？你能否沿着价值链跨出一步，为客户的客户提供服务？你能否换个方向努力，进而成为其他公司的供应商？创造性的客户选择一直都是创新者成功的关键因素。

表 15–2 列出了本书介绍的创新者的客户群体。注意，这些创新者除了服务表格中的客户，还服务其他客户群体。

表 15–2　客户选择创新

公司	不只服务于	还服务于
ABB 集团	行业内买家	收购的工程公司
可口可乐公司	消费者	主要的装瓶商
迪士尼公司	儿童	家庭
通用电气	采购代理商	需要解决方案的客户
英特尔	原始设备制造商	终端用户
微软公司	消费者	程序开发商、原始设备制造商
嘉信理财公司	投资者	投资咨询师、区域银行、区域经纪公司
斯沃琪	消费者	手表制造商、手表分销商
美国热电公司	行业买家	投资人、公司内的创业人才

对于每一位创新者而言，创造性的客户选择对价值创造都是非常重要的。

珀西·巴尼维克将电力公司和当地政府看作 ABB 集团客户群的关键成员，但他也认识到，在自己所处的行业内，还有另一个大规模客户群体的需求没有得到满足，这个群体就是与 ABB 集团竞争的当地工程公司。这些公司需要强大的品牌和分销体系支持，而这些都是 ABB 集团可以提供的。因此，他没有与这些当地工程公司争夺当地的项目，相反，他将它们纳入 ABB 集团网络之内，让它们成为 ABB 集团的重要客户。

罗伯托·戈伊苏埃塔认识到，虽然可口可乐公司总是将消费者视为自己的目标客户，但实际上，装瓶商才是可口可乐公司原浆的购买者，而且它们控制着可乐饮料的商业供应。在他的主导下，公司将装瓶商重新定位为系统的关键客户，并且进行了组织变革。这一变革使可口可乐公司建立了低成本的分销系统。另外，他也考虑到了每一个客户群体中不同类型的客户。(见图 15–1)。

	装瓶商	食品杂货店	饭店	自动售货机	消费者
类型 1	当地特许经销商	便利店	便利店	连锁酒店	口味
类型 2	区域经销商	当地杂货店	饭店	办公楼	价格
类型 3	富有经验的大经销商	大型区域连锁店	全国性连锁店	当地组织	可获得性

图 15–1　可口可乐公司不同类型的客户

根据上面提到的例子，尝试完成下列练习：

哪些人是你目前的关键客户？

1. ______________________
2. ______________________
3. ______________________
4. ______________________
5. ______________________

为了拓展你的客户范围，你可以培育其他哪些群体/行业参与者？

1. ______________________
2. ______________________
3. ______________________
4. ______________________
5. ______________________

这些群体或行业参与者的偏好是什么？

1. ______________________
2. ______________________
3. ______________________

你能够为他们提供哪些他们认为有价值的东西？

1. ______________________
2. ______________________
3. ______________________

哪些人最有可能成为你的潜在客户？

1. ______________________
2. ______________________
3. ______________________

如果回答上述问题有困难，那么这说明你没有花足够的时间与现有客户、潜在客户或新客户进行沟通。在过去一个月内，你花了多长时间与最重要的五位客户进行沟通？你们的交谈仅仅是礼貌的寒暄，还是实质性地讨论了客户最重要的偏好？只有后一种讨论才能让你了解客户的关键问题和偏好，这样你才能建立良好的客户关系，并且完成以客户为中心的企业设计。

填写下列表格。通过这种方式可以记录你与客户交流的时间和交流的内容。

客户交流记录单

最重要的五位客户	在过去一个月中与他们交流的时间	交流内容
1. ____________	____________________	________
2. ____________	____________________	________
3. ____________	____________________	________
4. ____________	____________________	________
5. ____________	____________________	________

4. 如何为客户增加价值?

现在，你已经知道哪些人是你当前的客户，哪些人是你潜在的客户，他们明示的和暗示的偏好各是什么。接下来，你必须明确如何为这些客户创造价值。

当客户只愿意支付产品的成本价时，生产产品的公司是赚不到利润的。每一家公司都必须问自己:“我的产品能为客户带来什么特殊的好处，从而使他们愿意支付溢价？”尽管公司表现形式不同，但答案总是这样的:“如果我们能够满足客户的X、Y、Z偏好，他们就会支付我们溢价。”

你的第一步是分析客户的偏好，然后弄清楚如何才能比竞争对手更有效地满足这些偏好。

- 你的竞争对手能够满足哪些客户偏好?
- 与你的竞争对手相比，你能够更好地满足客户的哪些偏好?
- 与竞争对手相比，你能以更低的成本满足客户的哪些偏好?
- 为使自己的偏好得到满足，客户愿意支付多高的溢价?
- 为给客户提供最重要的价值，你可以同时满足哪些偏好?

以上这些问题的答案将会为你的公司提供一张蓝图。根据这个蓝图，与竞争对手相比，你会为客户提供更大的价值。

在查尔斯·施瓦布的第一次企业设计创新中，即推出增值折扣经纪业务时，他就仔细地考虑了上述的每一个问题。他发现传统的经纪公司满足了一部分客户的偏好，而这部分客户需要大量的建议和指导。施瓦布还认识到，这些传统的经纪公司在技术性投资方面很滞后，而且大部分传统的经纪公司都提高了费用。他决定让自己的公司为那些希望轻松地进入市场、耗费成本低的客户服务，为那些期望得到良好服务、对容易提供的信息感到满意的客户服务。选定这些目标偏好后，施瓦布创立了一项业务，这项业务的基础设施成本很低，员工对客户的需求非常敏感。与竞争对手相比，他找到了为选定的客户创造更大价值的方式。

考虑你自己的客户群体。对于他们而言，什么是最重要的？你如何才能显著提高为他们创造的价值？

我的客户群体：

____

____

____

____

5. 如何才能成为客户的首选？

每一个客户偏好都有其相对重要性，而且客户会基于每一种偏好的满意程度，有意无意地给供应商打分。在客户最重要的偏好上得分高的公司，其企业设计往往也是成功的。

一个成功的供应商，其得分大致是这样的：

客户偏好	供应商得分	供应商最强大的竞争对手的得分
偏好 1 ______	10	6
偏好 2 ______	8	7
偏好 3 ______	7	6

注意，最大的区别体现在最重要的偏好的分数上。偏好项目越重要，成功的供应商得到的分数越高。在最重要的三个偏好项目上，成功的供应商得分要高于竞争对手的得分。

现在考虑一下自己公司的状况。哪些人是你最重要的客户？这些客户最重要的三个偏好是什么？你的得分情况如何？你最强大的竞争对手的得分如何？

客户偏好		我的得分	我最强大的竞争对手的得分
偏好 1	______	______	____________________
偏好 2	______	______	____________________
偏好 3	______	______	____________________

6. 盈利模式是什么？

我的组织如何实现盈利？如果企业设计只是增加了客户的价值，但不能为组织创造利润，那么这样的企业设计是不完善的，而且在许多情况下它是有致命缺陷的。

在以市场占有率为目标的时代，盈利能力因素并不重要（想想“只要市场占有率高，利润就会随之而来”这句话）。但现在，考虑这一点是至关重要的。较高的市场占有率已不再是高利润的保证。另外，企业可以通过很多途径来获得高利润。因此，对于企业而言，清楚地了解自己的盈利模式，已经变得至关重要。

像第 3 章详细介绍的那样，企业可以通过不同的方式获得高利润。我们在第 3 章详细地讨论了其中的 11 种方式。第 3 章附录也总结了 22 种盈利模式。

这些模式中有适合你的公司的吗？适合的模式是否不止一种？它们是哪些？

我的盈利模式：

1. ____

2. ____

3. ____

在许多情况下，企业会利用 2—3 种盈利模式。比如，迪士尼就同时运用了卖座大片模式（第 3 章附录里的第 6 种模式）和利润乘数模式（第 7 种模式）。ABB 集团的盈利模式包括专业化模式（第 9 种）和客户解决方案模式（第 1 种模式）。

可口可乐公司运用了三种盈利模式：多单位系统模式——自动售货机、饭店（第 3 种模式），品牌模式——与无品牌的饮料相比获得溢价（第 12 种模式），以及相对市场占有率模式——在国际市场上占主导地位（第 20 种模式）。

如果第 3 章附录中的模式都不适合你的公司，你可能不得不建立自己的盈利模式。首先，提出这样一个问题："在我所处的行业里，如何获得高利润？哪家公司是最赢利的，为什么？"

获得高利润：

____

____

____

____

能否用一张图表示出你的行业中利润是如何产生的？你能画出这张图吗？横轴代表什么，时间还是规模？你经营的各项业务之间的相互关系如何？

现在，描述你的公司采用的盈利模式：

____

____

____

____

无论你的盈利模式是第 3 章附录中讨论过的模式，还是你自己制定的模式，你都需要提出下面一个问题："公司中的每个人都了解我们的盈利模式吗？公司能否协调所有的活动为实现高利润创造条件？我们是否基于这样的理解制定决策并分配资源？"

7. 目前的企业设计是怎样的?

了解了如何将客户的偏好转变成利润之后，为了使自己的公司与行业的利润区保持一致，你需要为公司策划一种企业设计。公司的企业设计由四大战略要素组成，它们是客户选择、价值获取、战略控制、业务范围。表 15–3 大致描述了企业设计的这四个战略要素。

表 15–3　企业设计的四大战略要素

要素	关键问题	具体问题
客户选择	我想服务哪些客户?	我能提高哪些客户的实际价值?哪些客户将会使我赢利?我想放弃哪些客户?
价值获取	我如何赢利?	我如何从为客户创造的价值中获利?我的盈利模式是怎样的?
产品差异化/战略控制	我如何保护利润?	为什么客户选择从我这里购买?与竞争对手相比，我的价值主张有什么特别之处?哪些战略控制点能够抵消客户或者竞争对手的力量?
业务范围	我从事哪些业务活动?	我想要销售什么样的产品、服务和解决方案?哪些业务活动或者功能是公司内部可以完成的?哪些需要分包、外购或者与合作伙伴一起提供?

企业设计要获得成功，其要素必须满足客户最重要的偏好，而且通过一致性检验以确保企业作为互相协调、促进的整体发挥功能。

除了上面列出的几个要素外，你还需要描述出公司目前的企业设计。在下面的空格处填入尽可能多的信息。上表中列出的问题有助于你完成这一练习。

我的公司的企业设计

客户选择 ______________________________

____

____

____

价值获取 ______________________________

____

____

____

战略控制 ______________________________

____

____

____

业务范围 ______________________________

____

____

____

在讨论下个问题之前，记住你的企业设计。

这些都必须是你公司企业设计的要素吗？你是否考虑过用其他选择替代这些要素？你的客户群体只有一类客户，还是有两三类？你目前是否对所有的客户群体都很重视？你这样做明智吗？你是否考虑过下游的客户？在表 15 4 中，与你的公司相关的选项是哪些？

表 15–4　企业设计要素示例

要素	选择					其他
客户选择	所有客户群体	第一类	第二类	下游客户	——	——
价值获取	单位收入	许可收入	服务收入	解决方案收入	——	——
战略控制	品牌	低成本	两年领先期	客户关系	——	——
业务范围	业务范围广	业务范围窄	完全一体化	虚拟业务	——	——

除了上面列出的几个因素（客户选择、价值获取、战略控制、业务范围）外，一个公司的企业设计还包括运营因素（采购、生产等）和组织因素。关于运营因素和组织因素的详细介绍见附录 1。

8. 真正的竞争对手是谁?

你如何知道这些是否是你企业设计的正确战略要素？首先对比一下你与竞争对手的企业设计。通常来讲，竞争对手是指“跟我们做同样事情”的公司。然而，你真正的竞争对手是那些与你有共同的客户或业务范围的公司。你的竞争对手所处的行业有可能和你所处的行业完全不同，他们提供的可能是完全不同的产品或服务。今天，你必须放宽视野，在广阔的领域里搜寻你的竞争对手以了解不同的企业设计，这些企业设计会吸引你的客户，并吸引他们的资金和内心忠诚。完成下列练习将有助于你确定所有的竞争对手。

1. 画一个由四个同心圆组成的空白雷达显示屏。

2.将你的直接竞争对手填入最内层的圆圈里，将间接的竞争对手填入外层的圆圈里。参见下图中钢铁工业的例子。

3. 现在，变换一个角度。让我们站在客户的角度，透过客户的视角来看问题。你的客户认为什么样的公司是他们最好的选择？

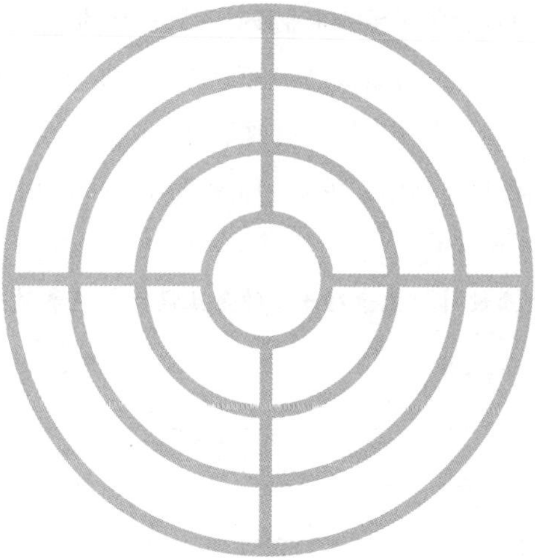

4. 哪些公司尽管现在不是你的竞争对手，但是在未来两三年内将与你展开竞争？把这些公司列在最外圈。

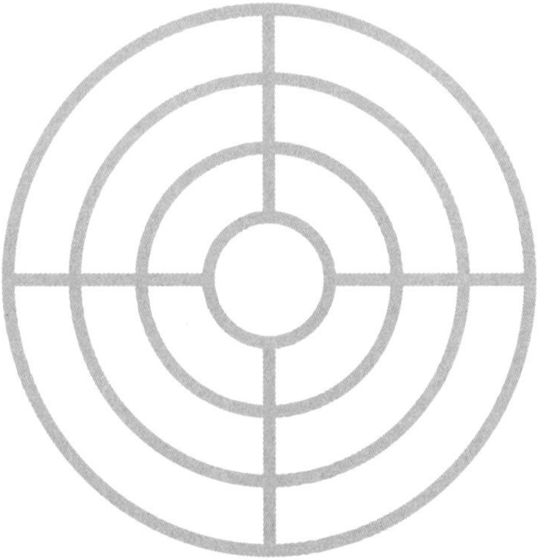

如果你发现难以确定上述信息，你可以与客户沟通或者咨询公司的证券分析师。向他们请教，让他们帮助你确定哪些公司将你的公司视作竞争对手，因为他们的选择要比你自己的选择更客观。与其一个人冥思苦想，不如借助一些具有思维深度的渠道，这样你才能更快地得到正确答案。

9. 最难对付的竞争对手的企业设计是什么样的？

完成上述练习后，问问自己："哪两个公司是我最危险的竞争对手（与客户联系最紧密、利用资源最有效率的企业）？"当你确认这两大竞争对手后，问自己这个问题："它们的企业设计与我的相比如何？"

	我的企业设计	竞争对手A的企业设计	竞争对手B的企业设计
客户选择	________	________	________
	________	________	________
	________	________	________
	________	________	________

价值获取 ________ ________ ________

________ ________ ________

________ ________ ________

________ ________ ________

战略控制 ________ ________ ________

________ ________ ________

________ ________ ________

________ ________ ________

业务范围 ________ ________ ________

________ ________ ________

________ ________ ________

________ ________ ________

其他因素 ________ ________ ________

________ ________ ________

________ ________ ________

________ ________ ________

你知道最难对付的竞争对手的企业设计是什么样的吗？你知道它们的企业设计与你的有什么不同吗？为什么它们会有所不同？这些差异是否给了你一些有益的启示？可以看看本书前面章节中出现的例子（见表 7–1 和表 10–1），你能从中发现制造、娱乐和饮料行业内的企业设计之间的显著不同。

知道自己的企业设计与最强大的竞争对手之间的区别，对于你来说是非常有用的，因为这会让你了解到自己行业内的价值流向。在此基础上，你能够更好地为客户创造价值，并且对他们的需求和偏好做出积极反应。

10. 下一个企业设计是什么样的?

你最近改变企业设计是什么时候？为什么要改变？更重要的是，改变后的企业设计是否满足了客户需求，在多大程度上满足了客户偏好？这是任何公司领导都会问到的关键问题，而且这也是大多数公司领导害怕提出的问题。不能满足客户偏好的企业设计不久就会陷入价值流出的境地。能够很好地满足客户偏好的企业设计会使企业一直处于价值流入的状态，直到客户的偏好发生改变。

未来，当你的客户偏好发生改变时，你将如何改变你公司的企业设计？填写好下面的表格，这将有助于你做出预测。

我的企业设计

	1998 年	2001 年
客户选择	______	______
	______	______
	______	______
	______	______
价值获取	______	______
	______	______
	______	______
	______	______

战略控制 ______________________ ______________________

______________________ ______________________

______________________ ______________________

______________________ ______________________

业务范围 ______________________ ______________________

______________________ ______________________

______________________ ______________________

______________________ ______________________

11. 战略控制点是什么？

企业设计最重要的要素就是战略控制。随着客户偏好发生变化，你的公司也需要做出相应的变革。明白这一点后，你需要确定行业的战略控制点。回顾一下我们在第 3 章中介绍的内容，战略控制点的目的是保护企业设计所创造的利润流，没有战略控制点的企业设计如同一艘舱底带洞的船。

战略控制点的类型有很多：品牌、专利、版权、产品开发领先两年、20% 的成本优势、分销控制、供应控制、拥有客户信息流、独特的组织文化、价值链控制等。每一个战略控制点的目的都是将公司保持在利润区内，并阻止其他公司侵蚀本公司的利润。

回想一下表 3–4 中的战略控制点指数。我们在此将其再次列了出来（见表 15–5）。

表 15–5　战略控制点指数

保护利润的能力	指数	战略控制点	实例
高	10	制定行业标准	微软、甲骨文
	9	管理价值链	英特尔、可口可乐
	8	领导地位	可口可乐（国际公司）
	7	拥有客户关系	通用电气、EDS
中	6	品牌、版权	很多
	5	产品开发领先两年时间	英特尔
低	4	产品开发领先一年时间	罕见
	3	具有 10%~20% 的成本优势	纽柯、西南航空
无	2	具有平均成本	很多
	1	没有成本优势	很多

你的公司的战略控制点指数是多少？你的竞争对手的战略控制点指数又是多少？你能采取什么措施来提高公司的战略控制点指数？如果提高了战略控制程度，你的盈利能力将提高多少？

在为你的公司设计下一个企业设计时，你需要回答这些思想性很强的问题。每一位创新者在进行企业设计时，都会考虑相同的问题。

比尔 · 盖茨在个人电脑领域内拥有的标准创造，维持和保护了微软公司的盈利能力。英特尔建立了具有战略控制点的体系，这些战略控制点包括产品开发领先两年、客户需要的品牌和价值链管理。迈克尔 · 艾斯纳意识到奥维茨对电影制片厂的控制所产生的威胁，因此想方设法夺回了控制权。这些创新者都高度重视了解和创造战略控制的问题，因为战略控制会增强他们创造价值的能力。

12. 公司价值如何？

你公司的盈利模式是什么？你的战略控制点是什么？这是当今商业领域最重要的两个问题。它们决定了企业的盈利能力以及盈利能力能够维持的时间。它们决定了我们是否能够成功地创造价值增长。企业设计的这两个问题能够帮助我们预测公司未来的股票价格。

图 15–2 的例子列出了股东价值增长的关键因素：销售利润率、预期利润增长率、资产效率和战略控制。这四大要素决定你公司的价值。

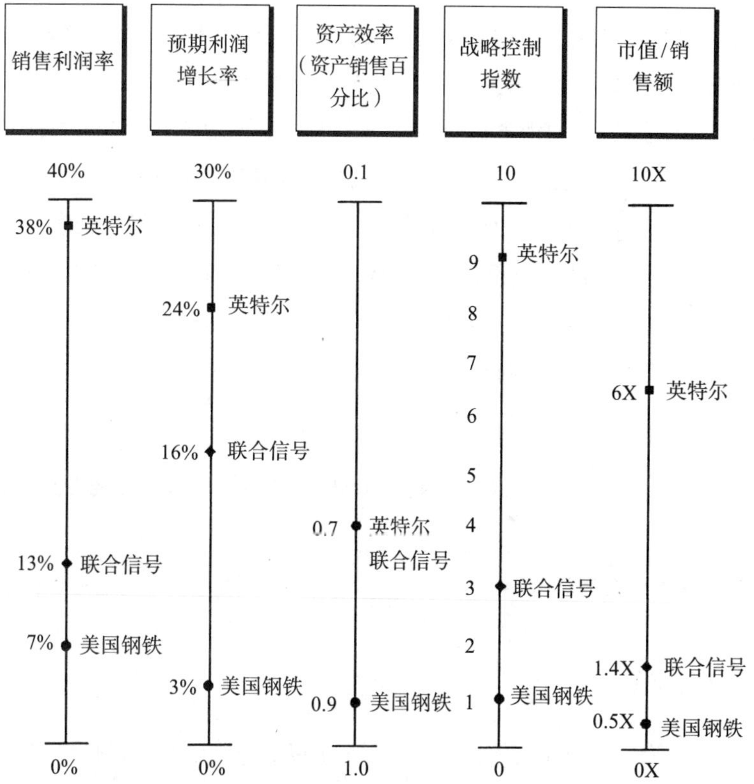

图 15–2 公司价值几何？

注：销售利润率＝息税前利润/销售额；预期利润增长率＝价值线和分析报告中预计的利润增长率；资产效率＝（资产－现金及其等价物－应付账款）/销售额；市值/销售额＝（公司发行在外的股票 × 股票价格）/销售额

资料来源：Compustat，价值线，各自公司报告，CDI 估值

下面我们对比一下英特尔、联合信号和美国钢铁公司的情况。英特尔的销售利润率为38%，预期利润增长率为24%，资产效率为0.7。该公司具有领先两年的产品开发期，再加上强大的品牌和价值链管理，该公司的战略控制指数为9。它的市值与销售额的比值为6X。

联合信号公司的利润率为13%，预期利润增长率为16%，资产效率为0.7，战略控制指数为3。在这些因素的共同作用下，它的市值与销售额的比值是1.4X。

美国钢铁公司的销售利润率为7%，预期利润增长率为3%，资产效率是0.9，战略控制指数为1，其市值与销售额的比值为0.5X。

这些企业在图中所处的位置都是它们各自的企业设计所决定的。

评估一下你的企业设计。你的销售利润率是多少？3年内的预期利润增长率有多高？资产效率和战略控制指数各是多少？现在思考这个问题：当你的公司实施新一代企业设计时，这些变量会发生什么样的变化？

	我目前的企业设计	我未来的企业设计
销售利润率	________	________
3年内的利润增长率	________	________
资产与销售额的比值	________	________
战略控制指数	________	________

本书第二部分介绍的创新者都制定了以客户为中心、高利润的企业创新设计。他们以客户的需求为出发点考虑一切。他们每隔5年就会改革他们的企业设计，通过这种方法与客户的偏好保持同步变化，并且能够一直领先于竞争对手。他们完成的企业设计带来了高利润、高保持增长率、低资产密集度和高战略控制度。从1980年到1996年，他们的企业设计创造了7 000亿美元的价值增长。

当你考虑自己公司未来的企业设计时，要借鉴这些智者的经验，运用他们明智的企业设计理念，你将会省时、省力地完成企业设计，并且降低风险。在这样的企业设计理念的指导下，你的公司成为行业内最被客户认可企业的可能性会显著增加，你的企业获得 20% 的价值增长率的可能性也会显著增加。

结论

第二部分介绍的每一位创新者都成功地运用了精心选定的策略，为他们的公司创造了非凡的利润增长。第 5 章中介绍的中层管理者的例子已经表明，企业中处于任何层次的人都可以运用这些技能。通过运用这些技能，你将为客户创造价值，也能为你的企业获取价值，你将把你的公司带入利润区之内。

附录1

企业设计

本附录将详细描述公司企业设计的战略、运营和组织因素。它展示了企业及其竞争者的企业设计样板。（这些样板中列举的因素和选择方案只是为了举例，读者必须根据自己企业的实际情况进行调整。）请参看表A1–1和图A1–1。

表A1–1 企业设计

要素		具体问题
基本假设		客户会发生什么样的变化？客户的偏好是什么？企业的利润驱动因素是什么？
战略因素		
	客户选择	我能提高哪些客户的实际价值？哪些客户会使我赢利？我想放弃哪些客户？
	价值获取	我如何从为客户创造的价值中获利？我的盈利模式是怎样的？
	产品差异化/战略控制	为什么客户选择从我这里购买？与竞争对手相比，我的价值主张有什么特别之处？哪些战略控制点能够抵消客户或者竞争对手的力量？
	业务范围	我想要销售什么样的产品、服务和解决方案？哪些业务活动或者功能是公司内部可以完成的？哪些需要分包、外购或者与合作伙伴一起提供？

（续表）

要素		具体问题
操作因素		
	采购体系	我如何进行采购？与供应商只做临时性的交易还是建立长期的业务关系？我们是竞争对手还是合作伙伴？
	制造/操作体系	有多少业务是本公司自己完成的，有多少是分包出去的？我的制造/服务优势主要体现在固定成本还是变动成本方面？我需要最先进的技术还是一般性的技术？
	资本密集度	我是选择资本密集度高、固定成本高的运作系统，还是资本密集度低、灵活的方式？
	研发/产品	自行研发还是外包？注重流程还是产品？是否需要注重明智地选择项目？研发速度如何？
	进入市场机制	直销还是低成本分销？是否注重账户管理？是否采取了许可证经营，还是几种方法的结合？
组织因素		
	组织结构	集权化管理还是分权化管理？金字塔结构还是网络化结构？按功能、业务划分，还是矩阵式结构？是从内部提升管理者，还是从外部聘用？

图A1–2将一家非常传统的公司和一家创新能力非常强的公司在设计选择上进行了对比。公司A的企业设计（阴影区域）是典型制造商的企业设计。它支持全系列产品，向所有类型的客户提供服务。这种垂直一体化的制造商与其供应商之间具有一种竞争性关系，而且所有的研发活动都是在公司内进行的。从组织的角度来看，A公司的组织结构是多层次的等级结构，一切事情都要按部就班地进行。员工的薪酬与公司的绩效没有多大关系。

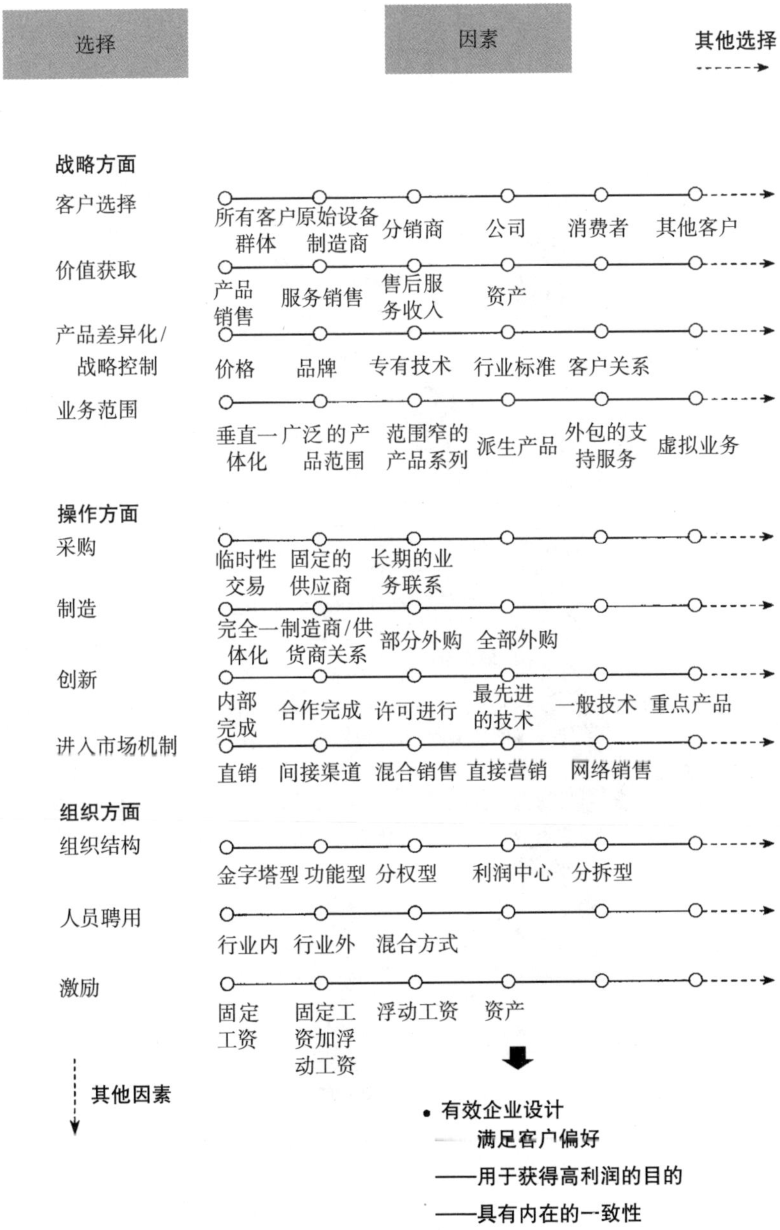

图 A1–1　选定而非给定的企业设计样板

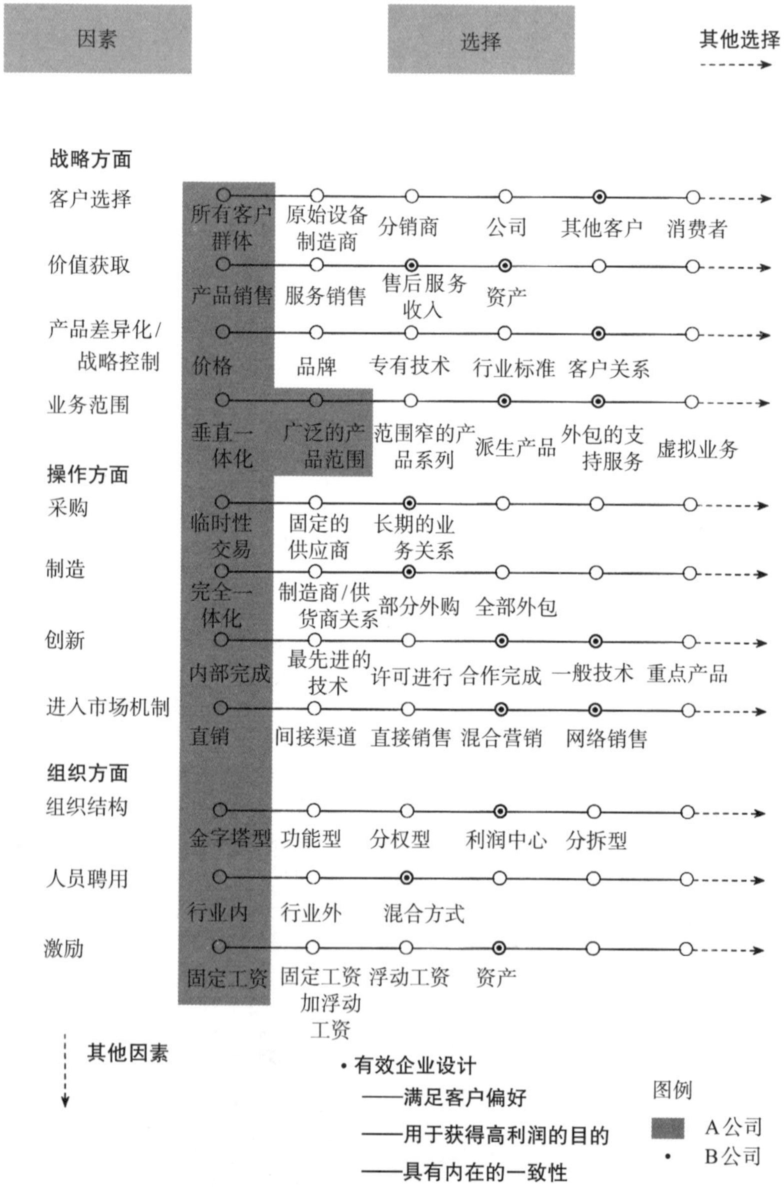

图A1–2 A公司和B公司的企业设计比较

相反，B公司的企业设计（黑点）表明它是一家创新的、反应快速的公司。它选定了要服务的具体客户群，根据客户选择供应特定的系列产品。因为B公司与客户已经建立了长期关系，所以它能够从售后服务甚至股权收益中获取价值。它的制造业务占用的资本比较少，因为当一些特定活动由其他公司完成更有效时，它就会将这些业务外包出去。在B公司里，员工都在分散的利润中心里工作，这些利润中心与客户保持密切的联系，而且员工的薪酬与利润中心的绩效密切挂钩。

由于企业设计存在差别，A公司和B公司的财务绩效和价值评估也不相同。详见图A1–3。

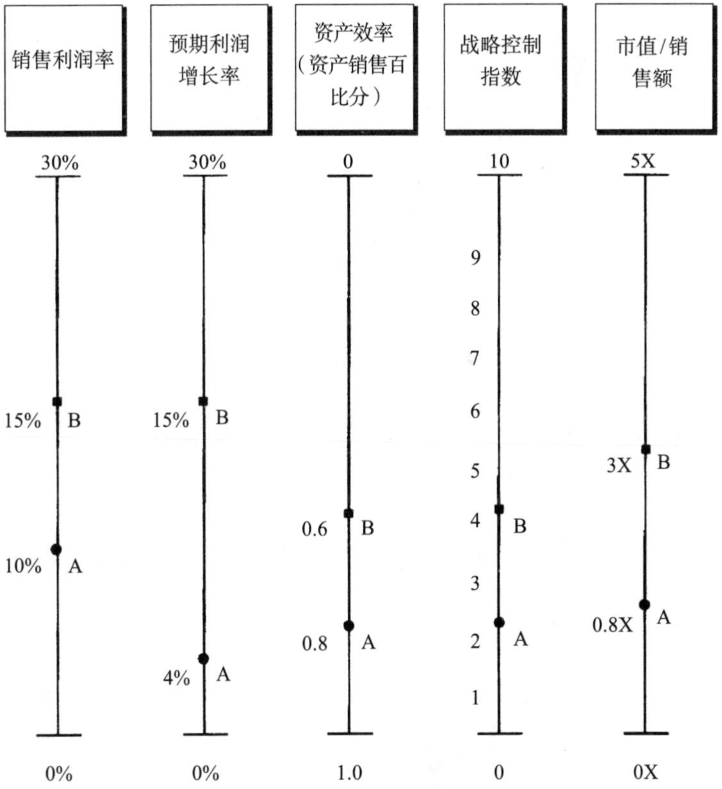

图A1–3　A公司和B公司的价值比较

注：销售利润率=息税前利润/销售额；预期利润增长率=价值线和分析报告中预计的利润增长率；资产效率=（资产–现金及其等价物–应付账款）/销售额；市值/销售额=（公司发行在外的股票×股票价格）/销售额

在不同的行业里，如制造、钢铁、航空、零售、制药等，这种企业设计和相关的价值差异随处可见。

附录 2 进一步探讨了企业设计与市场价值之间的关系。

附录2

企业设计和市场价值

四个关键因素决定公司的市场价值：销售利润率、预期利润增长率、资产效率、战略控制。

销售利润率是指企业的利润与销售额的比值。预期利润增长率指的是公司 3—5 年内预计的利润增长率。

公司的资产效率由公司的资产与销售额的比值决定。资产效率越低（资产与销售额的比值越高），对公司利润增长的拖累就越大。如果企业设计中的资产密集度过大，那么即使盈利能力最强的企业也会受到不利影响。资产密集度会消耗利润，使投资者无法获得自由的现金流。

战略控制点是公司为保护企业设计所创造的利润流的一种机制。我在第 3 章中提到，没有战略控制点的企业设计就像一艘舱底有洞的船，用不了多久船就会沉没。

这四个要素由公司的企业设计决定。特定的企业设计能够带来高销售利润率、高利润增长率、高资产效率和高度的战略控制。与在每个要素上表现不好的企业设计相比，在每个要素上表现良好的企业设计能够获得更高的估值。本附录中的价值表表明了同一行业内不同的企业设计之间的关系、这些企业设计在本书讨论的指标方面的表现以及市场对这些企业设计的价值评估（见图 A2–1、图 A2–2、图 A2–3 和图 A2–4）。

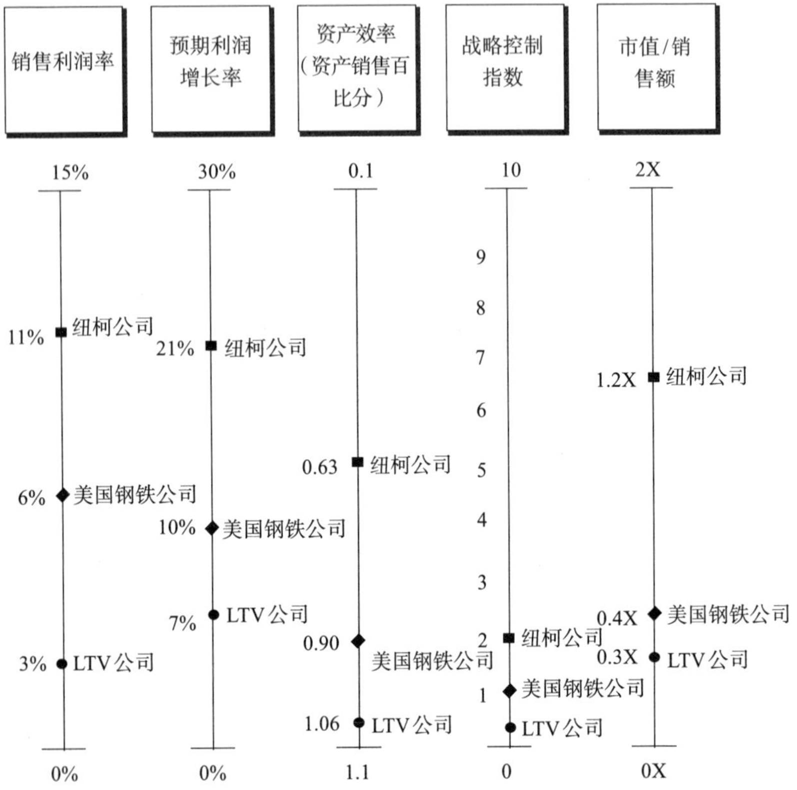

图 A2–1　钢铁行业：纽柯公司、美国钢铁公司和LTV公司的比较（1996 年）

注：销售利润率＝息税前利润/销售额；预期利润增长率＝价值线和分析报告中预计的利润增长率；资产效率＝（资产 – 现金及其等价物 – 应付账款）/销售额；市值/销售额＝（公司发行在外的股票 × 股票价格）/销售额

过去几十年中，钢铁行业的价值已经从大型、资产密集的综合型钢铁厂（如美国钢铁公司和LTV公司），转移到了如纽柯公司这样的资产效率高的小钢铁厂。在这张钢铁行业的价值图上，纽柯公司的市值与销售额的比值为 1.2X，是美国钢铁公司企业设计这一数值的 3 倍，是LTV公司的 4 倍。总体来看，钢铁行业的销售利润率低于其他行业。通过比较钢铁行业内的企业设计，此价值表能使读者了解这些指标如何影响该行业内不同企业设计的估值。

航空业的价值图显示出美国西南航空的点对点企业设计和全美航空公司的中心辐射企业设计创造的价值差异。多年来，中心辐射企业设计为许多航空公司创造了价值。如图 A2–2 所示，美国西南航空的市值与销售额的比值是全美航空公司的 4.5 倍。美国西南航空公司的销售利润率是 11%，而全美航空仅为 5%。美国西南航空的预期利润增长率为 20%，而全美航空仅为 2%。美国西南航空的资产效率指数为 0.86，而全美航空则高于 1。全美航空的战略控制指数明显低于美国西南航空。英国航空的海外旅行企业设计的所有指标都介于全美航空和美国西南航空之间。因此，英国航空的市值与销售额的比值也介于这两家公司之间。

在软件行业内，不同的公司之间也有显著的差异，但差异幅度有所不同。与其他行业相比，软件行业的销售利润率、预期利润增长率、资产效率都比较高，但是在软件行业内，销售利润率、预期利润增长率、资产效率和战略控制指数最高的企业，它的市值与销售额的比值也最高。微软、甲骨文和 Novell 由于具有不同的企业设计，因此对它们的估值也有差异。

英特尔、德州仪器和 AMD 公司都生产微处理器，然而它们的企业设计各不相同。英特尔的企业设计使该公司获得了较高的销售利润率以及最高的预期利润增长率、资产效率和战略控制。德州仪器和 AMD 公司的企业设计都影响了它们的指标。与英特尔相比，这两家企业的市值与销售额的比值都比较低。

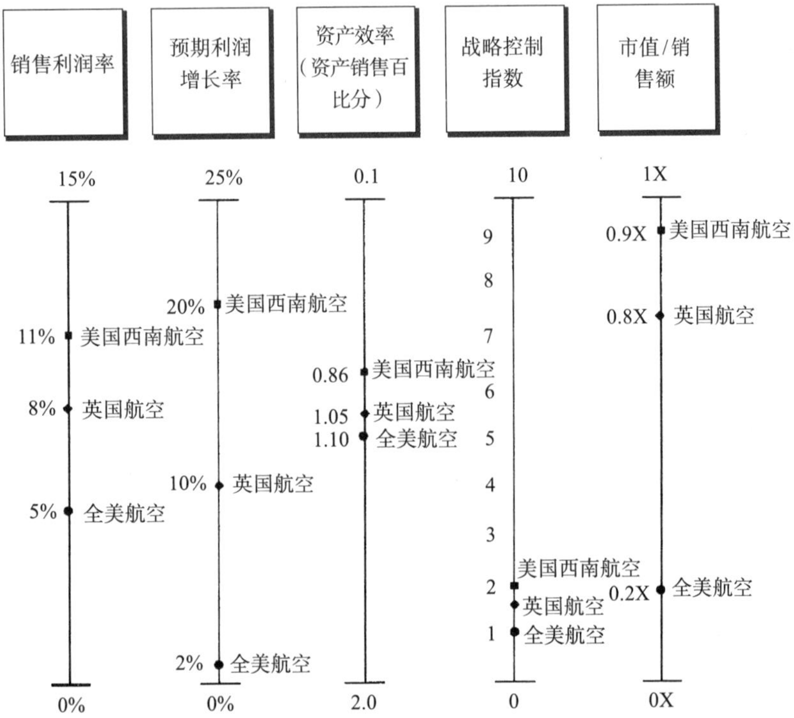

图 A2–2　航空业：美国西南航空、英国航空和全美航空的比较（1996 年）

注：销售利润率=息税前利润/销售额；预期利润增长率=价值线和分析报告中预计的利润增长率；资产效率=（资产 − 现金及其等价物 − 应付账款）/销售额；市值/销售额=（公司发行在外的股票 × 股票价格）/销售额

资料来源：Compustat，价值线，各种公司报告，CDI 估值

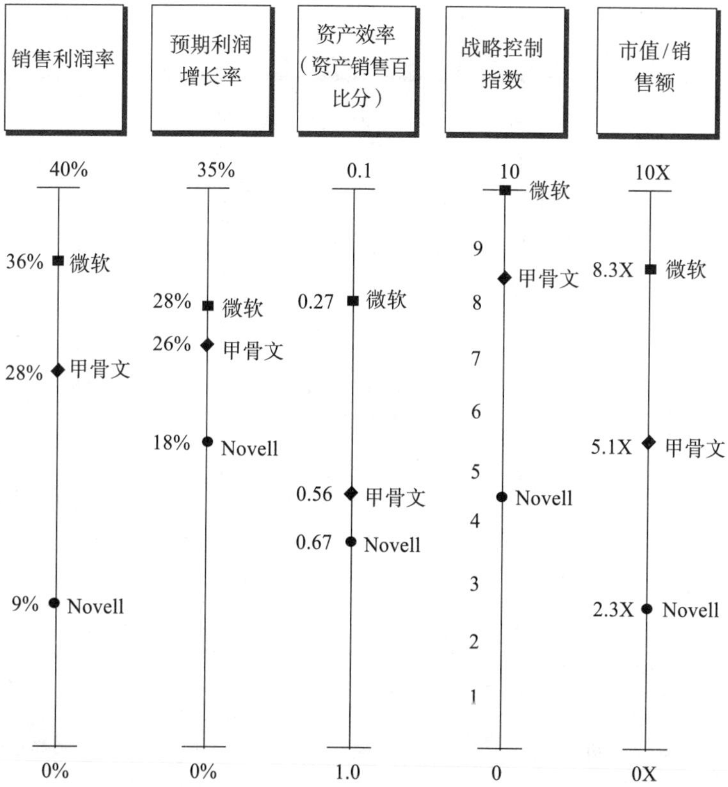

图 A2–3　软件行业：微软、甲骨文和 Novell 的比较（1996 年）

注：销售利润率=息税前利润/销售额；预期利润增长率=价值线和分析报告中预计的利润增长率；资产效率=（资产 – 现金及其等价物 – 应付账款）/销售额；市值/销售额=（公司发行在外的股票 × 股票价格）/销售额

资料来源：Compustat，价值线，各种公司报告，CDI 估值

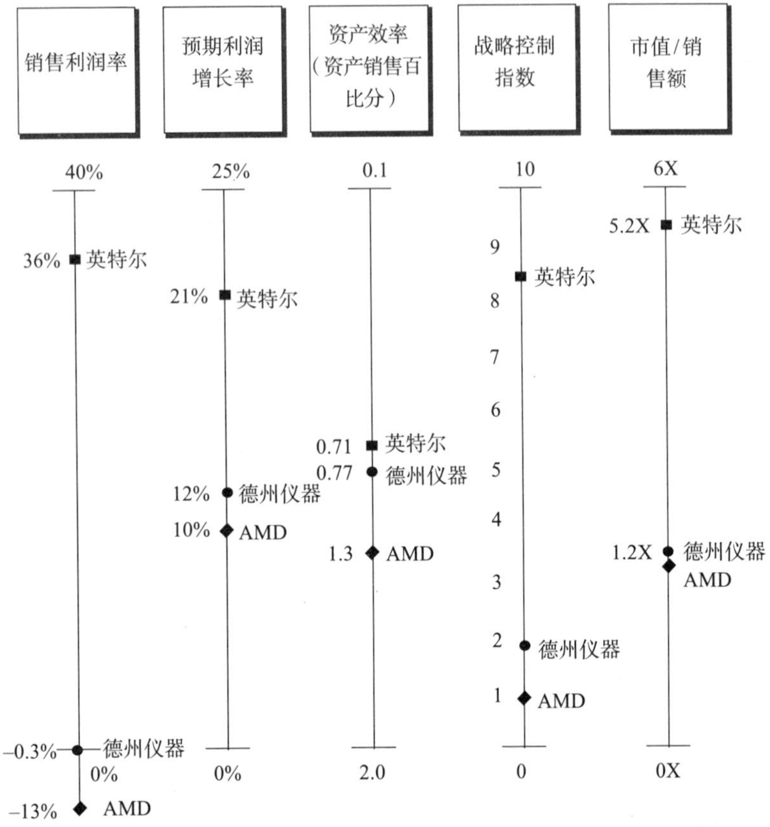

图 A2–4　微处理器行业：英特尔、德州仪器和 AMD 的比较（1996 年）

注：销售利润率 = 息税前利润 / 销售额；预期利润增长率 = 价值线和分析报告中预计的利润增长率；资产效率 =（资产 – 现金及其等价物 – 应付账款）/ 销售额；市值 / 销售额 =（公司发行在外的股票 × 股票价格）/ 销售额

资料来源：Compustat，价值线，各种公司报告，CDI 估值

改变企业设计

为了能满足客户需求并且保持高盈利水平，公司必须不断创新自己的企业设计。随着时间推移，公司能够提高其销售利润率，改善利润增

长前景，提高资产效率和加强战略控制程度。做到了这些，公司的市值与销售额的比值也会相应提高。

下面我们看几个创新公司在这方面的例子。

1984—1995 年，迪士尼公司在销售利润率、资产效率和战略控制方面得到了改进（见图 A2–5）。

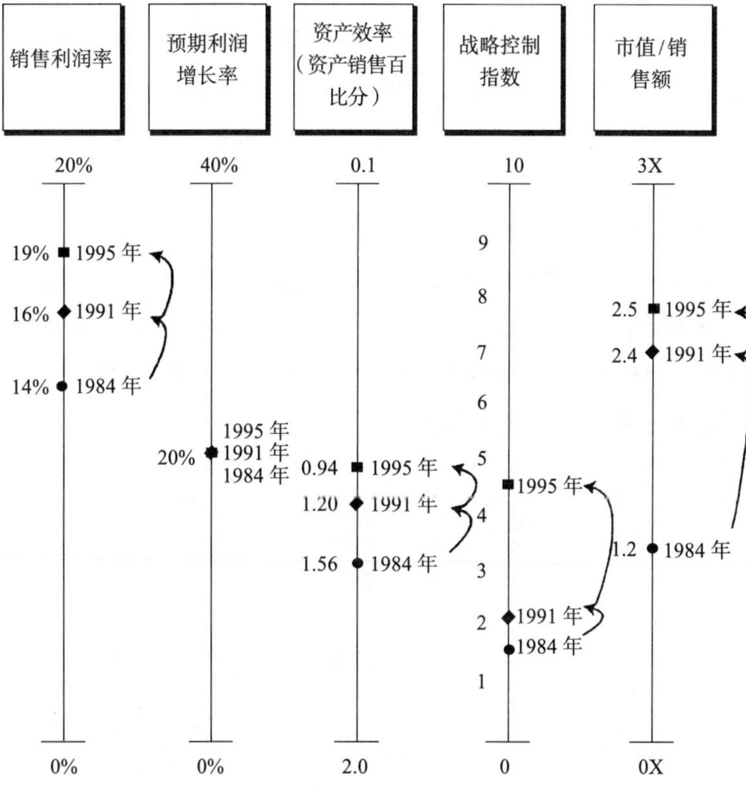

图 A2–5　迪士尼公司

注：销售利润率=息税前利润/销售额；预期利润增长率=价值线和分析报告中预计的利润增长率；资产效率=（资产 – 现金及其等价物 – 应付账款）/销售额；市值/销售额=（公司发行在外的股票 × 股票价格）/销售额

资料来源：Compustat，价值线，各种公司报告，CDI 估值

一家准备改变企业设计的公司会从缩小规模开始，迪士尼公司就是这么做的。1984—1991 年，除了利润增长外，迪士尼其余各方面的指标都有所改善，它的市值与销售额的比值因而提高了 1 倍多。1991—1995 年，迪士尼的销售利润率得到提高，预期利润增长率也有所提高，资产效率降低。它的市值与销售额的比值由 2.4 增加为 2.5。

多年来，微软公司的销售利润率一直比较稳定，但其盈利能力、资产效率和战略控制程度都明显提高。结果，微软公司的市值与销售额的比值从 1989 年的 6.4 增加为 1996 年的 8.3（见图 A2–6）。除了 1992—1996 年利润增长率有所下降外，英特尔公司的表现与微软公司类似（见图 A2–7）。

这些价值表有助于我们了解公司的市场价值是如何从企业中产生，利润又是如何从企业中实现的。公司可以根据这四方面的指标确定其相对于竞争对手的价值。当一家公司随着时间的推移而改变其企业设计时，如果它的销售利润率、预期利润增长率、资产效率和战略控制指数都得到了提高，那么它的市值也会增加。

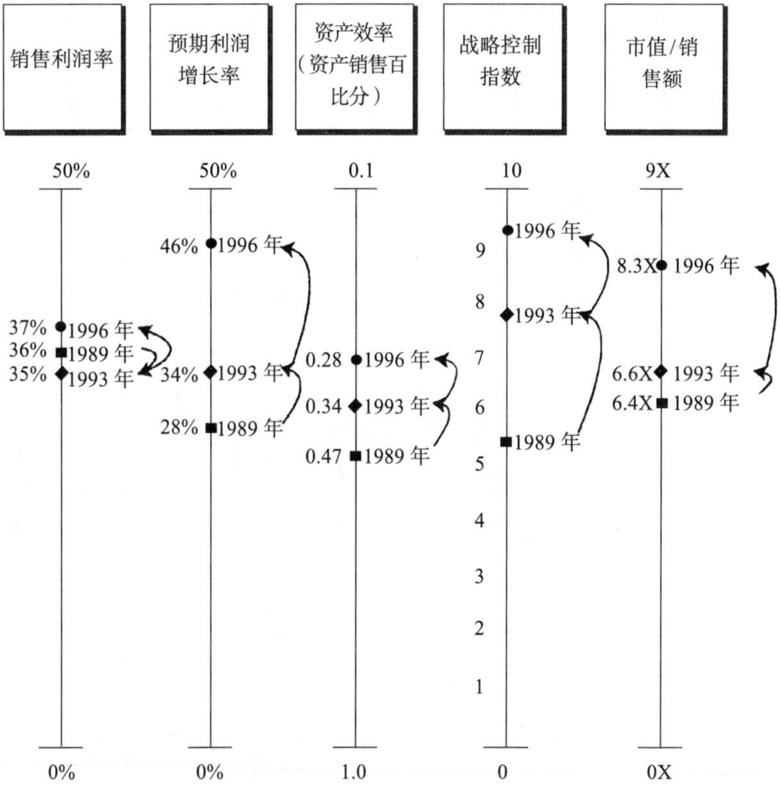

图 A2–6 微软公司

注：销售利润率=息税前利润/销售额；预期利润增长率=价值线和分析报告中预计的利润增长率；资产效率=（资产 – 现金及其等价物 – 应付账款）/销售额；市值/销售额=（公司发行在外的股票 × 股票价格）/销售额

资料来源：Compustat，价值线，各种公司报告，CDI估值

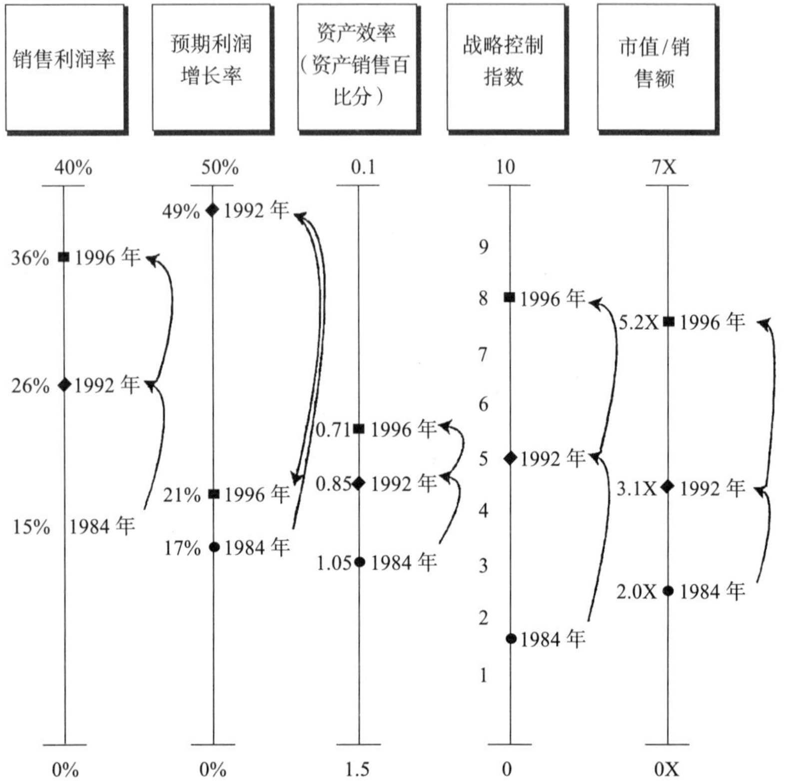

图A2–7　英特尔公司

注：销售利润率=息税前利润/销售额；预期利润增长率=价值线和分析报告中预计的利润增长率；资产效率=（资产 – 现金及其等价物 – 应付账款）/销售额；市值/销售额=（公司发行在外的股票 × 股票价格）/销售额

资料来源：Compustat，价值线，各种公司报告，CDI估值

致　谢

《发现利润区》一书介绍了一种思维方式，这种思维方式在制定公司战略的过程中发挥了极其重要的作用。本书借鉴了一些高瞻远瞩的商业领导人的成功经验，读者可以理解并学会如何通过制定企业设计来应对不断变化的商业环境，从而获得可持续的、强大的盈利能力。

我们在本书中介绍的战略思维方法是基于我们之前出版的一本名为《价值转移》的书。在本书中，我们描述了一种发生在几十个经济部门内的市场、行业和企业动态的变化现象。旧的规则已经被打破，衡量成功的传统方法已不再适用。长期以来的市场领先者正在走下坡路，而新的创新型企业依照新的经济理念运行，正为它们的股东创造出大量的价值。在与客户合作的过程中，我们和我们的合作伙伴都做了翔实的资料分析。基于这些分析，我们构建了一个分析市场内价值转移的框架。构建这一框架的目的是确认市场内价值转变的趋势，从而预测这种转变产生的结果，同时赋予公司在这一转变发生时所做出的积极判断和反应的组织能力。

《发现利润区》以《价值转移》一书为基础，它要回答的核心问题是：在一个价值转移不断改变游戏规则的世界里，你如何获得可持续的盈利能力，如何为股东带来价值增长？在《价值转移》一书中，我们详细介绍了许多新竞争者的例子。这些竞争者富有创业激情、白手起家，凭借自己的优势打破了落后的传统。但我们也认识到，从某种程度上说，大多数公司都是成熟企业。面临价值转移时，只有那些在资产、客户和文化方面都表现成功的企业才能够平静地适应这一转变。因此，在《发现利润区》一书中，我们重点关注了某些创新者，他们能够带领自己的公司克服企业设计改变带来的阵痛，从而将公司继续维持在利润区内。在改革的过程中，他们遇到了巨大挑战。这样的创新者并不多，正是因为这一点才显得他们的教训弥足珍贵。

自 1983 年成立企业决策公司（CDI，1997 年并入美世管理咨询公司）以来，在与客户的合作中，我们积累了很多想法和实例，本书的思想和例子都源于此。当我们成立CDI公司时，咨询领域流行的是由内而外的战略制定方法，即关注成本和全面质量管理。在管理理论方面、后来的做法是基于速度的竞争和企业流程再设计，而且继续沿用了这种由内向外的方式，通过改进公司业务来提高公司竞争力。尽管这些方法在今天仍然很宝贵，但是它们有其自身的局限性，我们必须采用与之不同的方法。我们认为，可持续价值增长的关键是提高对客户的战略性认识。以认识客户作为指引，公司才能够成功地保持在利润区内。

本书是集体智慧的结晶，这一集体努力同样为CDI的客户提供了帮助。我们要感谢这些客户，因为是他们向我们提出了许多棘手的问题，比如本书每一章开头提到的那些问题。正是他们提出的这些问题启发了我们，让我们对盈利能力有了更深入的理解。在不断探索这些问题的过程中，我们确立了创新者的地位，并且将他们的行为在本书中描述出来。在本书的写作过程中，一些客户还审读了本书的部分草稿。对所面临的战略处境，他们反馈了非常宝贵的意见，对此我们要深表感谢。

本书当中介绍的一些思想和得到的启示来自我们对这些创新者的直接采访。我们感谢这些企业的领导者，他们就以客户为中心的思维所面临的挑战、组织惰性和战略领导力等方面，与我们分享了许多有益的建议。在确定本书中心思想和整体框架的过程中，他们的反馈让我们受益匪浅。

我们要感谢鲍勃·安德尔曼，他对本书的写作做出了很大贡献。鲍勃登门拜访了一些领导者，获得了第一手资料，增强了本书内容的可读性，并为本书提供了不少独到的见解。

我们也要感谢皇冠出版集团的约翰·马哈尼，在本书的写作过程中，他给予了我们许多指导、鼓励和建议。他的思想指引我们运用适当的方法，达到理论与案例之间的平衡、协调。在他的帮助下，我们能够集中精力论述重要的观点和主题。

我们的合作伙伴包括凯文·A. 蒙特、比尔·史蒂文森、特德·莫泽、柯克·格罗塞尔、约翰·卡尼亚、查利·霍本、里克·怀斯，他们都为本书的写作提供了材料，在此向他们表示感谢。我们对盈利能力的理解都基于他们在具体项目中展示出来的学术领导能力，他们都是CDI中才华横溢的专家。在我们的理念逐步成形的过程中，里克·怀斯和特德·莫泽发挥了特别重要的作用。在他们两人的建议下，我们调整了本书的组织架构，从而使本书中呈现的内容能给广大读者带来最大的益处。在将草稿整理成内容连贯、思想统一的终稿过程中，查利·霍本做了大量工作，他的编辑技巧和对结构安排的见解无疑给了我们极大的帮助。

最后，我们要感谢整个CDI团队，他们一起研究，一起探讨，一起分享他们的激情。我们要感谢马丁·斯坦领导下的团队成员，他们是哈丽雅特·温特、史蒂夫·西布利、戴夫·莫纳科、埃里克·埃蒙斯、理查德·德斯瓦、尼拉夫·达格里和史蒂夫·格利克。他们搜集了创新者的研究资料，为本书的写作奠定了基础。他们一丝不苟的工作作风、深刻的领悟能力以及充沛的精力为本书的完成起到了至关重要的作用。我们尤其要感谢马丁·斯坦、哈丽雅特·温特和史蒂夫·西布利三人，在写作手稿与编辑过程中，他们都给予了特别的支持。